고부에서 압구정까지
역사와 만나는 문학기행

한겨레신문사

머리말

문학작품의 무대를 찾아 우리의 최근세사를 더듬어 보자는 걸음은 90년대 욕망의 해방구 압구정동에서 일단 멈추었다. 청계천에서 뮌헨까지, 농민군에서 오렌지족까지 내 걸음은 분주했고 현장에서 얻는 감동은 뻐근했지만, 그것이 내 글에서 오롯이 되살아나지는 못했다. 내 글은 차라리 그 감동의 희미한 그림자에 불과했다고 말해야 하리라.

특히 외국인들이 보기에 한국문학의 두드러진 특징의 하나는 바깥 현실과의 유기적인 관련성이다. 내가 만나본 외국의 문인 및 문학 관련 인사들은 한국 현대문학이 현실의 변화에 능동적으로 대응해 온 모습이 매우 인상적이었다고 말하곤 했다. 문학 자체가 이념적·제도적 현실의 일부라는 점에서 현실을 떠난 문학이란 존재하지 않는 것이겠지만, 한국문학이 현실 지향적이라는 말은 그와는 다른 맥락을 갖는 것이다. 다른 나라와 비교해서 한국 문학이 유난히 현실에 대해 발언하고 그에 가담하려 해왔다는 뜻이다.

문학과 역사, 그리고 현장 기행을 결합시켜 보려는 생각은 부분적으로 외국인들의 그같은 평가에 빚지고 있다. 1996년을 '문학의 해'로 정한 문화체육부 역시 내 결심을 부추겼다. 매주 한 면씩의 신문 지면이 확보되었고, 나는 그 면을 '문학으로 만나는 역사'라는 기행 기사로 채우기로 했다. 우리 최근세사의 문을 연 동학농민전쟁에서 1990년대까지의 대략 한 세기를 해당 시기로 잡고, 작품 선정에 들어갔다. 우리 역사상 중요한 사건과 흐름, 변화의 국면을 빠짐없이 언급하되, 그것이 문학적으로 의미 있는 작품으로 형상화되어 있어야 했다. 적당한 작품이 나타났다 하더라도 그것은 문제의 시작에 불과했다. 한 회분이 2백자 원고지 열댓 장 정도에 불과한 기사에서 나는 마음껏 욕심을 부렸다. 해당하는 사건 또는 시기를 역사적으로 자리매겨야 했고, 작품의 문학적 형상화를 따져보아야 했으며, 문학사 속에서의 영향 관계에도 눈을 주어야 했다. 물론, 이 모든 것이 의도대로 되지는 않았다. 그것은 누구든 이 책의 단 한 페이지만을 들춰보아도 확인할 수 있는 사항이다.

  그럼에도 나 나름으로는 소득이 적지 않았다. 우선, 시리즈에 대상으로 포함된 작품들을 다시 한 번 정독할 수 있었다. 관련되는 평론과 연구서도 챙겨 읽었다. 한국사를 다룬 서적들도, 비록 수박 겉 핥기 식으로나마, 훑어보았다. 작가들과 동행하면서 그들의 속 깊은 얘기를 들을 수 있었던 것 또한 나로서는 잊지 못할 추억이었다. 게다가 1주일 평균 이틀씩 취재 여행을 다니게 됨으로써 탈일상의 여행에 대한 갈증을 삭일 수도 있었다.

  한국문학이 그 젖줄이자 놀이터인 우리 역사와 긴밀히 관련되어 있다는 사실은 시리즈 연재로써 더욱 확고해졌다. 그것은 물론 이 책에서 다룬 작품들에만 해당되는 것은 아니다. 여기 포함되지 않은 작품들 역시 역사적 현실과 부단히 대화하고 소통하려 한다는 점에서는 마찬가지였다. 그렇다고 해서 충분하다는 말은 아니다. 한국문학은 아직도 한국 역사의 중요한 국면들을 미답의 황야로 내버려 두고 있다. 도정일 선생의 지적처럼 한국문학은 '경험의 풍요와 표현의 빈곤' 사이에 심각한 괴리를 노정하고 있다. 게다가, 당연한 말이지만, 연재는 끝났어도 역사는 계속된다. 1996년 말에서 97년 초에 이르는 또 한 번의 노동자대투쟁, 한보사태와 황장엽 망명, 굶어 죽어가는 북녘 동포들⋯⋯. 한국문학은 역사를 좇아, 또는 그것을 앞질러 새로운 차원으로 쉼없이 나아가야 하는 것이다. 그런 점에서는 이 책 역시 미완의 숙명을 타고났다고 해야 할 것이다.

앞에서도 밝혔다시피 이 책은 1996년 1년 동안 『한겨레』에 연재되었던 시리즈 '문학으로 만나는 역사'를 다듬고 보완한 것이다. 연재하는 동안 격려와 지원을 아끼지 않은 신연숙 부장과 문화부 식구들, 그리고 현장의 모습을 카메라에 담아온 사진부 동료들은 이 책을 나와 함께 쓴 셈이다. 그렇다고 해서 내 몫이 되어 마땅한 책임과 의무로부터 도망치고 싶지는 않다. 기사와 관련해 조언과 질정을 주었던 동무들에게도 감사한다. 그러고도 남는 기쁨은 내 소중한 반려 이미영과 아들 지훈과 함께 나누고 싶다.

1997년 여름
최재봉

차 례

기억하라, 녹두장군의 타는 눈빛을 — 안도현·서울로 가는 전봉준 / 11
섬진강 끝자락 '악양들' 휘몰아친 근대사 격랑 — 박경리·토지 / 19
대관령 타고 넘은 반봉건 민요 가락 — 이인직·은세계 / 25
백담계곡 메아리친 애끊는 조국독립 노래 — 한용운·님의 침묵 / 32
일제 덮친 암태도 소작쟁의 거대한 해일 — 송기숙·암태도 / 39
천안벌에 지핀 소작쟁의 노농연대 들불 — 이기영·고향 / 45
땀과 소금기로 얼룩진 인천항의 식민지 노동현실 — 강경애·인간 문제 / 52
청계천 흘러든 근대-전근대 물길 — 박태원·천변풍경 / 58
기구한 여인 삶에 실린 암울한 식민조선 — 채만식·탁류 / 64
선운사 시비가 부끄러운 어두운 시대 변절 — 서정주·마쓰이 오장 송가 / 70
후쿠오카 감옥에 빼앗긴 조국사랑 노래 — 윤동주·하늘과 바람과 별과 시 / 79
해방 토양 위에 움튼 분단 씨앗 — 이태준·해방 전후 / 87
민족분열 외세 저항양민 '4·3대학살' — 현기영·순이 삼촌 / 94
민초 핏빛 설움 품고 누운 벌교 — 조정래·태백산맥 / 100
'잘린 허리' 딛고 서면 "아! 고향" — 박완서·엄마의 말뚝 / 107
거창의 들풀은 마른울음 아직도… — 김원일·겨울 골짜기 / 113
세월이 낳은 허무 덮고 스러진 거제 포로수용소 — 최인훈·광장 / 119

뚝배기의 평화는 '수필'로 남고… — 이문구·관촌수필 / 125
군산을 살짝 들추면 아픈 현대사 보인다 — 고은·만인보 / 131
빨치산은 한 떨기 '비극'으로 피고… — 신동엽·진달래 산천 / 138
들불처럼 번진 민주 혁명의 노래
    — 김수영·우선 그놈의 사진을 떼어서 밑씻개로 하자 / 148
고독한 군중의 서울 뜯어보기 — 김승옥·서울 1964년 겨울 / 160
분단된 현실, 분열된 자아, 그리고 낯섦으로의 도피
    — 전혜린·그리고 아무 말도 하지 않았다 / 167
보수적 세계관으로 덧칠한 '한 시대의 벽화' — 이문열·변경 / 174
궁핍한 삶에 지친 농촌의 절망 — 신경림·농무 / 181
'추악한 장사' 전쟁 본질 고발 — 황석영·무기의 그늘 / 189
치욕 상흔 '양공주'의 그늘진 삶 — 조해일·아메리카 / 196
'이중성' 지닌 소시민 미완의 투쟁 — 윤흥길·아홉 켤레의 구두로 남은 사내 / 203
서울의 밤 적신 '호스티스'의 눈물 — 최인호·별들의 고향 / 210
죽음의 시대, 숭고한 대결의 불꽃 — 김지하·1974년 1월 / 216
진정한 낙원의 본질을 캐묻는다 — 이청준·당신들의 천국 / 225
노동자 착취 정면으로 문제 제기 — 조세희·난장이가 쏘아올린 작은 공 / 233

차 례

80년대의 가슴에 꽂힌 시인 전사 ― 김남주 · 전사 2 / 240
'불'의 연대에 관한 소설적 보고서 ― 김인숙 · '79~'80 겨울에서 봄 사이 / 250
금단의 소문 뚫고 내지른 비명 "광주여"
    ― 김준태 · 아아 광주여! 우리나라의 십자가여! / 258
섬진강에서 퍼올린 농투성이 서정 ― 김용택 · 섬진강 / 268
노동자 육성으로 지식인 문학 강타 ― 박노해 · 노동의 새벽 / 277
역사의 새벽을 여는 밤길의 사람들 ― 박태순 · 밤길의 사람들 / 286
낡은 틀 거부하는 뒤엎음의 미학 ― 백무산 · 만국의 노동자여 / 293
"휴전선은 없다" 통일의 길 뚜벅뚜벅 ― 문익환 · 잠꼬대 아닌 잠꼬대 / 304
내몰린 선생님이 꿈꾸는 아름다운 세상 ― 도종환 · 지금 비록 너희 곁을 떠나지만 / 314
혼돈시대, 답을 찾는 여행길 ― 양귀자 · 숨은 꽃 / 322
90년대, 그 소비와 욕망을 까발려라
    ― 유하 · 바람부는 날이면 압구정동에 가야 한다 2 / 329

■ 안도현 · 서울로 가는 전봉준

기억하라, 녹두장군의 타는 눈빛을

눈 내리는 萬頃 들 건너가네
해진 짚신에 상투 하나 떠가네
가는 길 그리운 이 아무도 없네
녹두꽃 자지러지게 피면 돌아올거나
울며 울지 않으며 가는
우리 琫準이
풀잎들이 북향하여 일제히 성긴 머리를 푸네

그 누가 알기나 하리
처음에는 우리 모두 이름 없는 들꽃이었더니
들꽃 중에서도 저 하늘 보기 두려워
그늘 깊은 땅 속으로 젖은 발 내리고 싶어하던
잔뿌리였더니

그대 떠나기 전에 우리는
목쉰 그대의 칼집도 찾아주지 못하고
조선 호랑이처럼 모여 울어주지도 못하였다네
그보다도 더운 국밥 한 그릇 말아주지 못하였다네
못다 한 사랑 원망이라도 하듯
속절없이 눈발은 그치지 않고
한 자 세 치 눈 쌓이는 소리까지 들려오나니

그 누가 알기나 하리
겨울이라 꽁꽁 숨어 우는 우리나라 풀뿌리들이
입춘 경칩 지나 수군거리며 봄바람 찾아오면
수천 개의 푸른 기상나팔을 불어제낄 것을
지금은 손발 묶인 저 얼음장 강줄기가
옥빛 대님을 홀연 풀어헤치고
서해로 출렁거리며 쳐들어갈 것을

우리 聖王 계옵신 곳 가까이 가서
녹두알 같은 눈물 흘리며 한목숨 타오르겠네
琫準이 이 사람아
그대 갈 때 누군가 찍은 한 장 사진 속에서
기억하라고 타는 눈빛으로 건네던 말
오늘 나는 알겠네

들꽃들아
그날이 오면 닭 울 때

흰 무명띠 머리에 두르고 동진강 어귀에 모여
척왜척화 척왜척화 물결소리에
귀를 기울이라 　　　　　　　—「서울로 가는 전봉준」 전문

　1894년 동학농민전쟁의 무대였던 전라북도 정읍, 김제, 부안, 고창 일대의 겨울 들녘은 고즈넉했다. 진작 추수를 끝낸 논바닥 곳곳에는 누런 짚뭇이 쌓여 있고, 이따금씩 파란 보리싹이 추위에 맞서 머리를 곤두세우고 있기도 했다. 들판 저 멀리에서는 무언가를 태우는 두어 뭉치의 연기, 죽창처럼 서 있는 전봇대들, 미루나무 꼭대기의 까치 둥우리, 무겁게 가라앉은 하늘 아래 낮게 엎드린 무덤들, 흙빛을 닮은 마른풀과 나뭇잎, 억새의 하얀 손, 거북등처럼 완만하게 경사진 백산, 그리고 그 아래를 돌아 나가 서해로 흘러드는 동진강의 낙조…….
　이곳 토박이말로 '징게맹게'라 불리는 김제·만경 들판의 너르디너른 품은 반도에서는 좀체로 만나기 힘든 지평선을 보여주며 그 풍요와 여유를 한껏 과시한다. 그러나 적어도 동학농민전쟁이 일어날 무렵, 그 풍요와 여유는 그 들판에 터 잡고 땀 흘려 일하는 이들의 몫이 아니라 몇몇 대지주와 탐관오리, 그리고 중앙정부의 부패한 통치자들의 전유물일 뿐이었다. "양반과 부호의 앞에 고통을 받는 민중들과 방백과 수령의 밑에 굴욕을 받는 소리(小吏)들은 우리와 같이 원한이 깊은 자다"라는 격문과 함께 갑오년 그날 일단의 농민들이 떨쳐 일어선 것은 그 풍요의 땅이 감추고 있는, 아니 차라리 부추기고 있는, 민중의 고통과 굴욕을 더 이상은 참고 견디지 않겠다는 결의의 표명이었다.
　1894년 1월 10일(음력) 고부 군수 조병갑의 탐학을 견디다 못한

전북 김제시 죽산면과 부안군 동진면을 가르며 서해로 흘러드는 동진강. "척왜척화 척왜척화" 철썩대는 물결 위로 핏빛 노을이 물들고 있다.

농민 1천여 명은 전봉준의 지휘 아래 말목장터에 집결했다가 고부관아를 점령하고 조병갑을 몰아낸 뒤 탐학의 상징이었던 만석보를 허물어버린다. 그것은 1천수백 년 동안 유지돼온 이 땅의 봉건적 질서를 무너뜨리는 신호탄과도 같은 사건이었다. 그로부터 1년 뒤, 전봉준이 부하의 밀고로 체포되고 일본군에 의해 서울로 압송됨으로써 실패로 막을 내리게 된 동학농민전쟁은 그러나 그 반제반봉건의 기치로 해서 조국과 겨레를 오랜 잠에서 깨운 역사의 새벽종소리라 이를 만하다. "안으로는 탐학한 관리의 머리를 버히고 밖으로는 광포한 강적의 무리를 구축하고자 함"이라는 격문 구절은 반제반봉건이라는 근대화의 양대 과제를 적시함으로써 이후 3·1

운동과 4·19혁명, 1980년 광주항쟁, 1987년 6월항쟁으로 면면히 이어질 민중 투쟁의 우뚝한 전범이 되었다.

국제정치적으로도 동학농민전쟁은 결정적인 의미를 지닌다. 전주성을 함락시킨데다 '군사를 몰아 서울로 쳐들어가 권귀들을 모두 없앤다'는 행동강령을 내세운 농민군의 기세에 놀란 조정은 서둘러 청군의 개입을 요청했고, 그렇지 않아도 반도 진출을 호시탐탐 노리던 일본은 거류민 보호를 구실로 8천의 군사를 인천에 상륙시킴으로써 청일전쟁을 예비한다. 결국 청일전쟁에서 이긴 일본은 동아시아의 맹주로 떠오르고, 내처 러시아와의 전쟁마저도 승리로 이끎으로써 한반도 및 중국 동북부의 식민지배와 나아가 제2차 세계대전의 도발이라는 세계사적 사건을 낳게 되는 것이다.

안도현(1961~)의 등단작이자 출세작인 「서울로 가는 전봉준」은 순창 피노리에서 체포된 전봉준이 서울로 압송되는 모습을 그리고 있다. 일단 전남 담양의 일본군에게 넘겨진 그는 나주를 거쳐 정읍과 전주 등 그가 농민군을 이끌고 관군 및 일본군과 전투를 벌였던 현장을 지나 서울로 올라간다. 자신의 소망대로라면 사기충천한 농민군의 선봉에 서서 서울의 권귀들과 외적을 물리치러 올라가야 했을 길을 그는 적에게 사로잡힌 패장의 몰골로 끌려가고 있는 것이다. 그러나 그는 끌려가면서 조금도 비굴하거나 구접스럽게 굴지 않았음을 여러 기록들은 전한다. 포로가 된 패장이라는 구차한 처지도 그의 신념과 기개를 꺾지는 못했음을, 그의 압송 장면을 찍은 한 장의 사진이 말없이 웅변해준다. 베적삼에 맨상투 차림인 그는 체포 과정에서 다리를 다쳐 걷지도 못하는 괴로운 상태였음에도 허리를 꼿꼿이 세우고 입은 꾹 다문 채 당당하게 앉아 있다. 오른쪽 이마에 툭 불거진 혹과 사내답게 튀어나온 양 볼의 광대뼈, 짙은 눈썹과 콧수염과 턱수염, 그리고 무엇보다도 그 눈. 흰자위가 뚜렷이 보일 정도로 오른쪽으로 쏠린 그의 두 눈은 형형한 광채를 내뿜으며 사진 밖의 무언가를, 아니면 그 누군가를 쏘아보고 있다. 그 사내의 눈빛이 시인으로 하여금 시를 쓰게 만들었다.

> 봉준이 이 사람아
> 그대 갈 때 누군가 찍은 한 장 사진 속에서
> 기억하라고 타는 눈빛으로 건네던 말
> 오늘 나는 알겠네

모두 6연으로 이루어진 안도현의 시는 홀수 연과 짝수 연이 각기 전봉준과 우리(=민초)의 이야기를 교차서술하는 방식으로 진행되고 있다. 그것은 서술의 단조로움을 피하는 동시에, 영웅과 대중, 패배의 현실과 승리의 미래, 역사적 과거와 시적 현재를 아우름으로써 시가 지니는 분량의 제약에도 불구하고 웬만한 부피의 소설 못지않은 깊은 울림을 준다.

그리하여 "처음에는 우리 모두 이름 없는 들꽃이었더니 / 들꽃 중에서도 저 하늘 보기 두려워 / 그늘 깊은 땅 속으로 젖은 발 내리고 싶어하던 / 잔뿌리였더니"라는 둘째 연의 서술은 "겨울이라 꽁꽁 숨어 우는 우리나라 풀뿌리들이 / 입춘 경칩 지나 수군거리며 봄바람 찾아오면 / 수천 개의 푸른 기상나팔을 불어제낄 것을"이라는 제4연을 지나 마침내 "들꽃들아 / 그날이 오면 닭 울 때 / 흰 무명띠 머리에 두르고 동진강 어귀에 모여 / 척왜척화 척왜척화 물결소리에 / 귀를 기울이라"는 마지막 연의 당부로 끝을 맺는다.

다른 지역에 비해서 특히 전라북도는 가는 곳마다 동학농민전쟁의 자취가 남아 있는 유적지요, 유물 천지였다. 곳곳에 기념비와 팻말과 안내판이 세워져 있으며, 1세기 전 녹두장군과 농민군의 거사는 민요와 설화와 구전 속에 면면히 살아남아 있다. 게다가 동학농민전쟁 1백 돌을 맞아 벌인 각종 기념사업 덕택에 팔순 노인에서부터 코흘리개 아이까지 동학농민전쟁에 관한 이야기는 어느 정도 알려져 있어, 모르는 이가 전무하다고 해도 과언이 아니다. 그러나 고부관아를 점령한 농민군이 진을 쳤던 백산 아래의 수로에 낚싯대를 던져놓고 앉아 있는 남자들, 황토현 승전의 기세를 몰아 전주성으로 쳐들어간 길목이었던 용머리 고개에서 시외버스를 기다리는 아낙들, '호남제일성'이라고 편액을 내건 전주 풍남문 옆 시장 어귀에서 토정비결 따위를 팔며 신수점을 보아주고 있는 파파옹, 태조 이성계의 영정을 봉안한 경기전 뜰에서 전쟁놀이에 여념이 없는 동네 아이들……. 이들의 가슴 속에 동학농민전쟁은 어느만큼의 크기와 무게로 자리잡고 있는 것일까. 사진 속 전봉준의 타는 눈빛은 오늘도 포효한다. "기억하라!"고.

작품의 무대 「서울로 가는 전봉준」의 무대는 동학농민전쟁의 무대와 겹친다. 고부의 말목장터에서 김제·만경의 너른 들판, 전주의 풍남문과 시외버스정류장에 이르기까지 전북 곳곳이 이 시의 무대라 해도 지나치지 않는다. 시의 마지막 연에 나오는 동진강은 김제와 부안 사이를 흘러 서해로 합수한다. 김제 쪽에서 다리를 건너 부안으로 향하면 변산반도 국립공원이 지척이다. 거기서 고창 선운사, 그리고 정읍 내장사 따위가 차로 한 시간 미만의 거리에들 옹기종기 모여 있다.

안도현

경북 예천 출생으로 일찍이 대구 대건고등학교에 다니던 1970년대 후반 고등학교 문단을 휩쓸다가 문예장학생으로 전북 익산(옛 이리)의 원광대에 진학했다. 1984년 『동아일보』 신춘문예에 「서울로 가는 전봉준」이 당선되어 문단에 나왔으며, 등단작을 표제로 삼은 첫 시집과 『모닥불』, 『그대에게 가고 싶다』, 『외롭고 높고 쓸쓸한』 등의 시집, 그리고 어른용 동화로 분류될 『연어』 등을 펴냈다. 이리중학교에 재직하고 있던 중, 전교조에 가입해 해직되었으며 전북 산서고등학교로 복직되었지만, 1997년 초에 학교를 그만두고 전업작가로 나섰다.

■ 박경리 · 토지

섬진강 끝자락 '악양들' 휘몰아친 근대사 격랑

동학농민전쟁이 실패로 돌아간 뒤 조선의 식민지화는 걷잡을 수 없는 흐름을 타게 되었다. 러시아와 일본은 각기 아관파천과 명성황후 민비 살해를 통해 조선의 식민지배를 꾀했다. 일본 낭인들에 의한 국모 시해라는 전대미문의 치욕을 맛본 유생들은 단발령을 계기로 수하들과 농민군 잔여세력을 규합하여 전국적인 의병투쟁을 전개하지만, 일본군의 우세한 화력을 뚫기에는 역부족이었다.

그런 가운데서도 농민군의 분발에 당황하고 일본의 이른바 내정개혁 강요에 몰린 정부는 갑오개혁을 단행한다. 왕권 제한, 조세의 금납화, 도량형 통일, 문벌 타파, 과거제 폐지, 노비법 폐지, 과부의 재혼 허용 등을 주요 내용으로 하는 갑오개혁은 농민전쟁에서 집약적으로 분출된 봉건체제의 내부 모순을 누그러뜨리려는 시도임에는 틀림없었으나 그것이 일본의 영향력을 강화시키는 작용을 했다는 점에서 근본적인 문제를 안고 있는 것이었다.

박경리(1926~)의 대하소설 『토지』는 농민전쟁과 갑오개혁, 을미

의병 등이 차례로 근대사의 연표를 채우고 지나간 1897년의 한가위를 시작으로 문을 연다. 이 해는 왕실과 국가의 존폐를 우려한 고종이 국호를 대한제국으로 바꾸고 황제 즉위식을 올림으로써 이름에서나마 중국 및 일본과 어깨를 나란히 해보고자 안쓰러운 노력을 펼쳤던 해였다. 그 뒤를 독립협회와 만민공동회라는, 의회주의와 부르주아적 대의민주주의를 지향하는 움직임이 따랐다. 이후 일제의 본격적인 식민지배와 민중의 검질긴 독립투쟁, 그리고 제2차 세계대전에 이은 해방까지의 긴박한 역사를 큰 호흡으로 훑어내려갈 소설의 첫 장면은 뜻밖에도 평화롭고 풍요롭다.

까치들이 울타리 안 감나무에 와서 아침 인사를 하기도 전에, 무색옷에 댕기꼬리를 늘인 아이들은 송편을 입에 물고 마을길을 쏘다니며 기뻐서 날뛴다. (……)고개가 무거운 벼이삭이 황금빛 물결을 이루는 들판에서는, 마음놓은 새떼들이 모여들어 풍성한 향연을 벌인다.

그렇기로서니 수상한 세월, 힘없는 나라에서 맞이하는 박복한 백성들의 명절이 어찌 평화와 풍요의 겉보기에만 그칠 것인가. 과연 작가는 곧 이어서 "팔월 한가위는 투명하고 삽삽한 한산 세모시 같은 비애는 아닐는지"라며 시의 경지를 방불케 하는 문장을 내밀고 있다. 더구나 그 비애의 속내인즉, 산문적 사실성과 치열성으로 가득 차 있는 것이다.

사람들은 하고많은 이별을 생각해보는 것이다. 흉년에 초근목피를 감당 못하고 죽어간 늙은 부모를, 돌림병에 약 한 첩을 써보지 못하고 죽인 자식을 거적에 말아서 묻은 동산을, 민란 때 관가에 끌려가서 원로 삼기로 했다. 그러나 소설을 집필하는 도중 평사리를 직접 답사하지는 않았다. 소설 속의 동네 구조와 실제의 평사리의 모습이 같지 않은 것은 그 때문이다.

겨울 한복판의 악양들에는 『토지』의 서두와 같은 벼이삭의 물결 대신 날선 바람의 갈기만이 휘날리고 있다. 어쩌다 한둘 트랙터로 논을 갈아엎는 이들이 눈에 뜨일 뿐 너른 들에는 사람 그림자도 찾아보기 힘들다. 들에 나가지 않은 농꾼들은 마을 방앗간에서 벼를 찧거나 나무를 해 나르거나 허술해진 외양간을 돌보거나 한다. 그러나 개 짖는 소리와 닭 우는 소리, 소의 음메 소리가 서로 화답하는 마을에서도 막상 사람을 마주치기란 쉬운 일이 아니다. 가끔씩 만나지는 이들도 대체로 노인들이기 십상이다. 젊은이들의 도시행 바람이 평사리라고 비켜가지 않을 까닭이 없다. 담쟁이 덩굴이 벋어 올라간 오래 묵은 돌담들, 담 옆 헐벗은 나무에 달랑 두 개 달려 있는 까치감, 마루 밑에 넣어둔 단호박 덩이들과 처마 밑의 메주, 시래기 다발 따위가 대신 사람의 자취와 체온을 전해준다.

악양들의 옥답과는 달리 산 쪽으로 다가앉은 마을에는 유난히 돌이 흔하다. 거의 모든 집의 담이 돌로 되어 있음은 물론, 마을 뒤편 다랑논의 논둑 역시 돌을 쌓아 만들어 놓았으며, 돌을 고르다 못한 언덕빼기는 단감나무 밭으로 알뜰하게 활용하고 있어 땅밖에 모르는 농부들이 박토를 일구며 흘린 땀을 짐작케 한다. 마을 한가운데에는 소설 속 임이네와 강천댁, 두만네, 막딸네 등 아낙들이 시름을 털어놓거나 신세를 한탄하는가 하면 작은 일로 아옹대기도 했음직한 공동 우물과 빨래터가 남아 있고 근처에는 마을 공동 목욕탕도 설치되어 있다.

작가는 평사리를 답사하지 않았지만, 이곳 주민들은 『토지』에 대해 너무도 잘 알고 있었다. "볼 기 뭐 있다꼬 사램들이 시도 때도 없이 와 쌓십니더"라는 가게 주인 아주머니의 말에서 평사리가 이미 한국의 문학지도에 등재되었음을 알 수 있다. 평사리에는 여관이나 여인숙, 식당은 물론 민박집 하나도 변변한 것이 없다. 아마 앞으로도 그런 것이 생겨날 필요는 없을 것이다. 그러나 달랑 지도 한 장 들고 물어 물어 찾아오는 수많은 독자들을 위해 마을 입구에 이곳이 소설 『토지』의 무대라는 안내판 하나 정도는 있어도 좋지 않을까.

작품의 무대 어느 지역이 자신과 어울리는 문학작품을 낳기도 하지만, 문학작품이 특정 지역에 새로운 의미를 부여하기도 한다. 하동 평사리가 그 대표적인 경우이다. 『토지』의 무대가 되기 전에 이곳은 섬진강변의 정겨운 고을들 중 하나에 지나지 않았다. 이제 이곳은 근처의 쌍계사나 청학동 못지않은 관광 명소가 되었다. 하동 쪽에서 섬진강 길을 거슬러 오르다가 오른쪽으로 제법 널찍하게 나타나는 들을 끼고 들어가 평사리의 돌담들 사이를 거닐다 나오는 맛은 일품이다. 벚꽃이나 배꽃이 흐드러지게 핀 길을 내쳐 달려 쌍계사나 칠불사를 찾는 맛은 또 어떻고.

박경리 경남 충무에서 났으며 진주고녀를 졸업했다. 1956년 『현대문학』에 「계산」 등이 추천되어 문단에 나왔다. 4반 세기에 걸치는 혼신의 피땀을 쏟아부은 대하소설 『토지』말고도 『김약국의 딸들』, 『시장과 전장』 등의 문제작을 발표했다. 『토지』를 집중적으로 썼던 1970년대에 그는 암 선고를 받았는가 하면, 사위인 시인 김지하의 정치적 고난을 간접 체험해야 했다. 『토지』는 이같은 개인적 시련과 사회·역사적 아픔에서 배태된 것이라 할 수 있다.

■ 이인직 · 은세계

대관령 타고 넘은 반봉건 민요가락

강원도 강릉 대관령은 바람도 유명하고 눈도 유명한 곳이라. 겨울 한철에 바람이 심할 때는 기왓장이 훌훌 날린다는 바람이요, 눈이 많이 올 때는 지붕 처마가 파묻힌다는 눈이라. 대체 바람도 굉장하고 눈도 굉장한 곳이나, 그것은 대관령 서편의 서강릉이라는 곳을 이른 말이요, 대관령 동편의 동강릉은 잔풍향양(潺風向陽)하고 겨울에 눈도 좀 덜 쌓이는 곳이라.　　　　　　　　　　—『은세계』에서

이인직(1862~1916)의 소설『은세계(銀世界)』에서 대관령은 바람과 눈의 세계이자 동강릉과 서강릉을 가르는 경계이기도 하다. 8백수십 미터 높이의 이 고개는, 좁게는 서강릉과 동강릉을, 넓게는 영서와 영동을 나누며 솟아 있는 것이지만, 그것은 동시에 양쪽을 이어 붙이는 연결통로의 구실도 맡아하고 있다. 경계와 통로, 나누고 연결하는 대관령의 이 두 가지 상반된 기능이『은세계』전반부의 구성원리로 기능한다.

신소설의 개척자로 국문학사에 자리매김되는 이인직이 1908년에 발표한 『은세계』는 두 개의 이질적인 부분으로 이루어져 있다. 강릉 경금 동네에 사는 알부자 최병도가 그의 재산을 노린 강원감사에게 붙들려가 고초를 당한 끝에 죽음을 맞는 전반부, 그리고 그의 소생인 옥순·옥남 남매가 미국에 유학 가서 선진문물을 배우고 돌아오는 후반부가 그것이다.

강렬한 반봉건과 근대화 지향의 메시지로 하여 문학사적 자리를 확고히 한 이 소설에서 최병도가 살던 동강릉은 백성들의 노동과 절약과 저축이 결실을 맺은 풍요와 자족의 땅으로 묘사된다. 거기에는 물론 대관령 서쪽으로 상징되는 봉건적 탐학의 부당성과 잔혹성을 극대화시키기 위한 작가의 의도가 깔려 있다. "그러나 일기도 망령을 부리던지 그날 눈과 바람은 서강릉도 이보다 더할 수 없지 싶을 만하

천지가 온통 흰 눈에 뒤덮인 대관령은 소설 제목과 마찬가지로 은세계(銀世界)를 연출하고 있다.

게 대단하였"다는, 앞의 인용문에 이어지는 구절은 대관령을 넘어서에서 동으로 휘몰아칠 봉건적 탐학의 눈보라를 예시하고 있음이다.

『은세계』전반부는 당시 구전되고 있던 민요를 적절히 삽입하여 봉건체제의 질곡과 서민들의 해방 욕구를 효과적으로 그리고 있다. 이 가운데 최병도가 원주의 강원 감영으로 붙들려가 매질당하기로 해를 넘긴 다음 봄, 경금 동네 농부들이 모내기를 하면서 부르는 노래는 봉건적 탐학의 정도와 그에 대한 백성들의 인식을 단적으로 말해준다.

우리 동무 내 말 듣게, 이 농사를 지어서 먹고 입고 남거든 돈 모을 생각 말고 술 먹고 노름하고 놀 대로 놀아보세, 마구 뺏는 이 세상에 부자 되면 경치느니. 여어허 여어허 어여라 상사디이야.

최병도가 숨이 끊어지기 직전까지 매타작을 당한 뒤에야 놓여나 대관령 위에서 끝내 눈을 감는 것으로 전반부는 끝나고, 후반부는 어린 남매의 미국 유학생활을 그리면서 근대화의 명제를 강조하는 데 치중하게 된다. 그런데 썩어빠진 봉건 지배세력과 농민층 사이의 집단적 대결을 실감나게 그렸던 전반부에 비해 모순의 해결방안을 제시하는 후반부의 묘사와 구성은 지나칠 정도로 허술하고 억지스럽다.

최원식 교수(인하대)를 비롯한 학자들의 연구에 따르면『은세계』전반부는 '최병두 타령'이라는 구전 민요를 바탕 삼아 씌어졌으며 후반부는 이인직의 순수한 창작적 덧붙임이라 한다. 그러니까 실화에 기반한 '최병두 타령'과 구전 민요의 핍진성이『은세계』전반부의 사실성을 뒷받침하는 반면, 후반부에서는 이인직 자신의 맹목적이고 뒤틀린 개화사상이 소설의 통일성과 주제의식을 해치고 있는 것이다.

이 나라를 붙들고 이 백성을 살리려 하면 정치를 개혁하는 데 있는 것이니, 우리는 아무쪼록 공부를 많이 하고 지식을 넓혀서 아무 때든지 개혁당이 되어서 나라의 사업을 하는 것이 부모에게 효성하는 것이요.

옳지 않은 정신으로 고국에 홀로 남겨진 어머니를 생각해서 이제 그만 돌아가자는 누이의 제안에 대한 옥남의 살찬 대답은 작가 이인직의 개화사상이 어떤 것인지를 말해준다. 소설에서 보이는 작가 이인직의 당대 현실에 대한 인식은 납득하기 힘들 정도로 뒤틀려 있다. 간단히 말해서 모든 개화는——그것이 설령 미국과 일본의 영향과 지배 아래 이루어진 것일지라도——'선'이라는 맹목적 개화론이 이인직의 사상이었다. 헤이그 밀사사건을 구실로 일본이 고종을 퇴위시키고 순종을 들여앉힌 뒤 대한제국 정부군을 강제로 해산시킨 1907년을 두고 '황제 폐하께서 정치를 개혁하신 해'라 반기는 데서도 그 왜곡의 정도를 알 수 있거니와, 의병의 무리와 맞닥뜨린 옥남이 그들을 훈계하는 대목은 전도된 상황인식의 극치를 보여준다.

여러분 동포가 의리를 잘못 잡고 생각이 그릇 들어서 요순 같은 황제 폐하 칙령을 거스르고 흉기를 가지고 산야로 출몰하며 인민의 재산을 강탈하다가 수비대 일병 사오십 명만 만나면 수십 명 의병이 더

당치 못하고 패하여 달아나거나, 그렇지 않으면 사망 무수하니, 동포의 하는 일은 국민의 생명만 없애고 국가 행정상에 해만 끼치는 일이라.

이인직이 이완용의 비서로서 한일합방 과정에서 결정적인 막후교섭을 담당한 것은 이같은 맹목적 개화사상과 뒤틀린 근대화론의 결과라 할 것이다. 이인직이라는 근대 지식인과 그의 소설『은세계』의 파탄은 봉건제의 질곡을 벗고 바야흐로 근대화의 첫발을 떼어놓으려 했던 민족이 외세의 영향과 지배 아래 놓임으로써 피할 수 없게 된 파행과 모순을 극적으로 구현하고 있는 셈이다.

그런 점에서 이인직은 한국 문학사의 커다란 딜레마인 춘원 이광수의 경우를 앞서서 보여주었다고 할 수 있다. 근대 초창기 조선의 최고 지식인이자 문필가였던 춘원 역시 근대화의 이면에 놓인 외세의 침탈이라는 현실에 눈을 감음으로써 일본 제국주의의 조선 지배를 용인하고 말았거니와, 그의 초기 시에서 보이던 소박한 민족애는『무정』의 근대화 지상주의를 거쳐 저 유명한 민족개조론으로 불시착하고 만다.

최병도가 원주 감영으로 끌려갔던 길목이자 시체나 다름없는 몸으로 강릉 집으로 후송되어 오다가 숨을 멈춘 곳이기도 한 대관령은 오늘도 영동과 영서를 잇는 교통의 요지로서 긴요하게 쓰이고 있다. 영서에서 영동 쪽으로 힘들게 올라온 차량과 인간들이 잠시 멈추어 숨을 고르고 가곤 하는 휴게소 뒤쪽 해발 865m 고지에는 1975년 9월 30일 영동·동해 고속도로의 준공을 알리는 기념비가 '박정희 대통령 각하'의 휘호와 함께 우뚝 솟아 있다. 얼음처럼 차가운 바람이 아우성치며 옷깃을 파고드는 대관령 정상에서 내려다보이는 강릉은 겨울 햇볕 속에 평화롭게 잠겨 있다. 태백산맥의 서쪽 등허리를 훑으며 올라온 바람은 대관령 고개를 넘어 평화의 땅 강릉으로 쳐내려가지 못하고, 돌연 허방이라도 만난 듯 어지럽게 헤매며 돌아치다가는 가뭇없이 스러지고는 한다.

최병도가 살았던 대관령 아래 경금 동네는 행정구역상으로 강릉시 성산면 금산1리에 해당한다. 강릉 김씨가 세웠다 해서 '건금'이라는 별칭을 지니고 있는데, '건금'은 이 지방 사람들의 발음으로는 '경금'이 된다. 아주대 국문과의 김종철 교수는 강릉대에 재직하고 있던 지난 1987년 『은세계』의 흔적을 찾아 이 동네를 답사하고서는 동네에서 제일 높은 곳에 자리잡은 한 집을 최병도 집의 모델로 지목했다.

지금의 집주인인 최석규 씨는 장성한 세 자녀를 모두 출가시키고 부인과 함께 아흔이 넘은 노모를 모시며 살고 있었다. 대관령 바람에 시달린 고택은 기와가 흔들리고 서까래가 내려앉는 통에 지난 1993년 거액을 들여 새 단장을 마쳤다. 사람이 살기에는 한결 편해졌지만, 예스러운 멋은 더 이상 찾을 수 없게 되었다. 그런 가운데서도 비용 때문에 미처 수리를 하지 못한 사랑은 북쪽 벽이 완전히 무너진 채 못 쓰는 가전제품과 재봉틀 따위를 넣어두는 창고로 구실하고 있어 세월의 덧없음을 말해준다.

작품의 무대 대관령 마루에서 강릉을 향해 내려가는 길은 굽이굽이 구부러져 위험한 만큼 재미있다. 차창 밖으로 손을 내밀면 만져질 듯 순백의 눈이 포근히 쌓여 있는 겨울에 더욱 그러하다. 그 꼬부랑 길이 끝나고 평지와 만나는 지점쯤 왼쪽으로 자리잡은 동네가 강릉시 성산면 금산1리, 소설 속 경금 동네다. 동네 자체야 여느 농촌 마을과 크게 다를 바 없다. 최병도가 살았다고 전해지는 집 역시 화려하거나 위압적이기는커녕 지극히 소박하기조차 하다. 그가 맨손으로 출발해 근면과 내핍으로 자수성가한 사람임을 거기서 알 수 있다.

이인직 경기도 이천 출생으로 서른아홉의 나이에 구한국 정부 유학생으로 일본 도쿄 정치학교에서 공부했다. 최초의 신소설로 알려진 「혈의 누」와 「귀의 성」을 『만세보』에 연재했으며, 이완용의 도움으로 『만세보』를 인수하여 『대한신문』을 창간하고 사장으로 취임했다. 한일합방 당시 이완용의 비서로 그를 돕는 등 친일행각을 벌이는 한편, 극장 '원각사'를 설립하여 신극운동을 벌이기도 했다.

■ 한용운 · 님의 침묵

백담계곡 메아리친 애끊는 조국독립 노래

　님은 갔습니다. 아아 사랑하는 나의 님은 갔습니다.
　푸른 산빛을 깨치고 단풍나무숲을 향하여 난 적은 길을 걸어서 차마 떨치고 갔습니다.
　황금의 꽃같이 굳고 빛나던 옛 맹서는 차디찬 티끌이 되어서, 한숨의 미풍에 날아갔습니다.
　날카로운 첫 '키쓰'의 추억은 나의, 운명의 지침을 돌려놓고, 뒷걸음쳐서, 사라졌습니다.
　나는 향기로운 님의 말소리에 귀먹고, 꽃다운 님의 얼굴에 눈멀었습니다.
　사랑도 사람의 일이라, 만날 때에 미리 떠날 것을 염려하고 경계하지 아니한 것은 아니지만, 이별은 뜻밖의 일이 되고 놀란 가슴은 새로운 슬픔에 터집니다.
　그러나 이별을 쓸데없는 눈물의 源泉을 만들고 마는 것은 스스로 사랑을 깨치는 것인 줄 아는 까닭에, 걷잡을 수 없는 슬픔의 힘을 옮겨서 새 희망의 정수박이에 들어부었습니다.

우리는 만날 때에 떠날 것을 염려하는 것과 같이, 떠날 때에 다시 만날 것을 믿습니다.

아아 님은 갔지마는 나는 님을 보내지 아니하였습니다.

제 곡조를 못 이기는 사랑의 노래는 님의 침묵을 휩싸고 돕니다.
—「님의 침묵」전문

1910년 8월 29일 '한일병합조약'을 통해 조선에 대한 지배를 공식화한 일제는 식민지배를 공고히 하기 위한 각종 조처를 착착 밟아나갔다. 총독부에서 헌병 및 경찰로 이어지는 행정적·무력적 기반 마련, 항일 의병전쟁에 대한 강력한 토벌작전, 신문지법과 출판법, 조선교육령 등의 법제적 장치를 통한 언론 및 교육의 통제, 그리고 '토지조사사업'을 통한 식민지적 농업구조의 형성을 거치면서 일본의 식민지배는 안정 궤도에 올라선 것처럼 보였다.

'무단정치(武斷政治)'로 규정할 만한 일제의 식민통치는 그러나 조선 민중의 거센 반발에 부닥치게 된다. 일찍이 동학농민전쟁과 의병투쟁 등을 통해 외세를 물리치기 위한 검질긴 투쟁의 전통을 쌓아온 조선인들은 1919년 1월 21일 급서한 고종이 일본에 의해 독살되었다는 소문에 흥분하고, 그해 2월 8일 일본 유학생들의 독립선언서 발표에 고무받아 전국적인 규모의 항일 시위에 나선다. 3·1만세운동이다. 그 만세운동의 한가운데에 만해 한용운(1879~1944)이 있었다.

만해는 3·1운동의 계획과 준비 단계에서부터 주도적으로 참여했으며, 거사 당일에는 태화관에 모인 민족대표 33인의 앞에 서서 독립투쟁의 의지를 다짐하는 연설을 하고 만세삼창을 선도했다. 거사 직전 다른 민족대표들에게 변호사를 대지 말 것, 사식을 취하지 말 것, 보석을 요구하지 말 것 등 3대 행동원칙을 제시한 그는 앞으로도 독립운동을 계속할 것이냐는 일본인 판사의 질문에 대해 "언제든지 그 마음을 고치지 않을 것이다. 만일 몸이 없어진다면 정신만이라도 영세토록 가지고 있을 것"이라고 당당하게 대꾸했다. 또한 옥에 갇힌 민족대표들이 극형에 처해질 것이라는 소문이 돌자 그들 중 일부가 불안과 절망에 빠지는 모습을 보고 그들에게 분뇨통을 던지며 나약함을 일갈했다는 일화는 너무도 유명하다.

 이같은 일화에서도 짐작할 수 있는 일이지만, 만해는 3·1 민족해방운동의 정신에 자신을 철저히 일치시켰다. 독립선언서를 기초한 육당 최남선과 33인의 대표들 가운데 상당수가 나중에 창씨개명을 받아들이고 변절을 했는데도 만해만은 끝까지 항일의 기개를 꺾지 않았다. 3·1운동이라는 역사의 여울목에서 만해와 만났던 이들은 많지만, 그 전이나 후나 초지일관 철인적인 신념과 투지로써 반봉건·반외세를 자신의 존재의의로 삼아 지속적으로 싸워나간 인물은 많지 않다. 따라서 만해가 3·1운동의 한가운데에 있었다는 것은 그가 그 운동의 준비와 실행의 중심인물이었다는 뜻만이 아니라, 운동이 끝난 뒤에도 죽는 날까지 그 누구보다도 뚜렷하게 3·1운동의 정신을 견지하고 실천하고자 애썼다는 뜻이기도 하다.

 만해는 불굴의 투지와 용기를 지닌 독립투사인 동시에 당대 최고의 불교사상가요, 한국 현대시의 한 흐름을 열어젖힌 탁월한 시인이기도 했다. 혁명가와 사상가와 문인이라는 세 가지 성격을 한 몸에 아우른 그의 전인적인 풍모는 한국사에서는 물론이고 세계적으로도 비슷한 경우를 찾아보기 힘들 정도다.

백담사 경내의 만해 시비와 만해당.

『조선불교유신론』을 비롯한 저술과 월간 불교잡지 『불교』의 운영, 청년불교단체의 설립과 지도 등을 통해서 그는 불교의 혁신과 대중에의 파급을 꾀했으며, 그 궁극적 도달점은 그 자신이 '불교사회주의'라 이름한 것을 지향하고 있었다.

그러나 일반인들 사이에 한층 더 잘 알려져 있는 것은 역시 『님의 침묵』이라는 걸출한 시집을 펴낸 시인으로서의 만해 한용운이다. 3·1운동과 관련해 옥고를 치르고 나온 뒤인 1925년 설악산 백담사에서 탈고해 다음 해 책으로 묶어낸『님의 침묵』은 3·1운동의 정신과 힘을 온전히 간직하고 있으면서도 문학적 아름다움으로 충만한 명시집이다.

표제시「님의 침묵」을 비롯해 88편의 시를 수록하고 있는『님의 침묵』은 '님'이라는 절대의 존재를 향한 구애와 귀의, 이별의 슬픔과 기다림의 환희라는 일관된 주제의식 아래 묶여 있다. 사랑하는 연인과 헤어진 상태에서 떠나간 임에 대한 흔들림 없는 애정을 토로하며 다시 만날 날을 기다린다는 연애시의 구도를 취한 이 시집은 만해의 임이 그가 귀의한 불교적 진리일 수도, 그의 조국인 독립 조선일 수도 있다는 점에서 넓고도 깊은 울림을 준다. 그러나 "나의 머리가 당신의 팔 위에 도리질을 한 지가, 칠석을 열 번이나 지나고 또 몇 번을 지내었습니다"라는 시「칠석」의 한 구절은, 그가『님의 침묵』을 일필휘지로 써내려간 시점을 감안한다면, 만해의 임의 자리에 무엇보다도 먼저 조국을 놓아두어야 함을 말해준다.

『님의 침묵』에서 이별은 화자의 세계인식과 문학적 형상화를 가능케 하는 기본 전제로 기능한다.『님의 침묵』의 모든 시들은 이별이라는 상황으로부터 비롯한다고 해도 지나치지 않다. 그 이별은 그러나 사랑하는 대상과의 합일의 가능성이 완전히 깨어지고 마는 부정의 원천이 아니라 사랑의 강도를 확인하고 장래의 합일을 희구하게 만드는 긍정적·생산적인 이별이다. "이별이 아니면, 나는 눈물에서 죽었다가 웃음에서 다시 살아날 수가 없습니다"(「이별은 미의 창조」)라는 구절은 이별과 만남, 눈물과 웃음, 죽음과 생성의 변증법적 순환을 요령 있게 표현하고 있음이다.

고향인 충남 홍성에서 한학을 수학한 만해가 풍전등화의 위기에 놓인 조국의 존망을 염려하며 일단 출가한 것이 그의 나이 17살 때인 1896년이었다. 백담사와 오세암 등지에서 불목하니 노릇을 하다가 시베리아에 다녀오기도 한 그는 1904년 초 잠시 향리에 들렀다가 그해 말 완전히 출가하게 된다. 외아들 보국이 태어난 지 불과 며칠 만의 일이었다.

행동하는 학승으로 변모한 그는 경성에서 불교개혁과 조선독립을 위한 사회적 활동을 펼치는 사이사이 그가 처음 머리를 깎고 계를 받은 백담사와 오세암에 머물며 『조선불교유신론』과 『님의 침묵』 등을 저술했다. 그러나 지금 백담사와 오세암에서 그의 자취를 찾기란 쉽지 않다. 그가 머물던 백담사의 요사채는 '만해당'이라는 이름으로 불리지만 그 흔한 편액 하나 걸려 있지 않다. 다만 그 곁에 세워진 시비 '나룻배와 행인'만이 한 가닥 쓸쓸한 위안을 던져줄 뿐이다. 백담사를 찾는 관광객들 역시 만해의 자취보다는 지난 1989년 표변한 세상 인심에 쫓긴 전두환 전 대통령이 머물던 방의 위치에만 관심을 보인다. 실은 만해와 전두환은 60여 년의 시간적 거리를 두고 같은 건물, 같은 방에 머물렀었다.

백담사에서 6km 남짓 떨어져 있는 오세암 역시 쓸쓸하기는 마찬가지였다. 만해 시절의 건물은 한국전쟁 당시 다 불타 없어져 버렸고, 원래의 암자가 있던 자리에 새로 지은 '천진관음보전'의 옆 벽에 『님의 침묵』을 집필하는 만해의 모습이 그림으로 그려져 있을 따름이다. 오세암의 주승인 경원 스님은 "오세암 경내에 만해의 시비를 건립하고 그가 머물던 방을 다시 꾸미는 한편, 백담사에서 오세암에 이르는 산길에 그의 법명이나 시구를 딴 이름을 붙이는 방안을 관련 학자 및 문인들과 논의중"이라고 밝혔다.

작품의 무대 백담사에 이르는 가장 전통적인 코스는 인제군 용대리에서부터 출발하는 길이다. 용대리 정류장에서 백담사까지는 8km 남짓. 그 길을 계곡을 끼고 걸어 올라간다. 백담사에서 다시 계곡을 따라 한동안 오르다 보면 수렴동 대피소에 이르며(이곳에서 일박하면서 만나는 밤하늘의 주먹만한 별들이란!), 거기서 계곡을 버리고 가파른 산길을 오르다 보면 문득 시야가 트이면서 별천지처럼 나타나는 옴팡진 평지에 오세암이 자리잡고 있다.

한용운 충남 홍성 출생으로 향리에서 한학을 배웠으며, 설악산 백담사에서 출가해서는 금강산 표훈사에서 불교 강사를 지냈다. 조선불교회 회장을 역임하고 월간 교양지 『유심(唯心)』을 창간해 편집인 겸 발행인을 맡았다. 3·1운동 당시 명월관에서 민족대표 33인을 대표하여 독립선언을 낭독하고 투옥되었다. 3년의 옥고를 치른 뒤 조선물산장려운동과 민립대학 설립운동에 힘쓰다가 백담사에서 시집 『님의 침묵』을 썼다. 이밖에도 『조선불교유신론』, 『여자삭발론』 등 불교 관련 저서를 냈으며, 총독부를 등지고 자리잡은 서울 성북동의 자택 심우장에서 말년을 보냈다.

■ 송기숙 · 암태도

일제 덮친 암태도 소작쟁의 거대한 해일

바다는 따가운 가을 햇살을 재재발기며 팽팽하게 힘이 꼬이고 있었다. 하늘도 째지게 여물어 탕탕 마른 장구 소리가 날 듯했다. 푸른 바다와 푸른 하늘이 맞닿은 수평선 위로는 뭉게구름이 한 무더기 탐스럽게 피어오르고 있었다. ―『암태도』에서

목포 서쪽 다도해상에 있는 암태도 앞바다는 송기숙(1935~)의 소설에서 묘사된 바와 여일했다. 비록 소설이 씌어진 때로부터 16년여, 소설 속 상황으로부터는 70년 이상의 세월이 흘러 지나갔고 달력은 아직 한겨울이라 할 2월 초에 머물러 있었지만, 가을과 겨울의 차이도, 16년 또는 70년의 거리도 그곳의 햇살과 물살과 하늘과 구름을 크게 바꾸어 놓지는 못했다. 다만, 실장어 잡이를 위해 바다 위에 띄워놓은 여러 십 척의 무동력 바지선들만이 여일한 풍경에 약간의 변화를 가져다 주고 있을 뿐.

겨울의 아침 7시30분. 목포항의 희붐한 여명을 뚫고 길을 나선

소작회장 서태석 씨의 묘 옆에 세워진 추모비의 뒷면에 새겨진 글을 읽고 있는 작가 송기숙 씨.

고속 페리호는 1시간 30분의 항해 끝에 어김없이 암태도 남강 부두에 닻을 내린다. 부두에 대기하고 있던 암태운수 소속 지프형 택시에 타고 순식간에 집 대문 앞까지 당도한 동네 아주머니는 "아따, 빠르요, 잉. 폴쎄 와부렀소야"라며 벌어지는 입을 다물지 못한다. 소설 속에서 대여섯 시간씩 걸리기 일쑤였던 것에 비하면 과연 빨라진 것이다. 그토록 길고도 험한 뱃길을 수백 명의 섬사람들이 목숨을 걸고 오갔던 70여 년 전 그때, 이곳에서는 무슨 일이 있었던가.

1919년 3·1만세운동에 당황한 일제는 조선 민족에 대한 지배 방식을 무단통치에서 '문화정치'로 바꾸었다. 헌병경찰제도를 없애고 보통경찰제도를 채택하며 교원과 문관들이 차고 다니던 칼을 풀도록 하는 등 문화정치의 표면적인 유화 제스처에도 불구하고 그것이 조선에 대한 일제의 식민지배를 효과적으로 하기 위한 것이라는 점에서 그 본질은 조금도 바뀌지 않은 것이었다. 그럼에도 유화국면이 뚫어놓은 공간이라는 것이 억눌린 겨레에게는 최소한의 숨쉴 구멍으로 기능한 것 또한 어김없는 사실이었다. 게다가 3·1운동을 거치면서 성장한 민중들의 정치의식은 1920~1930년대 한반도를 각종 농민운동과 노동자투쟁의 마당으로 만들어 놓았다. 암태도로 대표되는 1920년대 소작쟁의 바람은 조선 민중과 일제 통치당국 사이의 그같은 힘관계를 배경으로 하고서 일어난 것이다.

암태도의 소작 농민들이 지주 문재철을 상대로 쟁의에 나선 것은 1923년 8월 추수를 앞두고서였다. 서태석 회장이 이끄는 소작회 회원들은 수확량의 7~8할에 이르던 소작료를 4할로 내려줄 것을 요구하며 쟁의에 돌입했다. 그로부터 장장 1년여에 걸친 암태도 소작쟁의의 대장정이 이어진다.

1920년대 중·후반에 가히 전성기를 구가한 소작쟁의의 물결 속에서도 암태도 소작쟁의가 유독 두드러지는 이유는 그것이 사실상 일본 관헌과 일제 당국을 상대로 한 싸움이었다는 점과 함께 그 싸움의 양상이 전례 없이 치열했다는 데서 찾을 수 있다. 생존을 위한 배수진을 친 것과도 같은 소작인들의 요구에 대해 문 지주 쪽은 관과 경찰의 힘을 믿고 마냥 뻣세게만 나왔다. 농민들과 그들의 진짜 적인 일제 당국 사이의 대결은 처음부터 예정되어 있었던 셈이다.

문 지주 부친 송덕비의 파괴를 둘러싸고 문씨 일족 청년들과 농민들 사이에 난투극이 벌어지고 이를 빌미 삼아 경찰이 소작회 간부들을 대거 구속하자 농민들의 분노는 걷잡을 수 없이 불타올랐다. 1924년 6월, 1천여 명의 암태도 농민들은 면민대회를 열어 경찰서와 문재철의 집이 있는 목포로 나가 싸움을 계속하기로 결의했다.

이로써 암태도 소작쟁의를 전국적으로 유명하게 만든 원정투쟁이 시작된다. 두 차례에 걸쳐 열흘 남짓, 남녀노소가 망라된 6백여 농민들이 목포 경찰서와 법원 마당에서 죽기를 각오하고 행한 농성은 당시 신문에 이렇게 그려졌다.

대지를 요를 삼고 창공을 이불을 삼아, 입은 옷에야 흙이 묻든지 말든지, 졸아드는 창자야 끊어지든지 말든지, 오직 하나 집을 떠날 때 작정한 마음으로 밤이슬을 맞으며 마른 정강이와 햇볕에 그을은 두 뺨을 인정 없는 모기에 물려가면서 그날 밤을 자는 둥 마는 둥 또다시 그 이틀 되는 초 9일을 당하게 되었다.

지금 보아도 기특할 정도로 분명히 소작인들의 편에 섰던 『동아일보』 등 신문의 연속된 보도는 이 사건을 암태도만의 문제가 아닌 전국 차원의 것으로 만들었으며 문 지주와 그를 비호하던 경찰 및 사법부의 입지를 크게 줄여 마침내 항복하지 않을 수 없도록 만들었다. 거기에는 아사동맹(餓死同盟)을 결성하고 혼연일체가 돼 싸움에 나섰던 암태도 농민들의 각오가 무엇보다 커다란 힘이 되었음은 물론이다.

송기숙이 1979~80년 잡지 연재를 거쳐 단행본으로 펴낸 소설 『암태도』는 이상과 같은 역사적 사실을 대체로 충실히 좇고 있다. 그는 "사건 자체가 극적인 구성을 띠고 있으며, 반봉건적·반일적인 순수 민중운동이 암태도라는 작은 섬에서 불타올라 마침내 성과를 거둔 것이 무엇보다 통쾌했기 때문에 실제 사건에 별다른 첨삭을 가할 필요를 느끼지 않았다"고 밝혔다.

그러나 작가란 역시 허구를 창조하는 존재이어서인지, 『암태도』에는 서태석과 청년회장 박복영, 부인회장 고백화, 문재철 지주 등

실존인물들말고도 몇 명의 허구적 인물이 등장한다. 그 중 가장 흥미로운 인물이 소작농인 춘보와 만석이다. 동학에 가담했다가 관의 눈을 피해 암태섬으로 흘러든 춘보는 1920년대 소작쟁의가 1894년 동학농민전쟁의 연속선상에 있다는 작가의 역사인식을 구현한 인물이다. 30여 년 동안이나 전력을 숨기고 살았던 그가 목포로 가는 두 번째 원정길에서 동리 친구에게 "사실은 옛날 동학군을 따라다니던 사람이야"라며 본색을 털어놓는 대목은 동학농민전쟁과 소작쟁의가 부끄러워 감출 일이 아니라 떳떳하고도 자랑스러운 것이란 인식이 암태도 농민들 사이에 공유되고 있음을 보여준다.

남사당패 소리꾼으로 따라다니다가 부잣집 막내딸과 눈이 맞아 역시 암태섬으로 밤도망을 놓은 만석 역시 중요한 인물이다. 그가 일제 당국의 화해 제스처를 받아들이려는 박복영을 향해 "그런 한가한 소리나 하려면 이제 당신도 더 나서지 마시오. 당신은 배가 안 고파 본 사람이라 소작인들 속을 몰라요"라며 대드는 장면은 서태석과 박복영 등 근대교육의 혜택을 받은 지식인의 손에 있었던 싸움의 지휘권이 민중 자신에게로 넘어가는 과정을 상징하고 있다.

암태섬에는 소작농들의 애환이 넘실거렸던 너른 들이 여전하고 문 지주 부친이 살았던 남강 부두의 집, 그리고 당시 소작회 사무실이 있던 집도 예전 그대로 남아 있다. 1943년 이웃 압해섬에서 숨을 거두었다가 지난 1979년 암태도로 옮겨온 서태석의 묘 옆에는 '의사 서태석 선생 추모비'가 세워져 있다. 소작 농민들이 원정투쟁을 전개했던 목포 경찰서와 법원 자리에는 각각 호텔과 교회가 들어서 있어 당시의 자취를 찾을 길이 없고, 문 지주가 일제 말기인 1941년에 세운 문태중고등학교 운동장에서는 학생들이 삼삼오오 짝을 지어 농구에 열중이다.

작품의 무대 암태도는 목포에서 서쪽으로 30km 거리에 있는 섬이다. 자은도 및 안좌도와 형제처럼 붙어 있다. 고속 페리호로 1시간 반 거리인 목포까지의 뱃길이 섬 사람들에게는 낭만이라기보다는 생존의 심각한 제약으로 여겨질 것이 틀림없다. 다도해의 오밀조밀한 섬들이 일련의 연육교들 덕택에 언젠가는 찻길로 육지와 연결되는 것이 이곳 사람들의 꿈이다.

송기숙 전남 장흥 출생으로 전남대 국문학과와 같은 대학원을 마쳤다. 1965년 『현대문학』에 평론이, 다음 해 같은 지면에 단편소설이 추천되면서 등단했다. 1970~80년대 민주화운동과 교육운동에 참여하여 두 차례 옥고를 치르기도 했으며, 민족문학작가회의 회장, 현대사사료연구소장을 역임했다. 지금은 모교의 교수로 재직하고 있다. 소설집 『도깨비 잔치』, 『재수없는 금의환향』과 장편 『자랏골의 비가(悲歌)』, 대하소설 『녹두장군』 등을 냈으며, 제18회 현대문학상과 제9회 만해문학상을 받았다.

■ 이기영 · 고향

천안벌에 지핀 소작쟁의 노농연대 들불

> 정거장에서 북으로 떠나는 북행열차가 우렁차게 기적을 불며 검은 연기를 솟구친다. 차는 성난 말같이 코를 불며 무거운 바퀴를 천천히 움직인다. 겨울은 패전한 군대처럼 물러가자 앞내에는 어느덧 얼음장이 풀리고 먼 산에 쌓인 눈사태도 녹았다. ―『고향』에서

동장군은 아직 물러가지 않았다. 천안의 진산 태조산 서쪽 계곡에서 발원해 유량동의 앞 들을 끼고 흐르는 폭 10m 안쪽의 원성천에는 상기도 꽝꽝한 얼음장이 깔려 있었다. 그 흔한 비닐하우스 하나 없이 겨울을 나는 논밭에는 흰 눈이 넉넉히 쌓여 있는 위로 동네 개들이 내놓은 앙증맞은 발자국만이 어지러울 뿐 섣불리 봄 기분을 내다가는 얼어 죽기 알맞을 겨울날이었다. 그러나, 2월 중순이란 역시 물러가는 겨울과 다가오는 봄이 난형난제의 힘겨루기를 하는 철인지라, 볕바른 언덕 기슭의 흙길은 얼음 녹은 물로 부드럽게 질척거렸다. 유량동 북쪽 향교로 오르는 마을길은 겨우내 덮여 있던 눈

이 스러진 자리에 흑회색 흙이 드러나 비체계적인 무늬를 이루고 있었다. 천안 시내에서 1번 국도를 건너고 경부고속도로 아래를 통과해 불과 5분 정도만 걸어 들어오면 나타나는 전형적인 농촌 마을 유량동. 이곳은 식민지시대 최고의 리얼리즘 작가 민촌 이기영(1895~1984)이 젊은 시절을 보낸 곳이자, 그의 걸작『고향』의 무대가 되기도 한 곳이다.

이기영은 지금의 충남 아산시 배방면 회룡리에서 출생했지만, 1897(8?)년 지금의 천안시 안서동으로 이사해 1909년까지 성장했으므로 그의 실질적인 고향은 안서동 일대라 할 수 있다. 이곳은 1백 호 가까이 되는 동리에 기와집 하나 볼 수 없을 정도로 가난한 상민들이 모여 사는 '민촌(民村)'이었으니, 그의 호가 바로 여기서 유래함이다. 지금의 상명대학교 앞 천안천변에 해당하는 민촌의 고향은 그러나 옛 흔적이라고는 티끌 하나 찾아볼 수 없을 정도로 변해버렸다.

민촌이 1933~34년 신문연재를 거쳐 단행본으로 펴낸『고향』은 1920년대 중반 천안군 원터라는 동네를 무대로 삼아 식민지 농민들의 삶과 투쟁을 그린 역작이다. 이 소설은 특히 식민지 자본주의라는 왜곡된 형태로나마 근대적 생산방식이 도입된 시기를 배경으로 삼아 그 주역인 노동자 계급을 등장시키고 노동자와 농민 사이의 연대 가능성을 제시함으로써 반제반봉건 혁명의 주체역량인 노농동맹을 부각시킨 작품으로서도 의미를 지닌다.

그러나 소설로서『고향』의 장점은 무엇보다도 당대 농민들의 삶을 풍부하고도 정확하게 재현했다는 데서 찾아야 한다. 소설은 일본 유학생 출신의 김희준이 이끄는 농민들과 식민지 부르주아의 전형인 마름 안승학 사이의 갈등과 대결을 축으로 전개되지만, 그것

민촌 이기영이 어린 시절을 보낸 천안시 안서동의 천안천변 마을은 이제는 상명대학교와 이런저런 도회 건물들만 보일 뿐 옛 모습은 찾을 길이 없다.

은 농민들의 구체적인 삶의 세부가 단단히 안받침됨으로써 생생한 활력을 얻는다. 양조장 앞에 줄을 섰다가 술지게미를 사다 먹는 농민들, 먼 산으로 칡을 캐러 다니는 춘궁기의 아낙들, 낡은 집을 수리하지 못해 장마에 벽이 무너지는 바람에 그에 깔려 첫아이를 유산하고 마는 산모, 빚돈 십오 원을 얻지 못해 자살하는 박 서방 등 소설 곳곳에는 식민지 시대 농민들이 처한 애옥살이의 참경이 손에 잡힐 듯이 묘사되어 있다. 그것은 소설 속 한 인물에 의해 상대적으로 행복했던 시절로 회상되는 구한말의 농촌 정경과 대비될 때 효과를 극대화한다.

　　나뭇갓을 베고 나서 추수를 앞두고 잠시 일손을 쉴 동안에 젊은이들은 그들(=마을 여자들)을 따라와서 장난치고 농담을 붙였다. 넓은 들 안에 벼이삭은 황금빛으로 익어가는데 그들은 유쾌하게 청추(淸秋)의 하룻날을 보내었다. 남자들은 상수리를 털어주고 누가 많이 줍나 저르미를 하였다. 그것으로 묵을 쑤고 떡을 해서 그들은 서로 돌려주며 먹었다. 그때는 그들에게도 생활이 있었다. 그들의 생활에는 시가 있었다.

소설은 추수를 앞둔 마을에 홍수가 나서 논이 물에 잠기자 소작료 탕감을 요구하는 농민들의 요구를 마름 안승학이 거부하면서 정면대결의 양상으로 치닫는다. 농민들은 마름의 회유와 협박에 한때 흔들리기도 하지만, 김희준의 지도 아래 끝까지 단결해 투쟁함으로써 마침내 자신들의 요구를 관철시키기에 이른다. 이 과정에서 읍내 제사공장 노동자들은 비록 개인적인 차원에서이기는 하지만 농민들의 소작쟁의를 지원하게 되며 동시에 자신들의 파업투쟁 역시 승리로 이끈다.

소설의 뒷부분에서 월급을 모으거나 결혼반지를 잡혀서 농민들의 쟁의 지원금을 마련하는 노동자 갑숙이와 방개의 모습은 노농동맹의 초보적인 형태를 구현하고 있음에는 틀림없지만, 동시에 그 개인적이고 낭만적인 성향으로 말미암아 평자들의 비판과 아쉬움을 사고 있는 것 또한 사실이다. 그러나 보통학교를 졸업한 뒤 제사공장에 들어간 딸 인숙이를 보는 어머니 박성녀의 시선을 빌린 다음 대목은 가히 한국문학에서의 노동자의 발견이라 이를 수 있을 만큼 인상적이다.

그는 몇천 년 전부터 대대로 물려 내려오던 농민의 아들이 아닌 것 같다. 그는 전고미문인 노동자란 이름을 가졌다. 수로는 몇억만, 해로는 몇천 년 동안에 농민의 썩은 거름이 노동자를 탄생케 하였던가? 농민의 아들 노동자는 새로 깐 병아리처럼 생기 있게 새 세상을 바라보는 것 같다. 그리고 이 병아리는 오히려 밤중으로 알고 늦잠이 고이 든 농민에게 새벽을 알리는 것 같다.

흔히 『고향』은 같은 시기에 발표됐으며 비슷하게 농촌문제를 다룬 이광수의 『흙』과 심훈의 『상록수』에 견주어 언급되고는 한다. 월북작가인 민촌이 지난 1988년 해금되기 전까지는 남한의 독자들에게는 철저히 잊혀진 작가였다는 사실 때문에 대중적 지명도에 있어 『고향』은 『흙』이나 『상록수』에 뒤지고 있긴 하지만, 문학적으로는 거꾸로 『고향』이 단연 탁월하다는 데 평자들의 견해가 일치하고 있다. 브나로드적 농촌계몽운동의 직접적 소산인 『흙』과 『상록수』는 다같이 지식인 주인공을 내세워 농민을 단순히 계몽의 대상으로 볼 뿐 그들의 삶 속으로 들어가지는 못했다. 반면 『고향』에서 지식인인 김희준은 그 자신 적지 않은 인간적 결함을 지닌 인물이지만 농민들의 충고와 부단한 자기반성을 통해 바람직한 인간형으로 발전해간다.

이기영은 1925년에 결성된 조선프롤레타리아예술가동맹(카프)의 창립멤버였으며 『고향』을 연재하던 1934년 8월 카프 제2차 검거사건으로 체포되어 다음 해 말까지 복역했다. 이로 말미암아 『고향』의 마지막 7분의 1 정도는 팔봉 김기진으로 하여금 마무리하도록 했다. 문제는 팔봉의 대필이 민촌이 미리 써놓은 초고를 다듬는 정도에 그쳤느냐 아니면 완전한 창작이었느냐 하는 것인데, 연구자들의 견해는 대체로 전자에 기울어져 있다. 이와 함께 집필 당시 일제의 검열에 의해 삭제된 부분과 작가가 검열을 의식해서 주제와 표현을 약화시킨 곳도 이 작품을 평가할 때 놓쳐서는 안 되는 대목이다.

> 천안 삼거리 흥
> 능수야 버들은 흥
> 제 멋에 겨워서 흥
> 휘늘어졌구나 흥.

천안은 서울에서 내려온 길이 경상도와 전라도 쪽으로 갈라지는 지점이어서 예로부터 교통의 요지로 기능해왔다. 지금도 이곳은 경부철도와 장항선이 갈라지는 분기점이자 경부고속도로와 서울–목포 간 1번 국도가 시의 동쪽을 남북으로 통과하며, 온양–금왕 간 21번 국도는 시의 남쪽을 동서로 가로지르고 있다. 천안의 이같은 지역적 특성은 일찍부터 이곳에 근대화의 바람을 불게 했다. 지식인 김희준과 개화한 마름 안승학, 그리고 제사공장 등 소설『고향』을 가능케 한 핵심적인 요소들은 천안의 이와 같은 지역적 특성에 크게 힘입고 있는 것이다.

작품의 무대 천안에는 단국대와 상명대, 호서대 등의 학교들이 모여 있다. 이 가운데 상명대 앞 동리가 이기영의 고향이다. 소설의 배경인 1920년대 중반에 이미 근대화의 거센 물결에 휩쓸렸던 이곳은 이제 서울 인근의 여느 대학촌과 마찬가지로 급조된 영화세트처럼 황량한 풍경을 연출한다. 농촌도 아니고 도회도 아니며, 주거지도 아니고 온전한 대학촌도 아닌.

이기영

충남 아산의 가난한 집안에서 났으며 서당과 사립학교를 마친 뒤 남조선 일대를 방랑하면서 온갖 밑바닥 생활을 체험했다. 일본 도쿄로 고학의 길을 떠났으나 관동대지진으로 1년 반 만에 돌아와서부터 본격적으로 소설을 쓰기 시작했다. 카프의 회원으로 활동하면서 『고향』과 『봄』 등의 소설을 썼다. 일제 말기에는 창씨개명 요구를 거절하다가 강원도 산골에 가족과 함께 틀어박혀 살게 되었고, 그곳에서 해방을 맞았다. 해방 뒤 남한의 조선프롤레타리아예술연맹 설립을 주도하다가 월북했다. 북에서도 『땅』과 『두만강』과 같은 문제작을 발표했으며, 인민상을 받기도 했다.

■ 강경애 · 인간 문제

땀과 소금기로 얼룩진 인천항의 식민지 노동현실

이 인간 문제! 무엇보다도 이 문제를 해결하지 않으면 안 될 것이다. 인간은 이 문제를 위하여 몇천만 년을 두고 싸워왔다. 그러나 아직 이 문제는 풀리지 않고 있지 않은가! 그러면 앞으로 이 당면한 큰 문제를 풀어나갈 인간이 누굴까? —『인간 문제』에서

강경애(1906~1944)의 장편소설『인간 문제』는 하나의 커다란 의문으로 끝을 맺는다. 근본적이면서도 유구한 인간의 문제가 있으니, 그 문제를 과연 누가 풀 것인가? 그 '문제'가 무엇인지에 대해 강경애는 명확하게 말하고 있지는 않지만, 농부의 딸에서 노동자로 존재전이한 선비의 죽음, 그 싸늘한 주검을 대면하는 노동자 첫째의 절망과 분노로 마감하는 소설의 대미는 문제의 정체와 해답의 소재를 스스로 밝히고 있음이다.

근대 한국 문학사상 진지한 논의의 대상이 된 거의 최초의 여성 작가라고 말하는 것은 강경애에게는 칭찬이라기보다는 욕에 더 가

깝다. '여성'이라는 틀로는 가둘 수 없는 인간 보편성의 문제가 바로 그의 문학적 탐구 대상이었기 때문이다. 차라리 식민지시대의 노동 현실을 가장 올바르고 가장 짜임새 있게 그린 작가라는 평가가 그의 이름에 수반되어야 할 것이다.

1934년 『동아일보』에 연재된 『인간 문제』는 일제 강점하 조선의 농촌과 도시, 농민과 노동자의 현실을 총체적으로 보려 한 문제작이다. 분량으로 보아 소설 전체의 3분의 2에 해당하는 앞부분은 황해도 장연을 배경으로 식민지 농촌의 질곡상을 묘사하고 있으며, 나머지 3분의 1은 인천의 부두와 방적공장을 무대로 삼아 노동자들의 삶과 싸움을 그리는 데 할애되고 있다. 그러나 양의 많고 적음에 관계 없이 소설의 무게중심은 농촌과 농민 문제보다는 신생 노동자 계급 쪽에 가 있다. 민촌의 『고향』이 농민문제를 중심에 놓고 노동 문제를 부차적으로 취급한 것과는 정반대인 셈이다.

소설의 주인공인 선비와 첫째, 간난이는 모두 장연의 가난한 농민의 아들딸이다. 무지하지만 선량한 선비와 간난이, 첫째 등과 지주 정덕호 일가로 대표되는 착취계급 사이의 갈등과 대립이 소설의 앞부분에서 그려진다. 덕호의 머슴 노릇을 하다가 그가 던진 주판에 머리를 맞아 숨진 선비의 아버지, 덕호에게 성적으로 농락당한 끝에 버림받는 간난이와 선비, 타작마당에서 소작농민들을 선동해 지주에게 대드는가 하면 주림을 못 이겨 밤이슬을 맞다가는 도망을 놓는 첫째, 제가 사랑하는 대학생 신철이의 관심을 끌고 있다는 이유로 친구인 선비를 학대하고 모욕하는 덕호의 딸 옥점이 등의 인물군상은 친일 지주와 농민들 사이의 계급 모순을 생생한 실감과 함께 전해준다.

그러나 『인간 문제』의 진면목은 역시 주요 인물들이 활동 공간을 옮겨가는 인천을 무대로 삼은 후반부에 있으며, 장연을 배경으로 한 전반부(=농촌과 농민 문제)는 어떤 의미에서 인천(=노동자계급 및 노동 문제)의 전사(前史)로서 더 큰 기능을 하는 것으로 보인다. 먼저 상경한 간난이와 함께 인천에 새로 생긴 대동방적 공장의 노동자로 옮겨 오는 선비, 역시 인천에서 부두노동 일을 하는 첫째, 노동자들의 의식화와 조직화를 지원하며 간난이, 첫째와 연계를 가지는 신철이 등이 모두 인천으로 모이는 것이다.

특히 방적공장 노동자들과 부두 노동자들의 구체적인 작업 모습, 방적공장의 기숙사 생활, 여공에 대한 공장 감독의 성적 착취, 공장 내의 조직화 과정, 지식인 출신 활동가와 노동자들 사이의 연대 등에 대한 묘사는 『인간 문제』의

첫째를 비롯한 날품 노동자들의 생존의 장이었던 인천항 제1부두에서는 중국산 참깨 등 화물을 하역하는 기중기의 모습이 보일 뿐 소설에서와 같은 수천 명의 노동자들은 찾을 수 없다.

주제의식을 미학적으로 뒷받침하는 빼어난 세목이라 할 수 있다.

양주동과 1년 가까이 동거하다가 헤어진 뒤 수원 농림학교 출신의 장연군청 서기 장하일과 결혼해 간도 용정으로 이주한 강경애는 대부분의 소설을 간도에 머물면서 발표했고 『인간 문제』 역시 예외가 아니었다. 그럼에도 그는 조국의 현실을 누구보다도 정확히 주시하고 노동자들의 삶의 실상을 상세히 그렸다. 실제로 1929년의 원산 총파업을 전야제 삼은 1930년대 전반기의 조선은 일제 강점기 전체를 통틀어 가장 활발한 노동운동의 개화를 보였다. 특히 1931년 초여름 평양 을밀대 지붕에서 고공투쟁을 벌여 유명해진 강주룡과 그의 동료들에게서 보듯 여성 노동자의 의식화와 조직화는 괄목상대할 정도였다. 국문학자 이상경 교수(한국과학기술원)는 『인간 문제』의 장점으로 꼽히는 노동 현장의 구체적인 묘사는 작가 자신의 체험에 힘입었을 것으로 추측했다. 지금까지 밝혀진 강경애의 연보에는 1920년대 후반의 몇 년 간이 불확실한 채로 남아 있는데, 그 기간 동안 그가 인천에서 노동현장에 있었거나 적어도 외곽에서 지원하는 일을 했으리라는 것이다.

노동자들이 무리를 지어 쓸어나온다. 잠깐 동안에 수천 명이나 돼 보이는 노동자들이 축항을 둘러싸고 벌떼같이 와와 하며 떠들었다. 그들은 지게꾼이 절반이나 넘고 그 외에 손구루마를 끄는 사람, 창고로 쌀가마니를 메고 뛰어가는 사람, 몇 명씩 짝을 지어 목도로 짐을 나르는 사람, 늙은이, 젊은이, 어린애 할 것 없이 한 뭉치가 돼 서로 비비며 돌아가고 있다.

소설이 나온 뒤로 60여 년, 1990년대 중반의 인천 부두에서 지게를 메거나 손수레를 끄는 수천 명의 노동자를 목격하기는 어렵게 되었다. 당시와는 비교도 할 수 없게 커진 부두에서 아직도 5천여 명의 노동자들이 이런저런 일을 하는 것으로 생계를 삼고 있지만, 그들은 기중기와 트럭 따위 힘센 기계의 일을 관리하고 보조할 뿐이다. 요즘 부두에서 흔히 보이는 것은 중국산 참깨와 옥수수, 밀 따위를 실어 오거나 수출용 자동차를 실어 내가는 대형 화물선, 그리고 중국과 인천을 오가는 페리 여객선 등이다.

소설 속 대동방적의 무대가 된 동일방직 역시 옛 모습을 거의 간직하고 있지 않다. 한때 수천 명에 이르렀던 노동자는 자동화 바람에 밀려 지금은 6백여 명 수준으로 줄었고 갈수록 줄고 있는 추세다. 1934년 일본 동양방적의 인천공장으로 출발해 해방 이후 한국인에게 불하된 동일방직은 1970년대 민주노조 투쟁의 상징으로서도 명성을 날렸다. 구사대의 똥물 세례를 받고 1백 명이 넘는 노조원들이 해고를 당하면서도 민주노조를 지키고자 했던 노동자들의 싸움은 1980년 신군부의 등장으로 된서리를 맞고 말았지만, 그들의 기개와 활약은 한국 노동운동사에 지울 수 없는 한 장으로 남아 있다.

이상경 교수는 "1930년대의 『인간 문제』에서부터 70년대 동일방직 투쟁의 소산인 석정남의 르포 『공장의 불빛』, 그리고 80년대 노동소설의 대명사인 방현석으로 이어지는 흐름이 모두 인천을 배경으로 삼고 있는 만큼 한국의 노동문학과 인천은 뗄 수 없는 관계를 맺고 있다"고 말했다.

『인간 문제』에서 노동자 첫째를 의식화시키고 간난이들의 공장 내 투쟁을 지원하던 신철이 고문과 회유에 넘어가 전향했다는 소식을 들은 첫째의 깨달음은 '인간 문제'를 해결할 역사의 주체가 노동자일 수밖에 없다는 소설 전체의 주제를 평이하게 전달하고 있다.

> 그렇다! 신철이는 그만한 여유가 있었다! 그 여유가 그로 하여금 전향을 하게 한 게다. 그러나 자신은 어떤가? 과거와 같이, 그리고 눈앞에 나타나는 현재와 같이 아무런 여유도 없지 않은가! 그러나 신철이는 길이 많다. 신철이와 나와 다른 것이란 여기 있었구나!

작품의 무대 황해도 장연은 물론 통일 이전엔 미답의 땅이다. 다만, 백령도 북단에 서면 넘실대는 인당수의 파도 너머로 희미하게 시야에 잡히기도 한다. 그리고, 인천. 인천에 대해 무슨 설명을 할까. 대학로를 흉내낸 월미도의 횟집들과 카페들, 영종도에 건설되고 있는 신공항, 자유공원의 맥아더 동상……. 어쨌든, 인천은 서울에서 가장 빨리 이를 수 있는 바닷가다.

강경애 황해도 송화 출생으로 장연에서 성장했다. 평양 숭의여학교에 입학했으나 동맹 휴학 사건으로 퇴학당한 뒤 서울 동덕여학교에 편입했다. 장연에서 야학을 개설하고 여성근우회 회원으로 활동하다가 중국 간도로 건너갔다. 그곳에 머물면서 장편 『어머니와 딸』, 『인간 문제』를 서울의 신문과 잡지에 연재했다. 『조선일보』 간도 지국장을 역임하다가 장연으로 귀향했으나, 해방을 보지 못하고 1944년 세상을 떠났다.

■ 박태원·천변풍경

청계천 흘러든 근대 – 전근대 물길

　청계천은 경복궁 서북쪽 인왕산과 북악산 사이에서 발원하여 서울의 중심부를 뚫고 동진한 다음 답십리 부근에서 남쪽으로 물길을 틀어 내려가다가는 성동구 사근동과 송정동, 성수동이 만나는 지점에서 중랑천과 합수해 한강으로 흘러든다. 성수대교와 동호대교의 어름이다. 태백시 인근에서 샘솟아 강화 북쪽의 서해로 몸을 풀기까지 5백km 가까운 한강의 흐름이 대체로 서북쪽을 향하고 있는 것을 생각한다면 한강의 제2지류인 청계천의 물길은 본류와는 정반대되는 행로를 밟고 있는 셈이다.
　본디 이름이 청풍계천인 청계천은 그러나 일제 때 광화문 네거리에서 광교까지 1차로 복개된 데 이어 1958년부터 시작된 여러 차례의 복개로 지금은 용두동과 마장동 어름 이하를 제하고는 정작 물길을 볼 수 없게 되었다. 폭 50m의 아스팔트가 덮이고 그것도 모자라 삼일고가도로가 공중을 가로지르는 지금의 청계천에서 '맑은 개울'이라는 이름의 유래를 찾기란 쉽지가 않다.

그러나 지금으로부터 60여 년 전 복개되기 전의 청계천에는 제법 맑은 물이 흘렀고, 시골의 여느 개울가와 마찬가지로 아낙들은 빨랫더미 속에 일신의 번뇌와 세상 근심을 함께 넣어 두들기고 비벼 빨았다. 박태원(1909~1986)의 장편『천변풍경』은 바로 이 청계천 빨래터의 광경으로부터 시작한다.

정이월에 대독 터진다는 말이 있다. 딴은, 간간이 부는 천변 바람이 제법 쌀쌀하기는 하다. 그래도 이곳, 빨래터에는, 대낮에 볕도 잘 들어, 물 속에 잠근 빨래꾼들의 손도 과히들 시립지는 않은 모양이다.

1936~37년에 걸쳐 월간『조광』에 두 차례로 나뉘어 연재된『천변풍경』은 일제 통치의 극성기라 할 1930년대 중반 서울 서민층의 삶을 꼼꼼히 재현하고 있다. 모두 50개의 짧은 장으로 이루어진 이 소설은 제목이 가리키는 대로 청계천을 중심으로 모여 사는 장삼이사들의 삶의 이모저모에 초점을 맞추고 있다.

수십 명의 인물이 등장하지만 중심되는 사건도 주인공이라 할 사람도 존재하지 않는 이 소설에서 어찌 보면 청계천이야말로 진짜 주인공이라 할 수 있을지도 모른다. 작가는 청계천 주변이라는 것 말고는 아무런 관련도 없는 사람과 사건들을 하나의 소설 속에 모아놓는다. 요컨대 청계천은 이 소설의 조직원리가 된다.

젊은 첩 안성댁이 학생놈과 보쟁이는 모양을 보고 속을 태우는 민주사, 바람둥이 남편에게 시집갔다가 남편의 무관심과 시부모의 학대를 못 이겨 이혼하고 돌아오는 이쁜이, 처녀과부 신세로 호색한인 시아버지의 눈길을 피해 무작정 상경한 금순이, 술집 여급에서 부잣집 맏며느리로 신분이 격상됐으나 남편의 변심과 시댁 식구들의 냉대로 괴로워하는 하나꼬, 금순이와 하나꼬를 친언니처럼 보살피는 또 다른 여급 기미꼬, 시골 가평에서 상경해 어리보기 취급을 당하지만 하루가 다르게 서울 깍쟁이로 변모하는 소년 창수, 청계천 다리 밑 움막에 거주하는 거지들……

소설은 이들 천변 인물군상의 1년 남짓한 삶을 카메라의 눈처럼 충실히 좇을 뿐 그것들을 모아 하나의 통일된 주제를 일구어내거나 섣불리 도덕적 판단을 내리려 하지 않는다. 소설은 문득 시작하고 불쑥 끝난다. 기승전결이 따로 없다. 소설이 시작되기 전에도 천변에서 사람들은 살아가고 있었고, 소설이 끝난 다음에도 그들의 삶은 아랑곳없이 이어질 것이다. 그럴진대, 소설의 의미란 무엇이란 말인가.

소설 속에서 청계천은 근대와 전근대, 도시와 시골이 만나는 접경이다. 창수와 금순이, 만돌 어멈 등은 각자의 사정이야 어떠하든 시골집을 떠나 서울에서 자신들의 운명을 시험해 보고자 할 때 청계천변을 그 첫 무대로 삼는다.

그곳에는 기생과 카페 여급이 나란히 활보하며, 냉혹한 이익의 추구와 끈끈한 인간애가 공존한다. 시골에서와는 달리 청계천의 빨래터에는 엄연히 주인이 있어 빨래꾼들한테 돈을 받아서는 다시 나라에 세금을 낸다. 그러나 전후사정을 모르고 빈손으로 나온 시골뜨기 아낙이 다른 빨래꾼들의 역성 덕분에 첫번의 요금 지불을 면제받을 만큼의 인정은 살아 있다.

『천변풍경』은 이처럼 두 개의 시대의 공존과 자리바꿈을 세필화의 필치로 그려내지만, 그것은 그뿐, 거기서 더 나아가지는 못한다. 임화가 그 자연주의적 편향을 지목해 '세태소설'이라 이름 붙인 것은 이 때문일 것이다. 소설에는 소박한 휴머니즘의 관점은 있을지

복개된 청계천 위로는 왕복 10차선의 널찍한 도로가 뚫려 있고 길 양 옆으로는 이런 저런 건물들이 하늘을 향해 치솟아 있다. 가운데 보행자 표시가 보이는 곳이 예전에 광통교가 있던 자리다.

언정 뚜렷한 이념이나 사상은 찾아볼 수 없다. 무엇보다도 소설 속 어느 인물에게서도 당시의 민족적·계급적 모순에 대한 자각을 엿볼 수 없음은 물론 그에 대한 밖으로부터의 비판도 부재하다는 사실은 치명적인 약점으로 지적될 수 있다.

"바람 없고 따뜻한 날, 남향한 대청에는 햇빛도 잘 들고, 그곳에 가 시어머니와 며느리, 귀돌 어멈과 할멈이, 각기 자기들의 일거리를 가지고 앉아 육십팔 원짜리 '콘서트'로 '쩨·오·띠·케'의 주간 방송, 고담이라든 그러한 것을 흥미 깊게 듣고 있는 풍경은, 말하자면, 평화―그 물건이었다"는 대목은 그 직후에 나온 채만식의 『태평천하』와 『탁류』의 풍자적 어투나 비극적 분위기와 얼마나 다른가.

박태원은 이태준, 정지용, 김기림, 이상, 이효석 등 1930년대 모더니스트들과 함께 문학친목단체인 '구인회'를 결성해 활동한다. 그들이 내세운 바는 문학적 전문성과 프로의식이었거니와, 그것은 실은 카프 계열의 계급문학에 대한 반발에 다름아니었다. 아닌게아니라, 중편 「소설가 구보씨의 1일」과 『천변풍경』은 당시로 보아 최고의 문학적 기교를 갖춘 작품으로서 춘원 이광수와 월탄 박종화 등의 상찬이 잇따랐다. 그 박태원이 해방기에는 좌익계인 조선문학가동맹 중앙집행위원을 맡고 한국전쟁중 월북해 북한 최고의 역사소설로 평가받는 『갑오농민전쟁』을 집필한 사실은 지금도 숱한 논란과 연구의 대상이 되고 있다.

그것, 다 괜은 소리…… 덮긴, 말이 그렇지, 이 넓은 개천을 그래 무슨 수루 덮는단 말이유? 온, 참……

소설 속 한 인물은 청계천 복개에 관한 소문을 듣고 턱없다는 반응을 보인다. 그러나마나 그 넓은 청계천은 어김없이 아스팔트로 뒤덮이고 이제 그 위로는 자동차들이 질주한다. 빨래하는 아낙들이 깃들었던 천변의 가옥 자리에는 높직높직한 건물들이 솟아 있다. 한때 맑았던 물은 어두운 터널 속에서 소음과 진동에 짓눌리며 질식 상태로 흘러간다. 광교를 중심으로 한 소설의 무대에서는 조금 떨어져 있지만, 청계천 평화시장은 1970년 봉제 노동자 전태일이 "근로기준법을 준수하라"고 외치며 자신의 몸을 불사른 역사의 현장이 되기도 했다. 그 모든 것을 감싸안고 오늘도 청계천의 복개된 도로 아래로는 한때 맑았으나 더 이상은 맑지 않은 물이 동쪽을 향해 흘러간다.

작품의 무대 청계천에서는 청계천을 볼 수 없다. 청계천은 청계천의 자동차 도로 밑에 숨어 있다. 숨어서 썩어가고 있다. 썩은 채 숨어 있다. 그래서, 청계천은 『천변풍경』 같은 소설 속에나 남아 있다. 그러니, 『천변풍경』을 읽는 일은 청계천의 아스팔트를 뜯어내지 않고도 숨어 있는 청계천에 이를 수 있는 길이다. 청계천을 향해, 『천변풍경』 속으로 들어가자.

박태원 서울 수중박골(지금의 수송동)에서 태어났으며 경성제일고보를 졸업한 뒤 일본으로 건너가 도쿄법정대학 예과를 다녔다. 이태준, 정지용, 김기림, 이상, 이효석 등과 함께 문학친목단체인 '구인회'에 가담하여 활동했으며, 『천변풍경』, 「소설가 구보씨의 1일」 등의 소설을 쓰는 것말고도 『수호전』, 『삼국지』 등의 중국 고전을 처음으로 우리말로 옮겨 펴냈다. 한국전쟁중 월북하여 평양문과대학 교수로 재직하다가 남로당 계열로 몰려 한때 숙청당했으나 복권되어 대하 역사소설 『갑오농민전쟁』을 집필했다.

■ 채만식 · 탁류

기구한 여인 삶에 실린 암울한 식민조선

"……내가 느이허구 무슨 원수가 졌다구 요렇게두 내게다 핍박을 하느냐? 이 악착스런 놈들아!…… 아무 죄두 없구, 아무두 건디리잖구 바스락 소리두 없이 살아가는 나를, 어쩌면 느이가 요렇게두 야숙스럽게…… 아이구우 이 몹쓸 놈들아!"　　　　　—『탁류』에서

　채만식(1902~1950)의 장편 『탁류』의 뒷부분에서 주인공 초봉이는 자신의 눈앞에서 가증스러운 작태를 연출하는 두 사내를 향해 이렇게 울부짖는다. 허랑방탕한 첫 남편 고태수가 결혼한 지 열흘 만에 비명에 가던 날, 그의 친구인 꼽추 장형보에게 겁간을 당하고 무작정 상경길에 오른 초봉이는 기찻간에서 만난 아버지의 친구 박제호에게 자신의 몸과 운명을 의탁한다. 1년 가까운 동거 끝에 초봉이가 아비 모를 딸을 낳을 즈음 초봉이에 대한 애정이 식은 제호가, 때마침 나타나 아이에 대한 친권을 주장하는 형보에게 자기들 모녀를 떼버리듯 넘겨주려 하자 순량하기만 한 초봉이의 분노가 폭

발한 것이다.

　채만식이 1937~38년 『조선일보』에 연재한 『탁류』는 이처럼 선의를 짓밟으며 비비 꼬여만 가는 한 여인의 운명을 통해 식민지시대 한국사회의 그늘을 조망하려 한 소설이다. 같은 시기에 『조광』에 연재한 『태평천하』가 작가의 장기를 살려 시종 풍자적 기법으로 세태를 비꼬았다면 『탁류』는 철저한 리얼리즘에 바탕해 현실을 고발하고 있다. 『탁류』의 시간적 배경이 되는 1930년대 중·후반이 되면 조선의 방방곡곡, 조선인의 삶의 구석구석에 일제 통치의 폐해가 인으로 박이게 된다. 소설 속에서 초봉이 아버지 정주사의 몰락 과정과 초봉이의 삶의 역정, 그리고 주변 사람들의 비참한 처지는 그 구체적인 실상을 직·간접적으로 전해주고 있음이다.

　'인간기념물'이라는 제목이 붙은 소설의 첫 장은 정주사의 사회경제적 상황을 소개하는 데 할애된다. 선비의 집 자손으로 한일합방 직후부터 13년 동안 군청 서기로 일한 끝에 퇴직한 정주사는 선산과 논 몇천 평, 집 한 채를 팔아 빚을 갚고 남은 돈 얼마를 가지고 고향 서천을 떠나 군산으로 솔권하여 온다. 하지만, 이곳이라고 뾰족수가 있을 리 없어 미두(米豆) 중매점의 사무원을 거쳐 미두꾼으로 나선 그는 이태 만에 밑천을 날려버리고 거렁뱅이나 다름없는 하바꾼으로 전락한다. 채만식 특유의 풍자적 어투로 일컬은 대로 '입만 가졌지 수족은 없는 사람' 정주사는 미두로 대표되는 식민지 수탈사를 증거하는 '인간기념물'이라 할 수 있다.

　정주사의 4남매 가운데 첫째인 초봉이는 아버지와 가족들을 곤궁에서 해방시키는 데 자신의 젊음과 미모를 바치기로 결심한다. 아버지의 장사 밑천을 떼어준다는 거짓 약속을 믿고 고태수의 청혼을 받아들이기로 하는 초봉이의 모습은 심봉사의 눈을 뜨게 하겠다는 일념으로 공양미 삼백 석에 팔려가는 심청이의 효성을 연상케 한다. 동생 계봉이가 '아주 케케묵은 생각'으로 폄하하는 초봉이의 봉건적 자기희생의 이데올로기는 훗날 얼마든지 피할 수도 있는 형보의 사슬에 스스로를 얽어매는 데서 또 한 번 위력을 발휘한다. 형보의 등장으로 제호라는 끈이 떨어진 데다 말을 듣지 않으면 딸 송희에게 해코지를 하겠다는 협박에 맞닥뜨린 초봉이는 사태를 이렇게 정리한다.

형보? 좋다, 형보는 말고서 형보보다 더한 놈도 좋다. 원수는 말고 원수보다 더한 것도 상관없다. 송희만 탈없이 편안하게 기르면 고만이다.

갖은 학대와 악행을 견디다 못한 그가 결국 형보를 타살하

충남 장항과 전북 군산 사이를 빠져나가 서해에 몸을 푸는 금강 하류에 봄볕이 화사하게 내리비치는 가운데 이런저런 어선과 화물선들이 한가로이 떠 있다.

고 살인자의 처지로 영락하는 과정은 그의 시대착오적 봉건 이데올로기와 운명에 대한 소극적 순응에서 비롯된 것이겠지만, 그 한켠에서는 식민체제에 대한 작가의 분노가 읽히는 듯도 하다. 악의로 똘똘 뭉친 형보를 독초(毒草)에 비유하고 "그것을 가꾸는 '육법전서'에의 울분"을 삼키는 등장인물 승재의 모습이라든가 "천하에 몹쓸 악당. 그놈을 죽였다구 그게, 그게 죄란 말이냐?"라는 초봉이의 절규에서 안중근과 이봉창, 윤봉길 등의 거사를 연상했다면 지나친 것일까.

그렇다면 소박한 휴머니스트라 할 승재의 경우를 살펴보자. 고아 출신 의사로 갑돌이 갑순이식 연애의 상대였던 초봉이가 졸지에 남의 아내가 된 뒤 그의 동생 계봉이에게로 마음을 돌린 승재는 가난하고 무지한 동포들을 위해 무료로 의술을 베풀고 야학에 참여하는 등 깜냥껏 애써 보지만, 체제라는 거대한 벽 앞에서는 절망을 느끼지 않을 수 없다. 그가 계봉이와 나눈 대화에서는 가난의 원인이 분배의 불평등에 있다는 말이 등장하지만 그것이 더 깊이 있는 인식으로까지 발전하지는 못한다. 사태의 핵심에 가 닿기 직전에 멈칫거리는 태도에서 검열의 그림자를 본 것 역시 지나친 것일까.

이렇게 에두르고 휘돌아 멀리 흘러온 물이, 마침내 황해바다에다가 깨어진 꿈이고 무엇이고 탁류째 얼러 좌르르 쏟아져 버리면서 강은 다하고, 강이 다하는 남쪽 언덕으로 대처 하나가 올라앉았다. 이것이 군산이라는 항구요, 이야기는 예서부터 실마리가 풀린다.

채만식 당대에 식민 조선의 암담한 현실을 상징했던 금강 하류는 여전히 흙빛을 머금은 채 서해로 흘러든다. 정주사 일가가 새로운 운명이 기다리고 있는 군산을 향해 똑딱선에 올랐던 장항읍 용당에서 서쪽으로 2km 떨어진 도선장에서는 지금도 아침부터 밤까지 시간당 두 차례씩 군산행 도선이 강을 건넌다. 일본인들의 집단거주지였던 지금의 군산여고 앞 월명동 일대에는 그때 지어진 일본식 가옥들이 잘 가꾼 정원수와 함께 남아 있어 마치 일본의 한 마을을 재현한 영화 세트와도 같은 독특한 분위기를 연출한다. 그런가 하면,

 급하게 경사진 언덕비탈에 게딱지 같은 초가집이며, 낡은 생철집 오막살이들이, 손바닥만한 빈틈도 남기지 않고 콩나물 길듯 다닥다닥 주어박혀, 언덕이거니 짐작이나 할 뿐인 것이다.

 수적으로 절대다수였던 조선인들이 조건도 열악하고 터도 좁은 곳에서 복닥대며 살아야 했던 개복동과 둔율동 일대의 산동네는 초가와 생철이 슬레이트와 기와로 바뀌긴 했지만, 게딱지와 콩나물이 긴 매일반인 채로 90년대 중반을 통과하고 있다. 그 동네 초입의 공중전화 박스에서 90년대의 초봉이는 생활정보지의 안내를 받아가며 거푸 전화번호를 눌러본다. 갈색으로 부분염색한 머리, 엉덩이를 겨우 가린 똥꼬치마, 무릎까지 올라오는 검은 부츠, 허리께에서 달랑거리는 앙증맞은 핸드백 차림인 그가 신호를 보내고 있는 곳은 아마도 초원까페, 사계절 단란주점, 귀빈 룸싸롱 따위이리라.
 군산시 북서쪽 해망동과 신흥동, 월명동을 끼고 있는 월명공원에는 1984년에 세운 '백릉 채만식 선생 문학비'가 있다. 『탁류』의 머릿글을 앞면에, 채만식의 문학적 업적을 적은 행장기를 뒷면에 새겨넣은 문학비는 물오른 철쭉나무들에 둘러싸여 있었다. 바람도 자

고 유난히 햇볕도 따스운 날, 문학비 근처 매점 앞 탁자에는 동네 노인 서넛이 나와 앉아 물결처럼 흘러간 지난 생을 되씹고 있는데, 노옹들의 한담을 한 귀로 흘리며, 철쭉이며 벚나무의 새순이 움트는 기색에 귀를 쫑긋거리며 문학비는, 흘러흘러 서해로 잠겨드는 금강 줄기를 말없이 굽어보고 있다.

작품의 무대 군산에 이르는 길은 크게 보아 두 가지다. 전주에서 익산을 스쳐 서진하는 전군가도의 길, 그리고 소설 속 정주사네 일가처럼, 금강 하구 건너편 장항에서 도선을 타고 이르는 길이 그것이다. 전군가도는 일찍이 일제 식민주의자들이 심어놓은 늙은 벚꽃 길이 장관이고, 장항에서 물을 건너는 길은 강과 바다의 두 가지 성격을 한데 지니고 있는 풍경이 인상적이다. 서울에서라면 장항선 열차를 타고 종점에서 내린 다음 도선장까지 걸어가는 쪽을 권할 만하다. 군산 월명공원의 꽃구경은 눈이 시릴 정도다.

채만식 전북 옥구에서 태어나 몇몇 신문에서 짧은 기자생활을 거쳤으나 생애의 대부분을 작품 창작에 바쳤다. 120여 편에 달하는 장·단편 소설과 희곡, 평론, 수필 등을 남겼다. 해방 직후에는 많은 동료 문인들이 앞다투어 월북하는 가운데 향리로 내려가 「논 이야기」, 「민족의 죄인」 등 당대 현실을 증언하는 문제작들을 썼으며, 한국전쟁이 터지기 직전 폐결핵으로 세상을 떴다.

■ 서정주 · 마쓰이 오장 송가

선운사 시비가 부끄러운 어두운 시대 변절

아아 레이테만은 어데런가
언덕도
산도
뵈이지 않는
구름만이 둥둥둥 떠서 다니는
몇천 길의 바다런가

아아 레이테만은
여기서 몇만 리런가……

귀 기울이면 들려오는
아득한 파도소리……
우리의 젊은 아우와 아들들이
그 속에서 잠자는 아득한 파도소리……

얼굴에 붉은 홍조를 띠우고
"갔다가 오겠습니다"
웃으며 가드니
새와 같은 비행기가 날아서 가드니
아우야 너는 다시 돌아오진 않는다

마쓰이 히데오!
그대는 우리의 오장 우리의 자랑
그대는 조선 경기도 개성사람
印氏의 둘째아들 스물한 살 먹은 사내

마쓰이 히데오!
그대는 우리의 가미가제 특별공격대원
귀국대원

귀국대원의 푸른 영혼은
살아서 벌써 우리게로 왔느니
우리 숨쉬는 이 나라의 하늘 위에
조용히 조용히 돌아왔느니

우리의 동포들이 밤과 낮으로
정성껏 만들어 보낸 비행기 한 채에
그대, 몸을 실어 날았다간 내리는 곳
소리 있어 벌이는 고흔 꽃처럼
오히려 기쁜 몸짓 하며 내리는 곳

쪼각쪼각 부서지는 산더미 같은 미국 군함!

수백 척의 비행기와
대포와 폭발탄과
머리털이 샛노란 벌레 같은 병정을 싣고
우리의 땅과 목숨을 뺏으러 온
원수 영미의 항공모함을
그대
몸뚱이로 내려져서 깨었는가?
깨뜨리며 깨뜨리며 자네도 깨졌는가—

장하도다
우리의 육군항공 伍長 마쓰이 히데오여
너로 하여 향기로운 삼천리의 산천이여
한결 더 짙푸르른 우리의 하늘이여

아아 레이테만은 어데런가
몇천 길의 바다런가

귀 기울이면
여기서도, 역력히 들려오는
아득한 파도소리……
레이테만의 파도소리……　　　　—「松井伍長 頌歌」전문

롭다. 선집에는 방촌향도(芳村香道)라고 이름을 바꾼 박영희가 『매일신문』 1941년 9월 11일~16일자에 쓴 「문학의 새로운 과제」와 『국민문학』 1941년 11월호에 일문(日文)으로 쓴 「임전체제하의 문학과 문학의 임전체제」라는 두 편의 글이 실려 있다. 이 중 「문학의 새로운 과제」에서 박영희는 "지금 우리가 해결할 문제는 무기로서의 문학을 창조함에 있다"고 주장한다. 앞뒤의 맥락을 떼어놓고 보면 마치 자신의 전향 선언을 뒤집어 프롤레타리아 해방에 복무하는 문학으로 돌아가자는 말처럼 들린다. 그러나, 그가 "문학이라는 무기를 가지고 국민과 국가를 위하여 실천하고 노력할 뿐"이라 쓸 때, 여기서 말하는 국민과 국가는 바로 황국신민과 대일본제국을 가리키는 것이다. 독자는 그의 천재적 변신술에 다만 어안이 벙벙할 뿐이다.

회월의 친일 평론 못지않게, 아니 그보다 더하게 한국문학의 아픔으로 남은 것이 미당의 친일시들이다. 경위야 어찌 됐든, 「항공일에」와 「마쓰이 오장 송가」와 같은 미당의 시들은 그의 문학을 사랑하는 독자들에게 씻을 수 없는 실망을 안겨주었다.

일본의 진주만 공격으로 비롯된 태평양전쟁도 막바지로 치닫고 있던 1944년 12월 9일 『매일신보』에 게재된 미당의 시 「마쓰이 오장 송가」는 다름아니라 저 악명 높은 일본 군국주의의 가미가제 자살특공대를 찬미하고 있다. 게다가 그 무모한 전술에 한낱 군수품으로 동원된 생때같은 목숨인즉 인씨 성을 가진 엄연한 조선 젊은이의 것이다.

중일전쟁에 이은 태평양전쟁의 도발, 1938년부터 시행된 국가총동원법과 육군특별지원병령 등 파쇼 일본이 조성한 발악적인 전쟁 분위기, 그리고 그에 발맞추어 1939년 발족한 친일 조선문인협회

(회장 이광수)의 등장은 미당이라고 해서 뒷짐을 지고 사태를 관망하는 것을 허용하지는 않았을 것이다. 게다가 미당의 친일시는 그의 진정 경이로운 시적 성취와 나란히 놓고 보면 비교할 수도 없게 처진다는 사실이 위안이라면 위안일지도 모르겠다.

하지만, 그가 자서전에서 밝힌 대로 "정치와 전쟁세계에 대한 내 무지와 부족한 인식"으로 친일시며 산문을 쓰고 있는 동안 총독부를 등진 집에서 시래기죽으로 연명하던 만해는 영양실조로 숨을 거두었고, 이육사와 윤동주는 각각 베이징과 후쿠오카의 차가운 감방에서 외로운 최후를 맞았다. 이처럼 죽음으로써 일제 통치에 항거한 이들말고도 현진건, 조지훈, 정인보, 황순원, 김영랑, 김동명, 변영로, 신석정 등이 은둔하거나 아예 붓을 꺾는 방식으로 굴욕적인 부일협력을 피했다.

이렇듯 때로 하나뿐인 목숨을 바쳐가면서까지 선비의 양심과 민족적 자존을 지키고자 한 동료들을 놓고 보면 미당의 친일시는 진정 안타까운 과오가 아닐 수 없다. 특히 그가 "부족 방언의 요술사이자 시인부락 족장"(유종호)이라거나 "시 쓰는 일에 있어서 백 년에 하나 나올까말까 한 인물"(김재홍)로까지 추앙받고 있는 만큼 더욱 그러하다. 미당은 지난 1981년 전두환 대통령 후보를 위한 텔레비전 지원 연설에 나섬으로써 예술적 재능과 정치적 판단 및 도덕적 선택 사이의 상관관계에 관해 다시 한 번 성찰해 보도록 만들었다.

질마재 부락의 미당 생가는 6년째 사람의 손길이 닿지 않아 폐가의 몰골을 하고 있다. 선운국민학교에서 봉암초등학교 선운분교로 바뀐 데 이어 그마저도 폐교 위기에 놓여 있는 동네 학교의 형편에서 보듯 마을 인구가 자꾸 줄어드는 상황을 온몸으로 증거하고 있는 셈이다. 그러나 울타리도 대문도 없는 이 집 앞에는 철쭉이며 홍도화며 영산홍 따위의 꽃나무 수백 주가 잘 가꾸어져 있다. 그것들은 생가 옆집에 홀로 살고 있는 미당의 동생 정태 씨가 사다 심은 것이다. 그 자신 시인이자 언론인 출신인 정태 씨는 홍진과 세파를 피해 지난 1989년 낙향한 뒤 부락 뒷산인 소요산이며 선운산 자락을 훑으며 난을 캐는 것을 일과로 삼고 있다. 그가 거처하는 단칸방 옆에는 2백여 개의 난초 화분을 건사하여 놓은 방이 붙어 있다. 다른 식구라고는 생후 4개월 된 진도견 강이와 그 어미뿐이다.

  생가에서 빤히 바라다보이는 동산에는 미당의 양친과 조부모 등의 무덤이 있어 미당은 한식과 추석을 전후해 1년에 두 번쯤 내려온다. 그럴 때면 자신의 시비가 두 개나 서 있는 선운사 앞 동백호텔에서 묵는다고 한다. 정태 씨는 미당이 16, 17세 무렵 대지주 인촌 집안의 마름으로 있던 부친에게 "그만두라"고 하자 부친이 선뜻 받아들였다는 일화를 소개하며 "형님도 형님이지만 아버님도 예사분이 아니셨던 것 같다"고 회고했다. 그의 말은 "애비는 종이었다. 밤이 깊어도 오지 않았다"로 시작하는 미당의 시 「자화상」을 이해하는 데 중요한 자료가 될 듯싶었다.

  미당의 생가와 『질마재신화』의 무대를 찾아서는 지금도 전국 각지에서 독자들의 발길이 끊이지 않는다. 그러나 170년 전에 지어져 돌보는 이 없이 버려진 생가는 시간의 무게와 함께 무심한 인정에 대한 탄식을 불러일으킬 법하다. 정태 씨는 "생가의 모습을 기억하고 있는 내가 죽기 전에 원형대로 복원해야 할 텐데, 게다가 초가를 엮을 줄 아는 사람도 앞으로 10년 뒤면 동네에서 자취를 감출 것이고……"라며 말끝을 흐렸다.

작품의 무대 선운사 동백꽃을 가장 절절하게 읊은 것은 송창식의 노래가 아닐까. 노랫말마따나 그 꽃들은 눈물처럼 뚝뚝, 진다. 유홍준의 미학에 따르면 그것들은 참수형당한 목아지('모가지'라는 표기보다는 '목아지'라는 표기가 더 실감나지 않는가)처럼 떨어져 뒹군다. 후천개벽의 비결(秘訣)에 얽힌 전설로 유명한 마애불과 장엄한 서해 낙조를 구경할 수 있는 낙조대가 선운사 뒤 도솔산에 있다. 사하촌의 식당에선 풍천장어 한 접시에 복분자술을 곁들이는 맛 또한 일품이고.

서정주 전북 고창에서 났으며 서울의 중앙불교전문학교를 다녔다. 소년 시절에는 잠깐 사회주의 운동에도 관심을 보였으나 그것은 일과성 해프닝으로 끝났다. 해방 이후 우익 문인단체의 핵심분자로 활동했으며 전쟁중에는 문총구국대 조직에 참여하다가 언어상실과 정신착란 증세에 시달리기도 했다. 예술원 회원과 한국문인협회장 등을 역임했으며, 1980년대 중반에는 월간 『문학정신』을 창간하기도 했다. 1992년에는 세인들의 관심 속에 러시아 유학길에 올랐으나 도중에 그만두고 귀국했다.

■ 윤동주 · 하늘과 바람과 별과 시

후쿠오카 감옥에 빼앗긴 조국사랑 노래

창 밖에 밤비가 속살거려
六疊房은 남의 나라,

시인이란 슬픈 天命인 줄 알면서도
한 줄 시를 적어 볼까,

땀내와 사랑내 포근히 품긴
보내 주신 학비 봉투를 받아

대학 노—트를 끼고
늙은 교수의 강의 들으러 간다.

생각해 보면 어린 때 동무를
하나, 둘, 죄다 잃어버리고

나는 무얼 바라
나는 다만, 홀로 침전하는 것일까?

인생은 살기 어렵다는데
시가 이렇게 쉽게 씌어지는 것은
부끄러운 일이다.

육첩방은 남의 나라
창 밖에 밤비가 속살거리는데,

등불을 밝혀 어둠을 조금 내몰고,
시대처럼 올 아침을 기다리는 최후의 나,

나는 나에게 작은 손을 내밀어
눈물과 위안으로 잡는 최초의 악수.　ㅡ「쉽게 씌어진 시」 전문

무시무시한 고독에서 죽었구나! 29세가 되도록 시도 발표하여 본 적도 없이! 일제시대에 날뛰던 부일문사 놈들의 글이 다시 보아 침을 배앝을 것뿐이나, 무명 윤동주가 부끄럽지 않고 슬프고 아름답기 한이 없는 시를 남기지 않았나?

생전에 정식으로 등단하지도, 전문 시인으로서 작품을 발표하지도 못했던 윤동주(1917~1945)가 일본 후쿠오카의 감옥에서 숨을 거둔 지 근 3년 만인 1948년 초 발간된 유고시집 『하늘과 바람과 별과 시』의 서문에서 선배 시인 정지용은 이렇게 썼다. 망자에 대한

애정과 죄책감, 그리고 부끄럽게 살아남은 자들에 대한 환멸과 분노로 인해 그의 어조는 절제의 미덕을 보이지 못한 느낌이 있지만, 위의 짧은 인용문이 윤동주라는 인간과 시의 본질을 포착하고 있음은 어김없는 사실이다.

> 죽는 날까지 하늘을 우러러
> 한 점 부끄럼이 없기를,
> 잎새에 이는 바람에도
> 나는 괴로워했다.
> 별을 노래하는 마음으로
> 모든 죽어가는 것을 사랑해야지
> 그리고 나한테 주어진 길을
> 걸어가야겠다.
>
> 오늘 밤에도 별이 바람에 스치운다.

너무나 잘 알려져 있어 자칫 아무런 새로운 감동도 불러일으키지 못할 수 있는, 그런 점에서 '사랑'이라는 닳아빠진 낱말의 운명을 연상시키기도 하는 「서시(序詩)」는 윤동주의 세계관과 문학관의 핵심을 담고 있다. 그의 시적 자아는 아름답고 연약한 것들에 대한 억제할 수 없는 사랑과 그 사랑을 불가능하게 만드는 방해물로 인한 괴로움의 사이에 서 있다. 무릇 아름다운 모든 것은 그 속성상 짓밟히고 깨어지기 쉬운 법이며 그 능욕과 파괴를 지켜보는 시인은 하릴없는 고통과 수치를 감수하지 않을 수 없다. 아름다운 것이 상처입는 사태에 직면해서도 아무런 조처를 취할 수 없는 데서 오는 부끄러움, 아니 애초에 아름다운 것이 능욕당할 수 있다는 사실이 주는 부끄러움이 윤동주 시를 여는 열쇳말이 된다.

> 딴은 밤을 새워 우는 벌레는
> 부끄러운 이름을 슬퍼하는 까닭입니다. —「별 헤는 밤」에서

> 파란 녹이 낀 구리 거울 속에
> 내 얼굴이 남아 있는 것은
> 어느 왕조의 유물이기에
> 이다지도 욕될까   —「참회록」에서

> 인생은 살기가 어렵다는데
> 시가 이렇게 쉽게 씌어지는 것은
> 부끄러운 일이다.   —「쉽게 씌어진 시」에서

지상에서 누린 짧은 삶의 어느 한순간도 독립국가의 국민이어 본 적이 없는 윤동주의 시에서 그로 인한 아픔과 슬픔을 읽어내는 것은 너무도 자연스러운 일일 터이다. 그가 보듬는 사랑, 그가 겪는 괴로움과 슬픔, 그가 떨쳐버리지 못하는 부끄러움이 한결같이 조국과 겨레의 운명과 연결되어 있다는 관점은, 그의 시의 전부는 아니더라도 그 상당 부분을 이해하는 데 가장 유력한 틀로 쓰일 수 있음이다.

만주 용정 출생으로 연희전문을 졸업한 윤동주가 일본으로 향한 것은 1942년 3월이었다. 그 무엇보다도 조선말과 조선문화를 사랑했던 그가 도항에 필요한 증명서를 발급받기 위해 창씨개명을 해야 했던 것은 결코 작지 않은 아픔이었으리라. 어쨌든 고향인 용정에

윤동주 · 하늘과 바람과 별과 시   83

윤동주가 마지막 숨을 거둔 후쿠오카 형무소는 96년 초 완공한 새 건물로 옛 모습을 찾을 길이 없다. 형무소 정문 앞에 서 있는 이는 재일동포 프리랜서 작가인 강신자(왼쪽) 씨와 '윤동주의 시를 읽는 모임'의 니시오카 겐지 교수.

서부터 부산까지의 머나먼 기차 여행, 그리고 부산에서 시모노세키를 오가는 관부연락선의 항해, 다시 시모노세키에서 도쿄까지 일본 국철에 올라 열몇 시간을 흔들려야 했던 번거롭고도 오랜 여정은 지금은 마음만 먹으면 반나절로 끝낼 수 있게 단축해졌다. 윤동주의 마지막 흔적을 간직하고 있을 후쿠오카 역시 서울과 부산, 그리고 제주에서 수시로 비행기가 오고 간다.

후쿠오카 형무소는 시 중심부에서 북서쪽으로 치우친 사와라구에 자리잡고 있다. 지하철 후지사키 역에서 걸어 5분 남짓 걸리는, 조용한 주택가의 한가운데다. 1996년 초 건물을 새로 지은 형무소의 외관은 흡사 깔끔한 현대식 호텔을 연상시킬 정도로, 한 젊고 순수한 영혼의 최후를 지켜본 역사적 장소로서의 무게를 찾을 길이 없다. 지난 1995년 50주기 추모 위령제가 열릴 당시만 해도 콘크리트의 맨살을 볼 수 있었던 형무소 뒷담 역시 새 건물의 준공과 함께 말끔히 페인트 칠이 되어 더구나 생경하다.

그렇지만 후쿠오카의 윤동주는 외롭지 않았다. 화장터에서 불태워져 바람결에 흩뿌려진 그의 유해가 보이지 않는 혼으로 바뀌어 이곳 사람들의 정신 속으로 스며든 것인가, 후쿠오카에는 '윤동주의 시를 읽는 모임'이라는 순수 민간단체가 활동중이다. 학생, 주부, 기자, 화가 등 다양한 직업을 가진 스무 명 남짓한 회원들이 한 달에 한 번씩 만나서 윤동주의 시를 읽고 서로의 의견을 주고받으며 공부하는 것이다.

이 모임을 주도하고 있는 이는 후쿠오카 현립대학에서 한국어를 가르치는 니시오카 겐지 교수. 그는 연세대에서 한국문학을 공부하고 세종대에서 일어와 일문학을 가르치는 등 13년 간의 한국 체류를 마치고 지난 1994년 후쿠오카로 돌아온 뒤 모임을 만들었다.

"우리가 윤동주의 시를 읽기로 한 것은 그가 이곳 후쿠오카에서 죽었다는 우연 때문만은 아니다. 그보다는 그가 식민지 현실을 정면에서 응시하면서도 그에 그치지 않고 인간 보편의 이상과 희망을 노래했기 때문이다."

니시오카 교수가 올바로 지적했다시피 윤동주의 시는 현실의 불구성을 타파하려는 열망을 표현하는 데서 시·공간의 제약을 뛰어넘어 보편적 차원으로 나아간다. 그 과정에서 그의 평생의 지주였던 기독교는 순절에의 의지와 구원에의 희망을 퍼올리는 무자위의 구실을 단단히 했다.

괴로웠던 사나이,
행복한 예수 그리스도에게
처럼
십자가가 허락된다면

모가지를 드리우고
꽃처럼 피어나는 피를
어두워 가는 하늘 밑에
조용히 흘리겠습니다   —「십자가」에서

이제 새벽이 오면
나팔 소리 들려 올 게외다.   —「새벽이 올 때까지」에서

등불을 밝혀 어둠을 조금 내몰고,
시대처럼 올 아침을 기다리는 최후의 나,
                    —「쉽게 씌어진 시」에서

　교토의 도시샤 대학에 다니던 윤동주가 마침내 죽음으로까지 이어진 옥살이를 하게 된 것은 고종사촌이자 죽마고우였던 송몽규와 함께 '재교토 조선인 학생 민족주의 그룹 사건'에 연루되면서였다. 1943년 여름방학을 맞은 그는 고향에 가기 위해 기차를 기다리던 중 역에서 일본 형사에게 체포되었다. 그가 체포된 교토 역 북쪽 5km 지점에 있는 도시샤 학원의 서쪽 문을 들어서 1백m 정도 가면 왼편에 서 있는 아담한 크기의 시비를 만나게 된다. 1995년 50주기를 맞아 세워진 이 대리석 시비는 검은 바탕에 흰 글씨로 그의 대표작인 「서시」를 한글과 일본어로 차례로 새겨넣었다. 오가는 학생들이 시비의 존재에 별 주목을 하지 않는 가운데 벚꽃나무들 틈바구니에 핀 붉은색 동백꽃만이 그의 넋을 위로해주고 있다.
　윤동주가 숨을 거둔 것은 해방을 불과 반년 남겨 놓고서였다. 게다가 후쿠오카 감옥에서 윤동주를 만났던 이들에 따르면 그는 일인

형사의 지시에 따라 수천 페이지는 족히 되어 보이는 자신의 한글 원고를 일본어로 옮기고 있었다고 한다. 반도 출신의 문학청년이 식민당국의 심장부에서 보낸 1년 반 남짓한 세월 동안의 감회가 그 원고들에 담겨 있었겠거니와, 안타깝게도 그 원고는 윤동주의 의문사와 일본의 패전 이후 망실되고 말았다. 그 원고들이 남았더라면 그것은 한국 시문학의 키를 족히 한뼘은 높여 주었으리라.

그러나 망실된 원고를 계산에 넣지 않더라도 윤동주의 문학사적 위치는 확고하다. 일본의 전쟁놀음을 찬미하지 않는 일체의 문필활동을 사실상 불가능하게 만든 민족문화의 암흑기에 이국의 감옥에서 외로운 최후를 맞은 이육사와 윤동주의 존재와 문학은 제 몸을 태워 그 암흑을 불사른 '초 한 대'(윤동주의 시 제목)와도 같았다.

작품의 무대 러시아의 페테르부르크가 '유럽으로 열린 창'이라는 별명을 갖고 있는 것과 비슷하게 후쿠오카는 '아시아로 열린 창'을 자부한다. 후쿠오카의 많은 소학교들이 한국의 여러 초등학교들과 자매결연을 맺고 있다. 서울과 부산과 제주에서 후쿠오카를 오가는 비행편 역시 한국의 여느 도시행 못지않게 잦다. 그러나, 윤동주가 옥사한 후쿠오카 형무소는 옛 모습을 잃은 지 오래다. 대신, 그가 다녔던 교토 도시샤 대학 교정 한켠에는 그의 시비가 세워져 있어 아쉬움을 달래준다.

윤동주 만주 간도 출생으로 명동소학교를 다녔다. 후쿠오카에서 함께 옥사한 고종사촌 송몽규와 문익환 목사가 학교 동무들이었다. 용정의 은진중학을 다니다가 평양 숭실중학에 편입해 잠시 다녔으나 다시 용정으로 돌아갔다. 용정의 광명중학을 졸업한 뒤 송몽규와 함께 연희전문 문과를 다녔다. 일본 도쿄 릿쿄 대학을 거쳐 교토 도시샤 대학 영문학과에 편입해 다니다가 일본 경찰에 체포되었다. 젊은 여성들을 상대로 한 어느 조사에서 '연애하고픈 남자' 1위로 꼽힌 이 아름다운 청년은 죽어서야 시인이 되었다.

■ 이태준 · 해방 전후

해방 토양 위에 움튼 분단 씨앗

그날이 오면, 그날이 오면은
삼각산이 일어나 더덩실 춤이라도 추고
한강물이 뒤집혀 용솟음칠 그날이
이 목숨이 끊기기 전에 와주기만 할 양이면,
나는 밤하늘에 날으는 까마귀와 같이
종로의 인경(人磬)을 머리로 들이받아 울리오리다,
두개골은 깨어져 산산조각이 나도
기뻐서 죽사오매 오히려 무슨 한이 남으오리까

—심훈, 「그날이 오면」 첫 연

소설 『상록수』의 저자이기도 한 심훈(1901~1936)의 시 「그날이 오면」은 일제 통치의 전 기간을 통틀어 조국 해방에의 의지를 가장 절절하게 노래한 시편에 속한다. 3·1운동에 참가했다가 옥살이를 겪고 일시적이었을지라도 상하이로 망명까지 했던 그의 이력은 이

시의 진정성과 절박함을 담보하고 있음이다. 그러나 주제의 선명함
을 미학적 고려에 앞세우는 데서도 느낄 수 있는 그 절박함은 역으
로 '그날'의 요원함에 대한 뼈저린 회한을 나타내고 있기도 하다.

하지만, 마침내, 그날은, 왔다. 심훈이 보지 못한, 아니 윤동주와
이육사와 한용운이 끝끝내 살아서 보지 못한 그날은 늙은 히로히토
의 침통한 항복선언과 함께 문득 현실이 되었다. 심훈과 윤동주와
이육사와 한용운은 그날을 만난 기쁨에 죽지 못하고, 죽어서야 그
날을 맞았다. 그것은 그들에게 한으로 남았다. 그러나 어떻게 해서
든 살아서 그날을 맞이한 이들에게 1945년 8월 15일은 새로운 가
능성과 의욕의 이름이었다. 40년이라는 장구한 세월을 이민족의 지
배 아래 신음해온 겨레붙이들로서는 이제야말로 누구의 간섭과 훼
방도 없이 제출물로 근대화라는 역사의 신작로를 활보해 나아갈 수
있게 되었다. 그리고 그 과정에서 오욕으로 가득 찬 지난 시절에 대
한 반성과 정리는 무슨 명분으로도 생략할 수 없는 선결과제였다.

상허 이태준(1904~?)의 중편 「해방 전후」는 이처럼 반성과 희망
이 교차하는 민족사의 갈림길을 배경으로 작가 자신의 행적과 사유
를 기록한 자전소설이자 보고문학이다. '현'이라는 이름의 작가를 주
인공으로 내세운 소설은 제목이 가리키는 대로 해방 전과 후를 대
비시키며 격동의 한 시기를 증언하고 있다. 그것은 물론 작가라는
제한된 경험의 틀에 갇혀 있는 것이기는 하지만, 거기에서 정해진
틀을 넘어서는 보편성을 발견할 수 있음 또한 어김없는 사실이다.
해방 전과 후에 정확히 절반씩의 분량을 할애한 소설의 전반부에서
주인공인 소설가 '현'은 일본 관헌의 압력에 못 이겨 『대동아전기
(大東亞戰記)』의 번역에 손을 빌려준 일을 두고 괴로워한다. 그것은
양심에 어긋나고 겨레에게 죄를 짓는 일이었지만, 또한 어쩔 수 없

남쪽의 민간인과 군인은 물론 한국 주둔 미군들에게도 인기 있는 관광명소가 된 옛 철원군 노동당사 건물 위를, 방금 관광을 마친 일단의 미군을 태운 헬기가 날아가고 있다.

는 일이기도 했다. 왜냐하면, "현은 정말 살고 싶었다. 살고 싶다기보다 살아 견디어내고 싶었다."

서울에 있으면서 이런저런 전쟁 미화에 동원되는 데에 환멸을 느낀 현은 강원도 어느 산읍에 처박혀 낚시질 따위로 세월을 기다린다. 이곳에서 그는 향교의 직원(直員)으로 있는 전통 선비 '김직원'을 만나 시국담을 주고받으며 울분을 나누기도 한다. 일제라는 공통의 적을 두고서는 의견이 일치했던 두 사람은 그러나 막상 해방과 함께 그 적이 사라지자 현격한 견해의 차이를 내비친다. 철저한 근왕주의자인 김직원과 반봉건 근대화론자인 현은 해방 조국의 미래 설계를 놓고 갈라서게 되는 것이다. 새 나라의 국체에 관한 견해 차이는 해방정국 최대의 쟁점이었던 신탁통치에 대한 평가로도 이어진다. 김직원의 완강한 반대 입장을 '비실제적인 환상'으로 치부하면서 신탁통치야말로 '가장 과학적이요 세계사적인 확실한 견해'라고 믿는 현의 생각이 그것을 보여준다.

  소설 속의 현이 다름아닌 작가 이태준 자신의 가탁임을 상기할 때, 그가 당시 남로당을 필두로 한 좌파의 노선을 좇아 찬탁 쪽에 섰다는 사실은 마땅한 설명을 기다리는 수수께끼라 하지 않을 수 없다. 1930년대에 카프의 계급문학에 반발해 순수문학 그룹인 구인회를 결성했던 현/이태준이 해방 직후 좌익 문인단체인 문학가동맹의 부위원장을 맡고 이듬해에는 마침내 월북을 택하기에까지 이른 것은 또 어찌된 일일까. 그가 물론 궁극적으로는 그를 기다리고 있을 숙청의 운명을 미리 알고 있지는 않았을 테지만 말이다.

  소설 속에서 그에 대한 충분하고 납득할 만한 설명은 주어지지 않았다. 다만, 소설 마지막 문단에서 보이는 막연한 희망과 활기가 당시 그의 기분을 말해주고 있을 뿐이다.

> 바람이 아직 차나 어딘지 부드러운 벌써 봄바람이다. 현은 담배를 한 대 피우고 회관으로 내려왔다. 친구들은 '프로예맹'과의 합동도 끝나고 이번엔 '전국문학자대회' 준비로 바쁘고들 있었다.

이것을, 비슷한 무렵에 발표되었고 해방공간이라는 같은 시기를 배경으로 삼고 있는 채만식의 단편 「역려」의 마지막 문장들과 비교해보자.

비는 오고. 다음 차가 언제 있을지 모르는 차를 우리는 음산한 정거장에서 민망히 기다려야 하였다.

해방이라는 동일한 조건을 받아놓고 이태준이 보이는 낙관과 채만식이 내비치는 주저와 회의 사이에는 얼마나 너른 간극이 가로놓여 있는가. 그 두 태도의 차이가 결국 이태준의 월북과 채만식의 낙향이라는 상반된 결과를 낳았으리라. 역사에의 적극적인 참여를 전제로 한 낙관이 또 하나의 제도문학으로 나아갈 위험을 내포하고 있으며, 냉정한 관찰과 엄밀한 중립을 표방하는 회의의 자리에서 한 발짝만 더 내디디면 허무주의의 수렁이 도사리고 있다는 것은 역사의 시험이 아닐 수 없다.

「해방 전후」의 전반부에서 현이 마음의 평화를 찾아 숨어든 곳은 강원도 이천군 안협면, 지금은 휴전선 북쪽이다. 이태준의 고향인 강원도 철원군 산명리 역시 휴전선 너머에 있으며 그가 어린 시절을 보낸 철원군 율이리는 남방한계선 남쪽의 민통선 안에 자리잡고 있다. 상허와 「해방 전후」의 자취를 좇는 여정은 따라서 분단 현실을 확인하는 기회가 되기도 한다. 결단코 상허가 그것을 원하지는 않았겠지만 해방기를 그린 소설의 무대가 바로 분단의 현장이 되었다는 사실은 해방이 약속했던 기회와 희망이 거꾸로 분단이라는 위기와 질곡으로 바뀌어버린 민족사의 역설을 웅변하고 있는 셈이다.

휴전선 이남에서 안협과 산명에 가장 가까이 갈 수 있는 곳은 구철원으로 알려진 민통선 안쪽이다. 옛 철원군 노동당사와 월정리역,

철의 삼각 전망대, 샘통 철새도래지 등이 있는 이 일대는 일반인들로서는 전적관에서 주관하는 '안보 관광'을 신청해야만 둘러볼 수가 있다. 민통선 출입을 관할하는 제5검문소를 지나 불과 1백m 정도만 들어가면 오른쪽으로 그 유명한 노동당사 건물이 우뚝 서 있다.

전쟁의 이빨에 모질게 할퀴여 뼈대만 남은 이 3층 건물의 벽에는 지난 반세기 동안 다녀간 사람들이 남긴 낙서의 사이사이에 Cpt Stephens, 1SG Reese 따위의 미군들 이름이 보이는가 하면, '서태지 만세'와 '북조선 사회민주주의 인민공화국 만세'가 공존하고 있기도 하다. 당사와 비슷한 무렵에 세운 당사 앞 이정표에는 '평양 2××km' 등의 거리 표시가 다시금 소용될 때를 기다리며 시간의 침식을 버티고 있다.

노동당사에서 샘통 철새도래지와 옛 철원역터를 지나 월정리역과 철의 삼각지 전망대에 이르는 길의 좌우로는 철원평야의 광활한 논과 밭이 펼쳐진다. 자세히 보면 무너져내린 가옥과 건물의 흔적이 논과 밭 사이에 숨은그림처럼 새겨져 있다. 수시로 나타나는 도로 봉쇄용 낙석과 지뢰 주의 표지판을 지나쳐 가던 길은 휴전선 남방한계선에 가로막히는데, 그곳이 철의 삼각지 전망대와 월정리역이다. 옛 모습을 재현했다는 월정리역의 좁다란 대합실은 당연히 텅비어 있고, 역 뒤쪽으로는 1백m 미만의 상·하행 철로 두 가닥만이 남아 있는 가운데, 수백 개의 총알 구멍과 함께 철로 옆에 누워 있는 녹슨 열차의 잔해 위에는 까치 한 마리가 올라 앉아 무심한 울음을 운다.

전망대에 올라 망원경에 눈을 대면 시야 왼편으로 나타나는 백마고지 너머로 「해방 전후」의 무대인 안협이 아련히 보이는 듯도 하으로 보이는 화사함의 이면에는 어김없이 피 흘리는 역사의 상처를 감추고 있는 것을.

　제주의 4월은 화사함을 구가하는 관광객들의 환성과 상처를 다독이는 내지인들의 한숨이 교차하며 묘한 기류를 형성한다. 한라산을 훑어내린 바람에 실린 그 기류는 제주 해협을 건너 한반도의 심장부로, 다시 태평양을 건너 미국으로 불어 불어 간다. 가며 외친다. '내 말 좀 들어줍서, 이 내 원통한 죽음을 제발이지 알아줍서.'

　제주도의회 4·3특별위원회에 신고접수된 피해자만도 1만 명이 넘으며, 전체적으로는 적어도 3만 명에서 많게는 6만 명에 이르는 희생자를 낳은 제주 4·3사건. 해방의 환희가 분단의 질곡으로 형질변경되는 과정에서 불거진 이 사건은 해방공간의 모순과 지향을 축약해 보여줌으로써 민족사적 전형성을 획득한다. 그것은 또한 사건 발생 후 반세기가 가까워지도록 진상 규명과 책임자 처벌이 미루어짐으로써 겨레의 여전한 숙제로 남아 있기도 하다.

　1948년 4월 3일 새벽 1시 제주 전역에서 무장 게릴라들이 경찰지서와 우익 인사들의 집을 습격하면서 사건은 시작되었다. 4·3의 봉홧불을 지펴올린 주체세력은 남한 단독정부 수립을 위한 1948년 5·10 총선거에 대한 반대를 거사의 취지로 내세웠다. 오랜 이민족의 지배에서 풀려난 겨레가 독립국가의 꼴을 갖추기도 전에 한반도를 분할 점령한 외세와 그에 빌붙은 분열주의자들은 반분된 땅덩어리나마 제 몫으로 차지하고자 혈안이 돼 있었다. 따라서 단독선거 반대라는 4·3의 취지는 당시의 정세에서 그 누구도 부인할 수 없는 민족적 정당성을 담보하고 있는 것이었다.

　4·3은 또한 해방과 더불어 삼팔선 이남에 진주한 미군정에 대한 이 땅 민중들의 불만과 저항의 표출이라는 의미를 지닌다. 여운

형 주도의 건국준비위원회와 그 후신인 인민공화국이 독립국가 수립의 채비를 착착 다져가고 있었음에도 불구하고 그 존재를 싸그리 무시하고 오히려 친일파와 민족분열주의자들을 두둔하고 나선 미군정의 처사는 해방군이 아닌 점령군으로서의 그들의 본질을 유감없이 발휘했음이다. 게다가 대흉년과 콜레라의 창궐로 인해 민심이 흉흉해진 제주에서는 그나마 미곡정책 실패와 관리들의 횡포로 인해 미군정에 대한 민중들의 불만이 포화지점을 향해 치닫고 있었다. 그런 가운데 1947년 3월 1일 제주 읍내 관덕정 광장에서 3·1절 시위 군중에게 경찰이 총을 발사해 6명의 사망자를 낸 사건은 미군정 및 경찰과 민중들 사이의 관계를 화해 불능의 차원으로 몰고 감으로써 사실상 4·3의 도화선 노릇을 했다.

각 면과 리 단위까지 민주적 절차에 의해 구성돼 민중들의 절대적 신임을 받고 있던 인민위원회의 주도로 이루어진 선거 보이코트의 결과 제주도 내 3개 선거구 가운데 북제주군의 2개 선거구가 과반수를 밑도는 투표율로 선거가 무효 처리되는 등 4·3 주도세력의 목표는 어느 정도 달성되었다. 하지만, 총선 결과 수립된 이승만 정권은 무장대의 색출과 토벌을 명분으로 무고한 양민 수만 명을 학살하는 만행을 저질렀다. 그후 제주 4·3은 남한 역대 정권의 정통성 문제와도 관련되는 민감한 사건으로서 일체의 논의가 금지된 채 숨죽인 침묵의 세월을 견뎌야 했다.

1978년에 발표된 현기영(1941~)의 중편「순이 삼촌」은 30년 동안 묻혀 있던 4·3의 진실을 거의 최초로 공론화한 문제적 소설이다. 비록 이 소설로 인해 작가 자신은 보안사에 끌려가 끔찍한 고문을 당하고 책도 발매 금지되는 고초를 겪었지만, 이 작품이 지닌 문학사적·역사적 의의는 그로 인해 더한층 막중해졌다.

음력 섣달 열여드레인 할아버지의 제사에 맞추어 고향인 제주 서촌 마을에 내려간 '나'를 화자로 내세운 소설은 30년 전 향리에서 벌어진 양민학살을 통해 4·3의 아픈 역사를 고발하고자 한 작품이다. 이 소설의 제목이 되기도 한 '순이(順伊) 삼촌(제주에서는 촌수 따지기 어려운 먼 친척 어른을 남녀 구별 없이 흔히 삼촌이라 부른다)'은 30년 전의 학살현장에서 두 아이를 잃고 구사일생으로 살아난 인물이지만, 평생 그 사건으로 인한 충격을 떨쳐버리지 못하다가 그예 자살을 택하고 만다.

작가 현기영 씨가 자신의 문학적 성지라고도 할 수 있는 북제주군 북촌마을 뒤 팽나무 언덕에서 「순이 삼촌」의 집필에 얽힌 사연을 얘기하고 있다.

그 죽음은 한 달 전의 죽음이 아니라 이미 30년 전의 해묵은 죽음이었다. 당신은 그때 이미 죽은 사람이었다. 다만 30년 전 그 옴팡밭에서 구구식 총구에서 나간 총알이 30년의 우여곡절한 유예를 보내고 오늘에야 당신의 가슴 한복판을 꿰뚫었을 뿐이었다.

소설「순이 삼촌」은 1948년 음력 섣달 19일 북제주군 조천면 북촌리에서 벌어진 양민학살 사건을 모델로 삼고 있다. 이날 아침 이 마을 어귀에서 무장대의 습격으로 군인 2명이 숨진 사건이 발생하자 군인 2개 소대 병력이 마을로 들이닥쳐 3백여 동의 가옥을 불태우고 수백 명의 양민을 학살한 것이다. 마을의 남정네들이 군·경에 학살당하거나 토벌대를 피해 입산함으로써 여자만 남게 되어 한동안 '무남촌(無男村)'으로 불리기도 한 북촌은 함덕 해수욕장과 지척 거리에 있는 전형적인 제주 마을이다.

검은 돌담과 샛노란 유채꽃, 기와지붕 가녘의 흰색 테두리와 옥빛 바닷물이 현란한 색채의 잔치를 연출하는 이 마을에서 반세기 전의 비명과 유혈을 떠올리기란 쉽지가 않다. 그러나 일주도로변의 북촌초등학교 운동장은 어김없이 그날 마을 사람들을 소집한 군대가 학살 대상자를 정하기 위해 군·경 가족을 가려내던 그 장소요, 웃자란 마늘 줄기들로 시퍼런 학교 뒤 옴팡밭은 시체 위에 시체가 쌓이던 그 학살터임에 분명하다.

적어도 내 상상 속에서 나의 향리는 예나제나 죽은 마을이었다. 말하자면 삼십 년 전 군 소개작전에 따라 소각된 잿더미 모습 그대로 머리에 떠오르는 것이었다.

북촌이 비록 현기영의 고향은 아니지만, 소설 속 '나'의 목소리를 작가 자신의 것으로 받아들여도 큰 무리는 없으리라. 바람에 날려오는 유채꽃의 비릿한 향내에서 죽은 자들의 시취를 맡고, 화산암의 거무튀튀한 색깔에서는 완벽하게 불타버린 반세기 전 제주도를 연상하게 된다는 현기영.

"작가로서 내가 4·3에만 매달리는 것은 편협한 지방주의 때문이 아니라 변죽을 쳐서 복판을 울리는 문학적 전략에 따른 것이라 할 수 있다. 4·3에 응축되어 있는 민족적·민중적 모순을 통해 보편성에의 요구에 응하자는 것이 내 생각이다."

작품의 무대 소설의 무대인 북제주군 조천면 북촌리는 제주를 대표하는 함덕 해수욕장의 평화로운 풍경과 이웃하고 있다. 아니, 북촌 마을 자체가, 제주의 구석구석이 그러하듯, 지극히 평화롭고 아름답다. 그렇다는 말은 거꾸로, 북촌이 그러하듯, 제주의 구석구석이 4·3사태의 끔찍한 학살극을 기억하고 있다는 말이기도 하다. 그러니, 오늘도 제주를 찾은 이들이여, 기쁨과 여유에 넘치는 관광과 휴식의 잠시잠깐씩만이라도 이곳 토박이들의 역사와 현실에 눈 돌려보기를.

현기영 제주 출생으로 서울대 영어과를 졸업했다. 1973년 『동아일보』 신춘문예에 단편 「아버지」가 당선되어 등단했으며, 창작집 『순이 삼촌』, 『마지막 테우리』와 장편 『변방에 우짖는 새』, 『바람 타는 섬』 등이 있다. 4·3항쟁과 이재수의 난, 일제하 잠녀항쟁 등 제주 현대사의 비극을 집요하게 물고늘어져 온 그는 신동엽창작기금과 만해문학상, 오영수문학상 등을 받았다.

■ 조정래 · 태백산맥

민초 핏빛 설움 품고 누운 벌교

　　벌교는 한 마디로 일인(日人)들에 의해서 구성, 개발된 읍이었다. 그 전까지만 해도 벌교는 낙안고을을 떠받치고 있는 낙안벌의 끝에 꼬리처럼 매달려 있던 갯가 빈촌에 불과했다. 그런데 일인들이 전라남도 내륙지방의 수탈을 목적으로 벌교를 집중 개발시킨 것이었다. 벌교 포구의 끝 선수머리에서 배를 띄우면 순천만을 가로질러 여수까지는 반나절이면 족했고, 목포에서 부산에 이르는 긴 뱃길을 반으로 줄일 수 있었던 것이다.　　　　　　　　　　　―『태백산맥』에서

　　조정래(1943~)의 대하소설 『태백산맥』은 일본의 조선 지배가 남겨놓은 흔적으로부터 시작한다. 소설의 시점(始點)이 되는 1948년 10월의 여수·순천 반란사건은 제주 4·3항쟁 진압 명령을 거부한 병사들에 의해 일어난 것이었으며, 4·3은 남한 단독정부 수립을 위한 5·10총선거 저지를 목표로 내걸었었다. 이승만에 의한 남한 단정 수립 기도가 일본의 패망 이후 삼팔선 이남과 이북에 각기 진

주한 미군과 소련군의 현상고착 방침과 무관하지 않다는 점에서 결국 동족 상잔과 분단 고착화로 이어지는 여순사건은 일제의 식민통치와 밀접하게 관련되는 것이다.

2백자 원고지로 1만 6천5백 장에 이르는 장강과도 같은 길이의 『태백산맥』이 문을 여는 첫 장면은 제석산 아래 자락에 자리잡은 현부자네 제각 부근이다. 당으로부터 지역의 거점 확보를 명령받은 정하섭이 그 대상으로 새끼무당 소화를 설정하고 제각 옆에 있는 소화네 집을 찾아가는 장면이다. 일제 지배 당시 일본인 나카지마(中島)가 조선인 소작농들을 동원해 20리 벌교 포구를 따라 제방을 쌓아 조성한 중도 들판이 훤하게 내려다보이는 지점에 세워진 제각은 한옥을 기본틀로 삼되 구석구석에 일본식을 가미한 독특한 양식의 건축물이다. 가령 마루는 조선식에 천장은 일본식이고 툇마루를 타고 돌아가면 본채와 붙어 있는 변소에 이를 수 있으며, 기와지붕 아래 처마에는 벚꽃 무늬를 단청으로 새겨넣는 식이다. 이 집을 지은 지주는 또한 큰길에서 제각에 이르는 소로 양 옆으로는 벚꽃나무를 심었으며 집 앞 마당에는 일본식 연못이 있는 정원을 꾸며놓았으니, 일제 식민당국에 대한 그의 감사의 염을 능히 짐작할 수 있음이다.

비밀임무의 수행이 주는 긴박감과 청춘남녀의 만남에서 오는 풋풋함이 버무려져 피워내는 착잡한 분위기로부터 시작된 『태백산맥』은 여순사건의 끝자락에서부터 전쟁 직후까지 한국사의 가장 긴박한 한 시기를 총체적으로 조망하고 있다. 여기서 총체적이라는 것은 단행본 10권의 방대한 분량이나 전쟁을 중심으로 그 전후의 사건 전개를 두루 담았다는 소재의 차원을 가리키는 것은 아니다. 그보다는 마침내 전쟁이라는 형태로 폭발하지 않을 수 없었던 민족사의 모순을, 그 핵심을 파악할 수 있는 관점에서 기술하고 있다는 뜻에, 그 말은 더 가깝다.

『태백산맥』의 총체성을 우선적으로 담보해주는 것은 이 소설이 분단과 전쟁으로 이어지는 민족적 비극의 연원을 민족 내부의 사정에서 찾고 있다는 점이다. '분단내인론'이라고도 불리는 이 견해는 그간 논의의 편의를 위해서, 그리고 민족적 자존심을 지키고자 흔히 동원되었던 논리——한민족은 소련과 미국이라는 두 외세의 대리전을 치렀을 뿐이라는——를 정면에서 반박하고 민족 구성원 내부의 분열과 대립이 결국 전쟁으로 이어졌다고 본다. 좀더 구체적으로 그것은 땅의 문제를 둘러싼 지주와 소작인 사이의 갈등으로 표출된다.

지식인 출신의 야산대장 염상진과 그를 따르는 농민 전사 하대치, 회의하는 지식인이지만 역사로부터 끊임없이 선택과 실천을 강요당하는 김범우, 양심적인 국군 장교 심재모, 부패한 우익의 대표자 최익승·최익달, 염상진의 동생인 우익 행동대장 염상구, 손승호, 서민영, 안창민, 소화와 이지숙, 외서댁, 들몰댁……. 수백 명의 등장인물이 엮는 크고 작은 사건이 씨줄과 날줄이 되어 거대한 역사의 양탄자를 짠다. 그 양탄자 위에서 민중의 나날의 삶과 역사라는 이름의 추상은 완벽하게 호응하여 일치를 이룬다.

『태백산맥』의 문학적 성취를 보장한 요인 가운데 빼놓을 수 없는 것이 전라도 방언의 탁월한 구사이다. 거기다가 걸쭉한 육담과 예술의 경지에 오른 욕설 등은 민중적 삶의 활력을 보여줌과 동시에 소설의 사실성을 더하는 효과를 지닌다.

그 양귀신덜이 들이닥침스로 시상 판세가 워찌 돌아가등가? 코가

일제에 대한 충성의 표시로 지주가 심은 벚꽃나무들이 터널을 이룬 길을 작가 조정래 씨가 걸어 나오고 있다.

 석 자나 늘어졌든 지주덜이 새 기운 얻어 되살아나고, 순사질 해묵은 죄 지가 먼첨 알고 뽕빠지게 도망질혔든 눔덜이 도로 그 자리 차고 앉고, 그 공평허게 일 잘허든 인민위원회럴 공산당 못자리판이라고 몰아때레 사람덜 잡아딜이고, 자네덜도 다 아는 이약 새 날아가는 소리로 일일이 되짚을 것도 없이, 지대로 잘 돼가는 밥솥얼 엎어뿐 것이 누구냐 그것이여. 보나마나 그 양코배기덜 아니었드라고?

최인훈의 『광장』이 1960년 4·19의 자식인 것과 같은 맥락에서 『태백산맥』은 정녕 1980년대의 아들이다. 5·16 이후, 아니 4·19의 꿈 같던 한순간을 제하고는 해방 이후 줄곧 우리 사회를 옥죄어 온 우익 독재의 사슬에서 벗어나려는 몸부림이 1980년대를 통틀어 격렬히 용솟음쳤고 그 결과 최소한의 이념적 자유와 균형의 틈이 마련되었거니와, 『태백산맥』은 바로 그 틈바구니에서 피어난 한 떨기 민들레와도 같았던 것이다. 이념적 균형을 위한 작가의 고민이 거꾸로 이념의 역편향이라는 비판에 노출되는 결과를 낳기는 했지만 말이다.

실제로 해방 이후 한국 소설의 최고봉으로까지 일컬어지며 평단과 대중의 지지를 한몸에 받았던 이 소설은 특히 1990년대 들어와 만만치 않은 비판과 도전에 직면해야 했다. 진지한 비판자들은 김범우가 결국 좌익과 북쪽을 택하기까지의 사상적 궤적에서부터 소설 속 좌익과 우익의 불균형한 묘사, 그리고 결말에서 보이는 낙관적 전망과 실제 역사 전개 사이의 불일치 등등을 문제삼았다. 게다가 1980년대 내내 어깨를 움츠리고 있던 몇몇 정체도 모호한 우익 단체들은 이 소설을 문학작품이 아닌 '용공이적물'로 간주해 당국에 고소했으며 이 때문에 작가는 경찰청에 불려가 오랜 시간 문초를 받느라 몸과 마음이 두루 고달팠다.

『태백산맥』이 비록 논픽션이 아닌 소설이긴 하지만 현실의 벌교에는 소설 속 사건이 펼쳐졌던 이런저런 무대들이 소설과 똑같은 위치에 똑같은 모양으로 남아 있다. 하대치의 아버지가 한 뙈기 소작논을 바라 등뼈가 휘도록 돌덩이를 져날라 쌓은 중도 방죽, 방죽에서 읍내로 이어지는 소화다리, 염상구가 읍내 주먹세계의 주도권을 놓고 담력 싸움을 벌였던 철교, 염상진이 하대치를 시켜 압류한 지주의 쌀을 쌓아놓았던 횡갯다리, 김범우의 집, 그리고 염상진의 야산대가 한동안 해방구로 삼았던 율어 등……. 특히 좌우로 첩첩 산줄기들이 벋어내려 오다가 문득 자진해버린 바탕에 적당한 크기의 분지성 들판이 조성된 율어의 지세는 독립성과 안전성이라는 해방구의 조건을 거의 완벽하게 충족시키고 있다. 소설과 현실의 이런 일치는 작가 자신이 한국전쟁 이후 3년 동안 벌교읍에서 살았던 경험의 소산이다.

"해방에서 전쟁으로 이어지는 시기를 다루는 대하소설의 무대로 벌교를 삼은 것은 내가 벌교읍의 골목골목까지도 훤히 안다는 이점 말고도 벌교가 겪은 역사가 우리나라 전체의 역사를 대표할 수 있는 전형성을 지닌다고 보았기 때문이다. 지주와 소작인 사이의 갈등, 인근 벌교읍에서 조계산을 거쳐 지리산으로 이어지는 빨치산의 투쟁 루트 등이 소설의 배경으로서 적당했기 때문이다."

작품의 무대   벌교 역시 하동 평사리와 비슷한 운명을 맞았다. 소설 『태백산맥』이 별날 것 없는 읍을 전국적인 관광 명소로 만든 것이다. 벌교역 앞에는 '태백산맥'이라는 이름의 단란주점조차 있다. 벌교읍의 곳곳은 소설의 무대로 알뜰히도 쓰였다. 그래서, 김범우네 집이니, 소화와 정하섭이 처음 만난 제각이니, 염상구가 담력 자랑 삼아 뛰어내린 철교니가 소설 속에 그려진 대로 자리잡고 앉아 객들을 맞는다. 벌교에서 8km 남짓 거리에는 낙안읍성 민속마을이 있고, 그 길을 계속 달리면 작가의 탄생지이기도 한 조계산 선암사에 이른다.

조정래

전남 벌교 출생으로 동국대 국문과를 나왔다. 1970년 단편 「누명」 등이 『현대문학』에 추천되면서 등단했다. 『불놀이』, 『유형의 땅』 등의 초기 소설에서 전쟁이 개인의 삶에 남긴 생채기를 그렸던 그는 『태백산맥』이라는 기념비적 대하소설에서는 개인과 사회, 역사와 현재를 아우르는 총체적 시각으로 한 시대를 재현하는 데 성공한다. 이후 일제시대를 다룬 또 하나의 대하소설 『아리랑』을 내놓은 그는 다시 1960년 이후 현대사를 다룰 세번째이자 마지막 대하소설을 준비하고 있다.

■ 박완서 · 엄마의 말뚝

'잘린 허리' 딛고 서면 "아! 고향"

아지랑이 아롱대는 봄 들이다. 황토색 논과 밭은 또 한 해의 농사를 위해 일제히 갈아엎어져 있고, 곳곳의 틈바귀에는 스스로 아름다운 봄꽃들이 자랑처럼 고개를 꼿꼿이 들고 서 있다. 팔뚝을 걷어부치거나 머리에 수건을 동여맨 아저씨, 아주머니들이 들판 이곳저곳에서 허리를 굽힌 채 일에 열중이고, 널찍한 들길로는 트랙터며 트럭이 오고 간다. 이 분주하고도 평화로운 풍경 위로 갈매기 한 마리가 부드러운 곡선을 그으며 선회한다.

인천광역시 강화군 양사면 북성리 758 OP(관측소)에 설치된 망원경에 잡힌 이 광경은 임진강과 합수해 서해로 흘러드는 폭 2km의 한강 하구 너머로 보이는 개성직할시 개풍군 광덕면 일대의 것이다. 발돋움하고 손을 내밀면 그만 손끝에 잡힐 것처럼 가깝게 보이는 이 한 폭 풍경화는 그러나, 인간의 수치로 계량할 수 없는 아득한 분단의 강물 너머에서 꺼질 듯 가물대고 있다. 첫눈에 평화와 풍요의 훈김을 내뿜던 그 풍경은 그곳이 북한 땅이라는 인식이 개입하자 기아와 폭동 따위의 살벌한 단어들로 덧씌워지고 만다. 변변한 나무 한 그루 없이 헐벗은 야산들과 '주체조선', '반미' 등의 구호가 비로소 눈에 들어온다. 한반도적 초현실성으로 무장한 이 모든 풍경에 눈을 주던 작가 박완서(1931~)는 "반세기 동안이나 가지 못한 고향땅이 이토록 지척에 보인다는 게 실감이 안 난다"고 말했다.

박완서의 고향은 개풍군 청교면 박적골. 강 건너편 기슭에서 8km 정도 들어간 마을이다. 관측소 관할 장교의 설명에 귀를 기울이던 그는 "그래요. 예전에는 개풍에서 강화까지 친척들을 찾거나 일을 보느라 걸어다니기도 했죠. 조오기 당두포리 나루에서 이쪽으로 배를 건너는 것말고는……"이라며 사뭇 상기된 표정을 짓는다.

오빠의 살은 연기가 되고 뼈는 한 줌의 가루가 되었다. 어머니는 앞장서서 강화로 가는 시외버스 정류장으로 갔다. 우린 묵묵히 뒤따랐다. 강화도에서 내린 어머니는 사람들에게 묻고 물어서 멀리 개풍군 땅이 보이는 바닷가에 섰다. 그리고 지척으로 보이되 갈 수 없는 땅을 향해 그 한 줌의 먼지를 훨훨 날렸다.

박완서의 자전적 연작「엄마의 말뚝·2」에서 어머니가 가루로 변한 오빠의 유체를 들고 와 강물에 뿌리던 곳이 이 어름이었을 것이다. 남달리 똑똑하고 심성 또한 무던하여 알토란 같았던 외아들이 전쟁의 와중에 개죽음을 당하고 난 뒤 그 혼백이나마 고향땅으로 흘러가도록 물가에 나와 뼛가루를 날리는 어미의 심정이 오죽했으랴.

반세기 가까이 가지 못한 고향땅 개풍을 등 뒤로 하고 앉아 있는 작가 박완서 씨. 왼쪽으로 튀어나온 부분이 예전의 나루터였던 당두포리다.

 어머니는 한 줌의 먼지와 바람으로써 너무도 엄청난 것과의 싸움을 시도하고 있었다. 어머니에게 그 한 줌의 먼지와 바람은 결코 미약한 게 아니었다. 그야말로 어머니를 짓밟고 모든 것을 빼앗아간, 어머니가 도저히 이해할 수 없는 분단이란 괴물을 홀로 거역할 수 있는 유일한 수단이었다.

 「엄마의 말뚝」 연작은 모두 세 편으로 되어 있다. 연작의 첫 편은 향리인 박적골에서 하찮은 복통으로 남편을 여읜 어머니가 어린 오누이와 함께 서울로 출분해서부터 억척과 의지로 마침내 집 한 채를 마련하기까지의 과정을 그리고 있다. 애초에 고향을 떠날 때의 거창한 포부에는 미치지 못하지만 사대문 밖 현저동(지금의 무악동) 산꼭대기에 여섯 칸짜리 누옥을 장만한 어머니는 무량한 감개를 이렇게 토로한다. "기어코 서울에도 말뚝을 박았구나. 비록 문 밖이긴 하지만……."

작가에게 이상문학상을 안겨준 「엄마의 말뚝·2」는 이 연작의 핵심이라 할 수 있는 전쟁과 오빠의 죽음을 다루고 있다. 해방 뒤 한때 좌익에 가담했다가 전향한 오빠는 삼팔선을 넘어 물밀듯이 남진해온 인민군이 서울을 점령하고 있는 동안 이웃의 고발로 끌려가서는 의용군으로 입대한다. 그러나 인천상륙작전과 9·28 수복에 이어 다시 중국군의 개입으로 인한 1·4 후퇴가 시작될 즈음 육신과 정신이 다같이 망가진 오빠가 '흉몽처럼' 돌아온다. 시민증이 없는 오빠 때문에 남들의 피난대열에 합류할 수도 없고 그렇다고 인민군의 재입성을 앉아서 기다릴 수만도 없던 일가는 예전에 살던 현저동 산꼭대기의 한 집을 피난처로 정해 틀어박혔으나, 오빠는 결국 인민군에게 발각돼 죽임을 당한다. 소설은 40년 가까이 애써 덮어두고 있던 그 끔찍한 기억이 수술을 위한 마취의 부작용으로 어머니의 머릿속에서 곱다시 되살아나는 과정을 그리고 있다. 연작의 마지막 편은 이 마취 사건 뒤로도 7년을 더 살다 간 어머니가 아들과 마찬가지로 화장돼 강물에 뿌려지길 바랐던 당신의 소망과는 달리 서울 근교의 공원묘지에 묻히기까지의 이야기이다.

명민하고 헌칠하여 어릴 적 영웅이었던 오빠를 앗아간 전쟁의 악의(惡意)라는 모티브는 박완서 소설의 가장 커다란 화두가 됐다. 이미 등단작인 장편 『나목』에서부터 변형된 형태로 오빠의 죽음을 다루었던 작가는 그 뒤 「부처님 근처」와 「카메라와 워커」를 비롯한 단편들, 그리고 가장 최근작인 장편 『그 산이 정말 거기 있었을까』 등에서 줄기차게 동일한 모티브를 반복, 변주하고 있다. 그것은 말할 것도 없이 한 생때같은 청년의 죽음이 한 가족의 아픔과 고난으로 그치지 않고 민족 전체의 비극을 대표하게 되기 때문이다.

솔권하여 서울로 온 작가의 어머니가 마당이 세모꼴이라서 괴불마당집이라 불린 여섯 칸짜리 집을 마련한 현저동 산동네는 거센 재개발 바람에 휩쓸려 있다. 대부분의 집들은 이미 철거돼 벽돌과 베니어 합판, 녹슨 철제 캐비닛, 부러진 우산대, 스티로폼 조각 따위로 어지럽다. 옛 집들이 뭉개진 자리에서는 포클레인이 새롭게 터를 닦고 있는데, 다른 한편에서는 '무악 제1구역 세입자대책위원회'에서 쇠파이프와 폐타이어를 이용해 세운 감시용 망대가 을씨년스럽다. '뭉치면 주거 해결 흩어지면 살 곳 없다', '무주택 서민 목조이는 개발정책 개혁하라'는 등의 구호가 적힌 플래카드는 개발과 정비에 가려진 서민들의 아픔을 절규한다. 어지러운 골목길을 한동안 기웃거린 끝에 마침내 옛 집터를 찾아낸 작가는 "우리 집 앞의 '부장집'은 아직 남아 있는데 괴불마당집은 이렇게 무너졌네요"라며 무너진 대문 옆 주춧돌 자리쯤에 앉아 기념사진을 찍었다.

서울에서 김포를 거쳐 강화에 이르는 길은 곳곳의 도로확장공사 덕분에 평일임에도 극심한 체증을 빚었다. 마침내 강화대교를 건너서는 강화 읍내를 지나 북쪽으로 채 10분을 못 가서 송해면 당산리 호박골 민통선 검문소를 만난다. 이곳은 철원과는 달리 민통선 안쪽에도 자연부락들이 산재해 있으며 군내 버스도 수시로 검문소를 들락거린다. 그렇더라도 인마와 탈것의 진행은 북쪽 해안의 철책선 너머로는 더 이어지지 못한다. 물 위를 건널 배가 없어서가 아니다. 분단의 부자연을 깨칠 가슴이 없음이다.

작품의 무대 작가 박완서가 서울 동쪽 아차산 기슭에 마련한 집필실의 거실 벽에는 그의 고향 박적골을 비롯한 개풍 일대의 5만분의 1 지도가 걸려 있다. 갈 수 없는 고향을 지도 속에서나 확인하면서 그는 무슨 생각을 하는 것일까. 소설 속 작가 어머니에게 강화도는 개풍의 대리물이다. 강화도 북단 관측소의 망원경 속에서 한강 너머의 개풍 땅은 아프도록 가깝다. 때론 가깝다는 것이 고통의 원인이 되기도 한다.

박완서 휴전선 이북의 개풍 출신으로 서울대 국문과를 다녔다(입학 직후 전쟁이 터져 대학 생활을 제대로 해 보지도 못했다). 오랫동안 남편을 뒷바라지하고 아이들을 키우는 전업주부로 있다가 마흔의 늦은 나이에 장편 『나목』이 『여성동아』 장편 공모에 당선되면서 등단해 이후 『휘청거리는 오후』, 『미망』, 『서 있는 사람들』 등 눈부신 작품활동을 펼친다. 오빠의 죽음으로 대표되는 전쟁기의 끔찍한 기억은 그의 문학세계의 중요한 한 축이 된다.

■ 김원일 · 겨울 골짜기

거창의 들풀은 마른울음 아직도…

경상남도 거창군 신원면은 높이 7백~9백m대의 산들로 옴팍하니 둘러싸인 분지형 지세를 이루고 있다. 남상면을 지나 거창읍으로 통하는 북쪽으로는 신원면의 상징과도 같은 감악산(951m)이 버티고 있고, 산청군 오부면 및 차황면과 경계를 이루고 있는 남쪽에는 보록산(800m)과 소룡산(779m)이, 그리고 동쪽과 서쪽으로는 각기 월여산(863m)과 갈전산(764m)이 절집의 사천왕처럼 신원면을 지키고 있다. 분지 너머로 시야를 뻗으면 남서쪽의 지리산과 북동쪽의 가야산, 그리고 북서쪽의 덕유산에 이를 테지만, 신원의 사천왕들은 그같은 시야의 확장을 가로막고 나선다. 사천왕들이 가로막는 것은 안으로부터 밖으로 향하는 시야만은 아니어서, 신원면 밖에서 보면 높직한 산과 깊숙한 골짜구니가 눈에 들어올 뿐 그 안에 아기자기한 마을과 논밭들로 이루어진 분지가 자리잡고 있으리라고는 짐작하기 어렵다. 예로부터 천분과 소여에 만족하지 못하는 중생들은 감악산을 끼고 도는 숭더미재나 소룡산을 빗겨 나가는 밀치재를 통해 분지 너머로의 출타를 도모해왔다.

　그러한 사왕의 위요와 영검으로써도 인간의 광기와 맹목은 물리칠 수 없었음인가. 1951년 2월 11일 신원면의 분지 안에서는 총성과 비명, 초연과 선혈이 뒤섞이고 교차하면서 아수라의 지옥을 연출한다. 국군 제11사단 9연대 3대대 병력들이 신원면 대현·중유·와룡리 주민 6백여 명을 집단 학살한 것이다. 군인들이 여자와 어린아이, 노인이 포함된 비무장 양민을 '청소'한 까닭은 그들이 빨치산과 내통한 통비분자라는 것이었다. 국군의 주장은 사건 발생 두 달 전인 1950년 12월 5일 4~5백 명의 빨치산이 신원면 양지리의 분주소를 습격, 점령한 이후 다음 해 2월 7일 국군이 신원면에 진주하기까지 이 지역을 장악하고 있었다는 사실에 근거를 두고 있다. 그러나 국군이 다시 들어올 무렵, 빨치산에 적극 협력했던 사람들은 대부분 그들을 따라 산으로 들어갔기 때문에 군 쪽의 주장은 설득력이 약한 것이었다.

　전시의 혼란과 억압적인 분위기 속에서 사건은 당분간 물밑에 잠겨 있다가 한 달 뒤부터야 국회에서 논의되기 시작한다. 국회의 진상조사반은 4월 7일 현장을 확인하고자 숭더미재를 넘던 길에 빨치산으로 위장한 국군의 공격을 받고 철수하기도 했다. 그해 말 군법회의에서 연대장과 대대장 등 관련자들은 3년에서 무기까지 징역형을 선고받지만 1년 뒤 모두 형집행정지로 풀려난다. 이승만 정권 아래서 극도로 숨죽이며 살아온 희생자의 유족들과 신원면 주민들은 4·19 이후 유족회를 구성하고 위령비를 세웠으나, 5·16으로 권력을 장악한 군부는 그 위령비를 무너뜨려 매장해 버렸다. 그 뒤로 30여 년 이어져온 군인 대통령 시절에 희생자들의 명예는 위령비와 함께 땅 밑 어둠 속에 묻혀져왔다.

국군에게 집단 학살당한 신원면 주민들의 합동묘를 찾은 작가 김원일 씨. 4·19 공간에 세워진 위령비가 훼손된 채 무너뜨려져 있다.

　김원일(1942~)의 장편 『겨울 골짜기』는 빨치산의 신원면 점령 직전 시점에서부터 시작해 이후 '거창 양민학살사건'으로 알려지게 된 비극의 연원과 전개과정을 추적하고 있다. 유혈비극의 와중에 세상 빛을 본 한 아기의 가족을 중심으로 사건의 전모를 담고는 있지만, 사건의 뼈대를 제외하고는 작가적 상상력에 의한 허구에 의존했다. 소설은 '산'과 '마을'의 시점을 오가면서 서술되는데, 양쪽의 중심인물은 천우신조로 살아난 아기의 아버지 문한돌과 그의 동생이자 빨치산인 한득이다.

　군 출신 대통령의 서슬이 시퍼렇던 1985년부터 현지답사를 거쳐 1987년 초까지 몇몇 잡지에 나누어 발표한 뒤 단행본으로 펴낸 이 소설은 당시까지만 해도 금기의 사슬에 단단히 묶여 있던 빨치산들의 생활을 비교적 객관적·사실적으로 그려 관심을 모았다. 김원일이 소설에서 그린 빨치산은 그 전까지 공비라는 이름으로 불리던, 잔인하고 맹목적인 이념의 노예와는 달리 나름의 역사·철학적 신념을 순수한 인간애와 결합시킨 더운 피의 소유자들이다. 작가는 이른바 '빨치산 문학'의 전기를 이루었던 이태의 『남부군』을 출간되기 전의 원고 상태로 접한 것이 산사람들의 구체적인 생활을 묘사하는 데 큰 도움이 되었다고 밝혔다. 『겨울 골짜기』에서 또 하나 인상적인 모습은 산과 마을에 관계 없이 당시 사람들을 괴롭혔던 극도의 굶주림이다. '들피지다'라는 표현에 실려 전해지는 전쟁통 기아의 참상은 전후에 태어난 젊은 세대로서는 상상하기조차 어려울 정도이다.

  소설은 그러나 신원면을 점령하여 국군 토벌대의 보복적 학살에 빌미를 주었던 빨치산의 움직임에 대부분의 분량을 할애하고 정작 국군에 의한 양민학살은 결말 부분에서 간략하게 처리하고 넘어감으로써 학살의 무분별과 잔혹성을 충분히 부각시키지 못한 아쉬움을 준다. 대살육의 와중에서 핏덩이 아이 덕분에 목숨을 부지한 일가족의 사례로써 저 엄청난 죽임의 사태, 인간성의 모독과 착취에 대한 한 가닥 위안을 삼을 수 있을까. 그것이 우리가 붙안고 힘을 얻을 위안의 근거가 될 것인가. 거창에서 총을 난사한 부대가 그 사흘 전에는 이웃 산청군 금서면의 8개 마을에서 주민 5백여 명을 집단 학살했으며, 경북 문경과 전북 순창·고창 등에서도 수백 명에서 1천여 명에 이르는 양민들이 군경에 의해 떼죽음을 당했다. 게다가 거창사건의 충격파가 채 가시기도 전인 그 해 3월에는 제2국민병에 해당하는 국민방위군들의 식량과 의약품, 부식비를 사령관

등 간부들이 착복함으로써 1천수백 명의 사상자를 내게 한 사건이 밝혀지는 등 전쟁기 군의 부패와 행악은 극에 이르러 있었던 것이다. 한국전쟁의 소설화에 줄기차게 매달려온 작가는 이 끔찍한 사건 역시 놓치지 않고 취재를 해 두었다.

"낙동강 전투 당시 인민군이 의용군을 징발해 총알받이로 삼았던 '전철'을 밟지 않기 위해 젊은 남자들을 싸그리 데리고 갔던 것이 국민방위군이었다. 군 고위층들의 부패로 젊은 장정들을 숱하게 굶겨 죽인 이 사건에 대해서는 동리의「귀환장정」정도가 그나마 다루고 있을 뿐이다. 나도 이 사건을 소재로 삼은 소설을 쓰고자 취재를 꽤 했는데, 그 고통스러운 과정을 글로써나마 되풀이해야 한다는 사실이 너무도 괴로워서 쓰지 못하고 있다."

거창읍을 거쳐 신원면에 이르는 길은 곳곳이 꽃사태였다. 이미 한철 지난 느낌의 벚꽃과 진달래, 개나리는 물론 길 양 옆에 펼쳐진 과수원의 복숭아·배·사과꽃, 마을의 살구꽃과 길섶의 양지꽃, 민들레, 할미꽃, 그리고 크기와 색깔과 모양은 달라도 제각기 아름다운 이름 모를 들꽃들, 거기다가 꽃보다 덜 예쁠 것도 없는 버드나무와 산벚나무, 히말라야시다 따위의 연록색 새 잎들……. 첩첩 봉우리와 깊은 골짜기, 그리고 옥계천의 맑은 물을 지나는 길은 흡사 강원도의 어느 산악지대를 달리는 듯한 착각을 불러일으킨다. 깨끗한 포장도로를 타고 면 소재지인 양지리와 학살 전날 주민들을 집결시켰던 신원초등학교가 있는 과정리를 지나 이른 오후의 대현리는 고요히 가라앉아 있었다. 외롭게 논을 가는 두어 명의 농부와 그들이 부리는 소의 아령과 경운기의 엔진 소리가 새 소리에 섞여 들릴 뿐 인적조차 뜸하다.

대현리와 학살 장소인 탄량골 사이에는 당시 희생자들의 무덤이 있다. 수백 명의 주검이 겨우 두 개의 커다란 무덤에 남자와 여자로 나뉘어 묻혀 있다. 학살 뒤 3년이 지나 주인을 알아볼 수 없게 된 뼈나마 수습하도록 허락되자 큰 뼈는 남자, 작은 뼈는 여자, 더 작은 뼈는 아이 식으로 분류를 해 3기의 묘를 꾸몄지만, 그나마 아이들 묘는 아예 군과 당국이 없애버렸다는 것이다. 4·19의 자유 공간에 세웠던 위령비 역시 5·16과 함께 무너뜨려졌다. 그 뒤로도 요원할 것만 같았던 신원의 신원(伸寃)은 사건 발생 45년 만인 1995년 말에야 특별법이 통과돼 비로소 법적인 근거가 마련됐다. 쓰러진 위령비와 스프레이 구호 따위로 어수선한 묘지에서 만난 마을 주민 박종권 씨는 "위령탑을 세우고 묘지도 확장, 정비해 학생들을 위한 역사교육의 장으로 쓰일 수 있게 하는 것이 앞으로의 과제"라고 말했다.

작품의 무대 거창, 함양, 산청 등 경남 내륙지방들은 그 어느 지방 못지않게 전쟁의 발톱에 찢긴 곳들이다. 지리산에서 가깝고 1천m 가까운 험한 산들이 밀집해 있기 때문에 자의건 타의건 빨치산들과 관계를 맺지 않을 수 없었고, 그를 빌미로 국군의 대규모 양민학살이 자행됐던 것이다. 대구에서 88올림픽 고속도로를 타고 거창에 이르기 전 오른쪽으로는 해인사가 있는 가야산 국립공원이 가깝다.

김원일 경남 김해에서 났으며 서라벌예대와 영남대를 졸업했다. 1966년부터 작품활동을 시작하여 『늘푸른 소나무』, 『노을』, 『마당깊은 집』 등의 장편과 중단편집 『도요새에 관한 명상』, 『그곳에 이르는 먼길』 등을 냈다. 최근에는 한국전쟁 전후를 세필화의 필치로 그린 7권짜리 장편 『불의 제전』을 출간했다. 한국일보문학상, 동인문학상, 이상문학상, 현대문학상, 대한민국문학상 등을 받았다.

■ 최인훈 · 광장

세월이 낳은 허무 덮고 스러진 거제 포로수용소

역사의 폐허 위로 비가 내린다. 거제도 포로수용소. 전쟁의 종결과 함께 용도폐기된, 그리하여 이제는 다만 아픈 기억의 처소로서만 남아 있는 이 시멘트 구조물의 잔해들은 5월의 비에 속절없이 젖고 있다. 비는 내려서, 지붕 없는 경비대장 막사의 채색 벽화를 적시고, 무도장의 시멘트 바닥을 흐르다가 틈새를 만나서는 슬쩍 스며들기도 하고, 채 스미지 못한 것들은 경비중대본부의 바닥에 처연히 고여 있기도 하다. 비는 내린다. 40년 저쪽의 먹빛 구름으로부터 막막한 세월의 허공을 가르며 내려와 시멘트로 굳어버린 기억의 땅을 두드린다. 비는 내린다. 땅은 젖는다. 풀은 자란다.

"동무는 어느 쪽으로 가겠소?"
"중립국."(……)
"동무, 중립국도, 마찬가지 자본주의 나라요. 굶주림과 범죄가 우글대는 낯선 곳에 가서 어쩌자는 거요?"

"중립국."(……)

"(……)대한민국엔 자유가 있습니다. 인간은 무엇보다도 자유가 소중한 것입니다. 당신은 북한 생활과 포로 생활을 통해서 이중으로 그걸 느꼈을 겁니다. 인간은……."

"중립국." —『광장』에서

전쟁은 끝났다. 1950년 6월 25일 새벽 4시, 삼팔선 전역에서 밀고 내려온 인민군에 의해 시작된 한국전쟁은 북조선과 유엔 사이에 체결된 협정이 발효됨으로써 1953년 7월 27일을 기해 무기한 휴지에 들어갔다. 그와 함께 남북 양쪽은 전쟁기간 동안 잡아두고 있던 포로들을 교환했다. 교환하되 포로들 자신의 의사를 존중해 남과 북 어느 한쪽을 택하도록 했다. 그러나 남이 아니면 북, 북이 아니면 남이라는 양자택일을 거부하고 남도 북도 아닌 제3의 나라를 택한 이들이 있었다. 최인훈(1936~)의 소설『광장』에서 인용한 위의 대목은 판문점에서 있었던 송환심사에 나간 주인공 이명준이 공산군 장교와 나눈, 그리고 국군 장교와 나누는 것으로 상상하는 대화의 일부이다.

이명준은 왜 중립국을 택했나? 그에게 중립국이란 무엇인가? 그것은 바꿔 말해서 그에게 남과 북은 무엇이었나를 묻는 일이며, 문제적 소설『광장』의 주제를 응축하고 있는 질문이기도 하다.

해방된 조국의 남쪽에서 대학을 다니던 이명준은 월북한 아버지가 대남방송 시간에 나온 일로 해서 경찰서에 불려가 고문을 당한 뒤 떠밀리듯 월북을 감행한다. 그러나 "명준이 북녘에서 만난 것은 잿빛 공화국이었다." 인민의 공화국을 표방하고 있는 그곳에서 정작 인민들은 가슴 편 주인이기는커녕 주눅든 양떼에 지나지 않았다. 개인의 자유와 인간적 존엄성을 짓밟는 남한과 인민대중에게서 역사의 주체 자리를 빼앗은 북조선. 20세기 중반 한반도의 남과 북에 나타난 이 못난이 형제들에 관한 작가의 비판적 사유는 밀실과 광장이라는 독특한 비유에 얹혀 전개된다.

개인의 밀실과 광장이 맞뚫렸던 시절에, 사람은 속은 편했다. 광장만이 있고 밀실이 없었던 중들과 임금들의 시절에, 세상은 아무 일 없었다. 밀실과 광장이 갈라지던 날부터, 괴로움은 비롯했다. 그 속에 목숨을 묻고 싶은 광장을 끝내 찾지 못할 때, 사람은 어떻게 해야 하는가?

광장을 찾아 월북했지만 그곳에서도 꿈꾸던 광장을 발견하지 못한 명준은 대신 무용수 은혜를 만나 그 여자의 다리를 베고 눕는 것으로 절망과 허무를 이기고자 한다.

사랑하리라. 사랑하리라. (……)깊은 데서 우러나오는 이 잔잔한 느낌만은 아무도 빼앗을 수 없다. 이 다리를 위해서라면, 유럽과 아시아에 걸쳐 모든 소비에트를 팔기라도 하리라.

은혜가 자신이 속한 국립극장을 따라 모스크바 공연을 떠난 사이에 전쟁이 터지고 명준은 전세가 기울어가는 낙동강 전선에 투입된다. 스스로 명분을 찾지 못하는 전쟁에 회의하던 명준은 그곳에서 우연히 간호병으로 나온 은혜와 재회하며 두 사람은 남들의 눈을 피해 절망적인 사랑을 불태운다.
"이 여자를 죽도록 사랑하는 수컷이면 그만이다"라던 명준은, 그

은혜마저 뱃속에 새 생명을 품은 채 전사하고 말자 더 이상 버틸 힘을 잃는다. 그가 인도로 향하는 배 위에서 남지나해의 검은 물 속으로 뛰어든 것은 그 때문이다. 명준이 탄 배를 좇아온 두 마리 갈매기에 촉발된 그 투신은 그러나 죽음에의 투항이 아니라 사랑에의 귀의로 승화된다.

그는 두 마리 새들을 방금까지 알아보지 못한 것이었다. 무덤 속에서 몸을 푼 한 여자의 용기를, 방금 태어난 아기를 한 팔로 보듬고 다른 팔로 무덤을 깨뜨리고 하늘 높이 치솟는 여자를, 그리고 마침내 그를 찾아내고야 만 그들의 사랑을.

4·19가 일어난 지 6개월 뒤인 1960년 10월에 발표된 『광장』은

이명준보다 늦게 태어나 훌쩍 중년에 이른 아주머니·아저씨들이 경비막사의 잔해를 둘러보며 역사의 숨결을 느끼고 있다.

4월혁명의 문학적 적자라 이를 만했다. 김동리류의 무시간적 토속성이 아니면 장용학의 관념 과잉, 또는 손창섭의 자연주의적 현실 비판의 지배 아래 있던 당시 소설 풍토에서 지적 깊이와 세련된 감각을 아울러 갖춘 『광장』의 출현은 문학에서의 4월혁명과도 같았다. 무엇보다도 북진통일론만을 인정하던 지배 이데올로기의 틀을 벗어나 남과 북의 체제를 비교적 공정하고도 객관적으로 평가한 대목은 '혁명'이 열어놓은 자유의 숨구멍으로 해서 가능했었다. 물론, 작가가 밀실과 광장이라는 개념을 먼저 상정한 다음 남과 북의 현실을 그에 꿰어맞추었다는 식의 비판으로부터 무한정 자유롭지는 않지만, 『광장』이 거둔 성과는 그같은 비판의 날을 한결 무디게 한다.

전쟁이 끝난 지 43년. 거제도에는 포로들의 경비를 맡았던 국군과 미군의 경비막사와 보급창고, 탄약고 따위의 흔적이 드문드문 흩어져 있을 뿐 애초에 천막으로 지어졌던 수용소 건물은 하나도 남아 있지 않다. 주민들이 살던 집과 논밭을 징발해 수천 개의 천막을 세웠던 자리에는 전보다 더 많은 주택과 건물이 논밭을 거느리고 들어서 있다. 거제시 신현읍 고현리의 경비막사 등 유적 옆에 지난 1993년 콘센트로 세워진 '거제 포로수용소 유적관'이 당시의 유물과 사진 등을 보여주지만, 하루 평균 8백여 명에 이른다는 관람객의 숫자를 생각하면 초라하기만 한 규모다.

자욱한 비안개에 감싸인 고현항을 부산행 쾌속선 엔젤호에 실려 떠나온다. 이명준의 천사는 말할 것도 없이 은혜와 그의 딸이었다. 두 마리의 갈매기로 환생한 그 천사들이 인도행 타고르호의 선상에서 명준의 몸뚱이를, 그의 파산한 관념을, 역사와 민족에 대한 가없는 절망을, 한반도적 실존의 버거움을 저 남지나해의 아득깜깜한 심연 속으로 끌어내렸으리라. 역사의 미아 이명준. 그는 그 깊은 바닷속에서 그가 꿈꾸던 세상을 발견했을까. 밀실을 허락하는 광장, 그리고 광장을 향해 열려 있는 밀실을 찾았을까. 아니, 그는 그렇다치고 정작 뒤에 남은 우리는? 우리가 살고 있는 세상은 밀실인가 광장인가. 그것은 혹 성욕뿐의 밀실과 싸구려 쇼의 무대만도 못한 광장으로 양극화한 것은 아닐까.

작품의 무대 거제는 대한민국 제14대 대통령의 고향이다. 거제는 구조라와 학동 등 아름다운 해수욕장을 갖춘 관광지이다. 거제는 대우와 삼성의 조선소가 자리잡은 섬이다. 거제는 한국전쟁 당시 포로수용소가 세워졌던 역사의 현장이다. 거제는 이제 거제대교로 육지와 연결되어 있지만, 부산에서 장승포나 옥포, 신현으로 이르는 뱃길은 여전히 가동중이다. 한려해상공원의 해금강 유람은 매력적이다.

최인훈 1936년 함북 회령 출생으로 한국전쟁중에 남하하여 서울 법대를 중퇴했다. 1959년 단편 「그레이 구락부 전말기」 등이 『자유문학』에 추천되어 문단에 나온 이후, 『광장』, 『구운몽』, 『회색인』 등의 소설과 「옛날 옛적에 훠어이 훠이」, 「봄이 오면 산에 들에」 등의 희곡을 발표했다. 오랫동안 문학적 침묵을 지키다가 지난 1994년 2권짜리 무게 있는 소설 『화두』를 발표했다. 『화두』 이전의 그의 작품들은 문학과지성사에서 나온 『최인훈 전집』에 갈무리되어 있다.

■ 이문구 · 관촌수필

뚝배기의 평화는 '수필'로 남고…

모닥불은 계속 지펴지는 데다 달빛은 또 그렇게 고와 동네는 밤새 껏 매양 황혼녘이었고, 뒷산 등성이 솔수펑 속에서는 어른들 코골음 같은 부엉이 울음이 마루 밑에서 강아지 꿈꾸는 소리처럼 정겹게 들려오고 있었다. 쇄쇗 쇄쇗……. 머리 위에서는 이따금 기러기떼 지나가는 소리가 유독 컸으며, 끼룩— 하는 기러기 울음 소리가 들릴 즈음이면 마당 가장자리에는 가지런한 기러기떼 그림자가 달빛을 한 옴큼씩 훔치며 달아나고 있었다. —『관촌수필』에서

이문구(1941~)의 연작소설『관촌수필』은 우리네 마음자리 밑바닥에 가라앉아 있는 한국적 유토피아에 대한 향수를 자극한다. 그것은 사실 유토피아니 무릉도원이니 하는 박래의 언어로는 감당할 수 없는, 한민족의 정서로써만 표현과 이해가 가능한 정복(淨福)의 두레공동체일 터이다. 그 공동체 안에서는 어른의 코골음과 부엉이의 울음과 강아지의 꿈꾸기가 서로 넘나들며 뒤섞인다. 자연과 동

물과 인간이 구분되지 않고 어우러지는 원융과 합일의 시공간이 그 곳이다.

『관촌수필』이 추억하는 풍요와 화평의 세계는 작가의 토속적인 문체에 얹혀 광휘와 윤기를 더한다. 멸종 위기의 동식물을 보호하고 번식시키는 환경운동가처럼 작가는 겨레의 말글살이에서 잊히고 묻히게 된 순 우리말과 한자어를 적극 살려내고 있다. 게다가 토종 된장국과 같은 능청과 해학, 그리고 씀바귀나물처럼 싸름한 비애와 아픔은 우리네 감성의 현을 섬세하게 건드린다.

『관촌수필』이 그리고 있는 한국적 유토피아의 원형은 그러나 6·25라는 미증유의 비극으로 처참하게 찢긴다. 앞서 인용한「공산토월(空山吐月)」의 아름다운 가을 달밤을 배경으로 장가를 든 청년이 전란중의 고문과 옥고가 원인이 되어 얻은 병으로 세상을 뜨기에 이른 사연은 그 한 사례에 지나지 않는다.

자전적 성격이 강한 이 소설에서 특히 작가의 분신인 민구 일가는 아마도 전쟁의 발톱에 가장 혹독하게 할퀴인 집안일 것이다. 남로당 충남 보령군 책임자일 뿐만 아니라 인근 청양과 서천의 지하당을 조직, 관할하던 민구의 아버지는 두 아들과 함께 죽임을 당하며, 겹의 참척을 본 조부마저 자식들의 뒤를 따르자 집안은 순식간에 풍비박산이 나고 만다. 작가는 그러나 사태난 죽음들의 구체적 사연을 시시콜콜 주워섬기지는 않는다. 집안의 비극은 희미한 밑그림으로 자리하고 있을 뿐, 소설의 초점은 그 비극을 보듬고 흐르는 일상에 맞추어져 있다.

"숭헌…… 뉘라 양력슬두 슬이라 이른다더냐, 상것들이나 왜놈 세력(歲歷)을 아는 벱여……." 혀를 끌끌 차는 마지막 이조인(李朝人) 할아버지에게서 아침마다 천자문과 동몽선습을 배우고, 낮이면

펄밭을 뒤져 꽃게를 잡고 고둥을 주우며, 아이다운 장난기와 심술로 장에 온 촌사람들을 놀려먹기도 하고, 밤이면 개펄 위를 몰려다니는 도깨비불에 마음 졸이다가도, 잠결에 어렴풋이 들리는 여우 울음에 홀린 듯 어슴새벽 바닷가로 나가보는 것이 그 일상이었거니와, 전쟁은 그 가난하지만 평온한 일상을 근본부터 뒤흔들어놓고 만다.

시부모와 남편, 젖먹이 아이와 함께 떠돌다가 민구네 머슴방에 짐을 푼 월남 피난민 솔이 엄마가 읍내 여관의 종업원으로 취직한 것이야 식구들의 호구를 도모하기 위한 것으로서 결코 탓할 일은 아니었으리라. 문제는 실향과 피난의 고초 속에서도 피어나는 꽃 한 가지였던 그가 장돌뱅이 서울 사내와 눈이 맞아 핏덩이를 데리고 밤도망을 놓는 데에 있었다. 그 충격으로 솔이 아버지가 목매달아 자살하고, 두 노인네는 며느리보다는 집안의 대를 이을 손주를 찾을 겸하여 떠돌이 장수로 나선 것은 전쟁이 부린 도깨비 심술의 전형적인 사례로 된다.

전쟁이 바꾸어버린 팔자의 주인으로는 민구네 집 부엌데기 옹점이를 빼놓을 수 없다. 덜렁대기는 하지만 당차고 속이 깊은 데다 인정 많고 쾌활했던 옹점이는 시집간 지 얼마 되지 않

보령시 청라면의 집필실을 오랜만에 찾은 작가가 집 앞 텃밭에 밀생한 상추를 솎아내고 있다.

아 전쟁에 나간 남편이 죽자 시집의 구박을 견디다 못해 장터의 약장수 패거리를 따라다니며 노래를 부르는 신세로 영락한다. "오늘도 걷는다마는 정처 없는 이 발길/지나온 자죽마다 눈물 고였다……." 결혼하기 전 아궁이 앞에 주저앉아 부지깽이로 장단을 맞추며 노래 부를 때 옹점이는 자신의 운명이 노랫말이 가리키는 길을 따르게 되리라 짐작이나 할 수 있었을까.

민구보다 여남은 살이나 위인 '친구'로 민구네 옆집에 살던 대복이의 경우는 어떤가. "나한테 대복이만큼 듬직하고 아쉬웠던 친구가 그 후론 다시없는 것 같을 정도로" 민구에게는 좋은 친구였으나, 손버릇이 나빠 마을에서 겉돌다가 그예 형무소 신세를 지기에 이른 그는 인민군의 손에 옥문이 열려 나와서는 바뀐 세상을 위해 충성을 다하는 듯하지만, 군산사범학교 재학생인 참봉집 손녀딸 순심이를 건드리려다 강간미수로 잡혀 들어가고, 다시 국방군 세상이 되자 풀려 나온다. 순심이와 참봉집에 대한 복수를 공언하던 그가 어인 일인지 참봉집 머슴으로 들어가고, 영장을 받고 출정하는 그를 배웅하던 순심이가 그의 아이를 밴 채로 부역 혐의로 경찰에 붙들려 간 것은 수상한 세월이 연출한 아름다운 비극 한 자락이리라.

내 살과 뼈가 여문 마을이었건만, 옛 모습을 제대로 지키고 있는 것이라곤 아무것도 없던 것이다. 옛 모습으로 남아난 것이 저토록 귀할 수 있을까.

1972년에서 77년까지 발표된 『관촌수필』 연작의 첫 편인 「일락서산(日落西山)」의 한 대목에서 화자는 이렇게 탄식한다. 소설의 배경인 작가의 유년기에서 20년이 지나서의 일이다. 거기서 다시 20

여 성상이 흘러가 버린 1990년대 중반의 관촌마을은 앞서의 탄식조차도 사치가 아니면 엄살로 들릴 정도로 변화의 거센 바람에 하릴없이 노출된 모습이다.

1995년부터 보령군과 합쳐져 보령시로 불리는 옛 대천시 중심가에서 도보로 10분 거리에 있는 관촌마을은 이름마저 대관동으로 바뀌어 있다. 작가의 생가 터에는 오래 전에 2층 양옥이 올라갔고, 주변의 논과 밭 자리에도 다닥다닥 집들이 들어서 있다. 돌과 흙을 이겨 쌓은 생가 터의 축담 일부, 그 너머의 낮게 휘어진 소나무와 문전옥답 옆의 은행나무가 유년기의 기억을 그나마 간직하고 있을 뿐이다.

북두칠성을 닮았다 해서 이름 붙은 집 뒤의 칠성바위는 소설이 씌어질 당시만 해도 "한결같이 옛날 그대로 제자리들을 지키고 있었"지만, 근처에 집들이 마구잡이로 지어지던 어느 땐가 사라져 없어졌다. 작가는 "이제 와 생각해보면 그 바위들은 고인돌이었던 듯하다"며 "아마도 깨뜨려져 건축 자재로 쓰였을 것"이라고 말했다.

그러나 작가가 무엇보다 안타까워하는 것은 마을의 수호신과도 같았던 수령 4백 년 된 팽나무가 베어진 것이다. 작가의 유년기에 동네 처녀들이 그네를 매달아 구르곤 했던 팽나무는 그 자리에 한창 지어지고 있는 아파트에 밀려 쓰러졌다. 1995년 가을, 마을 입구에 세워진 『관촌수필』 안내비의 "서쪽 언덕 위의 마을 처녀들이 그네를 뛰던 팽나무는 아직 남아 있다"는 명문이 무색하게 된 것이다.

마을 뒤편의 부엉재와 그 아래의 솔수평은 여전하지만, 마을과 바다 사이에 자리잡은 드넓은 개펄은 바둑판 모양의 농토로 바뀌었고 그중 일부는 다시 운전연습장이니 식당이니로 야금야금 변신하는 중이다. 머지않아 그곳 역시 여느 시가지와 다를 바 없는 모습으로 탈바꿈하리라.

　비록 본격적인 것은 아니었지만, 유신의 서슬이 시퍼렇던 1970년대 초・중반에 남로당 아버지의 얘기를 소설로 쓴다는 것은 모험에 가까웠다. 그렇지만 세월은 변함없이 흘러 지난 1993년에는 『관촌수필』이 텔레비전 드라마로 제작, 방송되기도 했다. 아직도 적지 않은 수의 소설 속 인물들이 실제로 살아 있는 대천・보령 지역에서 그 드라마가 일대 화제가 되었음은 물론이다. 그 화제와 소란 속에서 작가 역시 소박하지만 간절한 꿈 하나를 품어보았다. 소설 속 민구의 첫사랑이었던 옹점이가 드라마를 보고 혹 연락을 해오지 않을까 하는 것이었다. "아직까지도 연락이 없는 것으로 보아 숱한 방랑과 고생 끝에 일찍 죽은 거나 아닌지……"라며 말끝을 흐리는 작가의 눈에 얼핏 서린 물기를 보았던가 말았던가.

작품의 무대　관촌은 본디 대천 해수욕장으로 잘 알려진 대천시에 속해 있다가 대천시가 보령군과 합쳐지면서 보령시로 바뀌었다. 관촌마을은 서해의 바닷물이 5km 가량 들어와 형성시킨 너른 개펄을 내려다보고 있다. 보령에서 남쪽으로 20분 정도 달리면 무창포 해수욕장이, 거기서 다시 같은 시간을 남쪽으로 달리면 비인 해수욕장이 나선다. 보령 동쪽으로 성주산을 넘으면 백제시대의 대찰 성주사 터와 매월당의 존영이 모셔진 무량사가 나오며, 다시 그 동쪽은 백제의 고도 부여다.

이문구　1941년 충남 보령에서 났으며 서라벌예대 문예창작과를 졸업했다. 1965년 「다갈라 불망비」 등이 『현대문학』에 추천되어 등단한 이후 걸쭉한 입담과 해학적인 어조, 토속어와 한문투의 기묘한 결합으로 독특한 문체미학을 선보여왔다. 장편 『장한몽』, 『관촌수필』, 『우리 동네』, 『매월당 김시습』 등과 중단편집 『다갈라 불망비』, 『이 풍진 세상을』 등이 있다. 요산문학상, 만해문학상, 서라벌문학상 등을 받았다.

■ 고은 · 만인보

군산을 살짝 들추면 아픈 현대사 보인다

너와 나 사이 태어나는
순간이여 거기에 가장 먼 별이 뜬다
부여땅 몇천 리
마한 쉰네 나라 마을마다
만남이여
그 이래 하나의 조국인 만남이여
이 오랜 땅에서
서로 헤어진다는 것은 확대이다
어느 누구도 저 혼자일 수 없는
끝없는 삶의 행렬이여 내일이여

오 사람은 사람 속에서만 사람이다 세계이다.

—『만인보』서시

고은(1933~)은 연작시 『만인보(萬人譜)』를 1980년 여름 남한산성 육군교도소 제7호 특별감방에서 구상했다. 그해 5월 17일 자정을 기해 발효된 비상계엄 전국확대 조처와 동시에 체포된 시인은 김재규가 사형 직전까지 머물렀던 방에 갇혀 자신을 향해 다가오는 운명의 발자국 소리를 하릴없이 기다리고 있던 참이었다. 손바닥만한 창 하나 없이 사방이 벽으로 막혀 있는 그 무덤과 같은 방에서 그의 의식은 옛일의 회고와 추억을 탈출구로 삼았다.

만일(조건을 가리키는 이 부사의 무게라니!) 살아서 나간다면 지나간 삶의 구비에서 마주친 이들을 시로써 되살리고 싶다는 간절한 소망은 그로부터 6년 뒤에야 실현된다. 그 사이 시인은 고문으로 만신창이가 된 몸으로 군법회의에서 종신형을 선고받은 뒤 사면, 석방되며 결혼하고 자식을 본다.

"우리 모두 화살이 되어 / 온몸으로 가자 / 허공 뚫고 / 온몸으로 가자 / 가서는 돌아오지 말자 / 박혀서 / 박힌 아픔과 함께 썩어서 돌아오지 말자"(「화살」 제1연)고 선동했던 그가 1980년 5월 광주를 통과하면서 『만인보』의 세계로 나아간 것은 하나의 놀라움이었다. "막말로 말해 내가 이 세상에 와서 알게 된 사람들에 대한 노래의 집결"이라는, 『만인보』에 대한 설명에서 그의 1970년대를 특징짓는 전투성과 이념성을 찾기란 어려웠던 것이다.

그렇다고 해서 『만인보』를 권력에의 투항이나 현실 순응으로 보는 시각 역시 맹목과 단견으로서 타기되어 마땅하다. 시인의 다음 말이 기다리고 있기 때문이다. "나의 만남은 전혀 개인적인 것이 아니다. 그것은 궁극적으로 공적인 것이다.…… 하잘것없는 만남 하나에도 거기에는 역사의 불가결성이 있다." 그러니까 시인의 관심이 역사에서 인간으로 옮겨갔다고 볼 수는 없는 것이다. 차라리 싸

팔순의 어머니와 육십객 아들은 인삼주와 노래를 나누며 파안대소로써 하나가 되었다. 이 젊어 보이는 어머니는 그러나 1997년 여름 세상을 뜨고 말았다.

움의 역사로부터 견딤의 역사로, 화살의 세계관에서 장강(長江)의 세계관으로 변모했다고 보는 것이 더 적절한 이해가 될 터이다.

실제로 「서시」에 이어지는 「할아버지」와 「머슴 대길이」는 인간과 세계와 역사를 대하는 시인의 관점에 조금치의 변화도 없다는 사실을 보여준다. 대취해서 소리 지르고 깨부수는 것말고는 권세도 명예도 누리지 못한 할아버지 고한길을 기리는 노래의 끝 연은 이렇다.

    이 세상 와서 생긴 이름 있으나마나
    죽어서도 이름 석 자 새길 돌 하나 없이
    오로지 제사 때 지방에는 학생부군이면 된다
    실컷 배웠으므로

실컷 배웠으므로

그런가 하면 시인에게 가갸거겨를 배워준 친구네 집 머슴 대길이는 그가 속한 계급과 무관하게——혹은 바로 그 계급으로 말미암아——곧고 바른 인격의 담지자로 그려진다. 봄 산에 올라서도 마을 처녀에게 허튼 시선 한번 주지 않으며 "사람이 너무 호강하면 저 밖에 모른단다 / 남하고 사는 세상인데"라고 말하는 그를 향해서는 "주인도 동네 어른도 함부로 대하지 않았"다. "대길이 아저씨 / 그는 나에게 불빛이었지요 / 자다 깨어도 그대로 켜져서 밤 새우는 불빛이었지요"라는 진술은 민중적 모범에 대한 시인의 귀의를 말하고 있다.

할아버지와 머슴 대길이로부터 시작한 『만인보』의 여정은 시인의 가족과 친척, 고향 사람들을 두루 훑은 다음 시인 자신의 편력을 따라서 이 땅 곳곳으로 벋어나가도록 돼 있다. 제목처럼 1만 명에는 미치지 못하지만 3천 명, 전 30권 완간을 목표로 삼고 있는 이 전작시는 시인이 직접 만난 사람들뿐만 아니라 남의 얘기를 통해 간접적으로 만난 이들과 역사 속의 인물까지 포함시킴으로써 개인의 경험의 틀을 벗어나 공간적·시간적 확장을 꾀하고 있다.

지난 1986년과 88, 89년 그리고 96년과 97년 여름 해서 다섯 차례에 걸쳐 한 번에 3권씩 모두 15권이 나온 『만인보』의 초반부는 시인의 유년시절 고향 사람들의 모습과 삶의 이모저모를 소묘한다. 거기에 그려진 것은 "배고파서 / 하루 이틀 꼬박 굶고 / 물배만 채워 / 다섯 식구 / 서로 얼굴 보고 앉았"(「굶는 집」)는 궁상과 허기의 삶이지만, 민중의 생명력에 대한 시인의 굳은 믿음으로 밝은 빛깔로 채색된다. 가령 대를 이은 소도둑으로 군산형무소 감방에서 마주치게 된 어느 부자간의 대화를 들어보라. "선득아 너 들어왔냐 / 예 2년 먹고 나가려고 들어왔어라오 / 밥 먹을 때 오래오래 씹어먹어라 / 예"(「소도둑」).

그러나 이처럼 밝고 낙천적인 어조도 한국전쟁기의 끔찍한 나날을 서술할 때에는 별무소용이 되고 만다. "인민군 들어와 / 반강제로 여맹 간부 노릇 하며 / 찢어진 치마 입고 다니고 / 여맹 간부 노릇한 죄목으로 / 이 사내 / 저 사내 / 치안대한테 욕보고 나서 / 혓바닥 깨물고 죽어버"린「임영자」나 동네 이사장 구장 이장 다 거치며 존경받다가 이복형제들이 좌익이라는 이유로 치안대에 잡혀와서는 그 치욕을 못 견뎌 우물에 빠져 죽고 만「김병천」, 그리고 "싸락눈 쌀쌀맞은 초겨울 아리따움"에 공부도 잘해서 "인공 때 / 여맹 간부였다가 / 수복 후 / 어찌어찌 몸 상해버리고 // 그 아리따움 일거에 망해버리고 / 죽음보다도 못하게시리 / 죽음보다도 못하게시리"의「조부희」의 경우는 그 악몽과도 같은 기억의 몇몇 사례에 지나지 않는다.

보도연맹 가입자의 학살과 우익 및 지주의 처형, 다시 인공시절 부역자의 처단으로 이어지는 살육의 악순환은 십대 후반 소년의 정신에 씻을 수 없는 상처를 안겨준다. 마을 주변의 참호와 방공호 속에서 공산군들에게 학살당하거나 생매장당한 시체를 파내는 일에 동원됐던 고은태(시인의 본명) 소년은 기어이 정신착란 증세를 보이며 산과 들을 정처없이 쏘다니게 된다. "'아아 50년대!'라고 말하지 않으면 안 된다. 모든 논리를 등지고 불치의 감탄사로써 말하지 않으면 안 된다"고 시인은 그의 산문집 『1950년대』에서 썼거니와, 자살 시도와 출가, 환속, 투쟁으로 이어지는 파란과 갱신의 출발점이 바로 그의 1950년대였다.

시인의 고향은 현재의 전북 군산시 미룡동.『만인보』에 미제방죽이라는 이름으로 자주 등장하는 은파유원지와 할미산을 끼고 있는 마을이다. 은태 소년이 학살당한 이들의 주검을 나흘 걸려 파내었던 할미산의 참호는 우거진 관목에 가리기는 했지만 예대로 남아 있다. 그러나 문둥이만 혼자 살 뿐 인적 하나 없던 저수지 가에는 고층아파트군이 숲을 이루게끔 되었고, 그 너머로 희미하게 장항제련소의 굴뚝이 건너다보인다.

시인이 다녔던 미룡초등학교 자리에는 군산대학교가 들어서 있고, 군산중학교를 오가는 길에『한하운 시초』를 주움으로써 문둥이 시인이 될 꿈을 키웠던 한길은 지금은 왕복 4차선 도로로 바뀌었다. 시인의 생가는 없어졌지만, 팔순의 어머니는 생가 근처에 홀로 살면서 노년을 즐기고 있다. 어느새 환갑을 훌쩍 넘겨버린 큰아들을 위해 손수 담근 인삼주를 내오신 어머니는 "치다보기도 아깐 내 아들"이라며 황홀해하고, 시인 아들은 그 어머니를 보며 "늙은 주제에도 싸가지가 있어" 한 마디 한다. 이어서는 권커니 잣커니 오가는 술과 노래……. 미성년의 나이로 출분을 행했던 시인은 한결 귀가 순해져서야 돌아와 어머니이신 고향을 끌어안는가(이 글을 쓴 지 1년 만인 1997년 여름 시인의 어머니는 세상을 떠났다).

작품의 무대 한국 문학사에서 군산은『탁류』의 군산이자 고은의 군산이기도 하다. 월명공원과 중앙여고 앞 왜식 기와집들, 개복동 판자촌 따위가『탁류』의 인물과 사건들을 떠올린다면, 군산 시내에서 남쪽으로 물러나 있는 미제저수지와 군산대 앞길 따위는 고은 문학의 태반이라 할 수 있다.

이곳은 또한 그의 후배 시인 심호택의 고향이기도 하여 소년 고은태는 심호택의 조부에게서 글을 배웠다 하니, 인연의 깊고 귀함을 새삼 절감케 한다.

그 바위라 하더군요.

기다림에 지친 사람들은
산으로 갔어요
뼛섬은 썩어 꽃죽 널리도록.

남햇가,
두고 온 마을에선
언제인가, 눈먼 식구들이
굶고 있다고 담배를 말으며
당신은 쓸쓸히 웃었지요.

지까다비 속에 든 누군가의
발목을
과수원 모래밭에선 보고 왔어요.

꽃 살이 튀는 산허리를 무너
온종일
탄환을 퍼부었지요.

길가엔 진달래 몇 뿌리
꽃 펴 있고,
바위 그늘 밑엔
얼굴 고운 사람 하나
서늘히 잠들어 있었어요

꽃다운 산골 비행기가
지나다
기관포 쏟아놓고 가버리더군요.

기다림에 지친 사람들은
산으로 갔어요
그리움은 휘올려
하늘에 불 붙도록.
뼛섬은 썩어
꽃죽 널리도록.

바람 따신 그 옛날
후고구렷적 장수들이
의형제를 묻던
거기가 바로
그 바위라 하더군요.

잔디밭엔 담배갑 버려 던진 채
당신은 피
흘리고 있었어요.　　　　　　　—「진달래 산천」 전문

　지리산 최고봉인 천왕봉에서 동남쪽으로 5km 남짓 떨어진 경남 산청군 삼장면 상내원리. 1963년 11월 12일 새벽 어둠이 몇 발의 불길한 총성에 찢기며 진저리를 쳤다. 지리산에 남아 있던 마지막 빨치산 2명 중 이홍이가 사살되고 정순덕은 총상을 입고 생포된 것이었다. 신문들은 '망실공비(亡失共匪)'를 잡았다며 호들갑을 떨었다.

그러나 정작 빨치산이 우리 역사로부터 망실된 것은 그보다 훨씬 전이었다. 아마도 1955년 4월 1일 지리산에 대한 입산통제가 해제된 때를 그 시점으로 잡을 수도 있으리라. 휴전협정이 체결된 지 2년이 가깝도록 전투지역으로 취급받아온 지리산이 마침내 전란의 허울을 벗게 된 그 순간에도 남한 전역에는 59명의 빨치산이 남아 있는 것으로 당국은 파악하고 있었다. 그러나 이들은 이미 남쪽 체제를 위협하지도 북의 혁명노선을 부추기지도 못하는 채, 하루하루의 생존에 절대 가치를 두고 있었다.

남쪽 체제에 대한 저항을 존재이유로 삼았으되 종내는 북의 권력자들로부터도 버림받은 빨치산은 한국 현대사가 낳은 가장 큰 모순과 비극의 담지자들이라 할 만하다. 당연히 그들은 수다한 시인·작가들의 문학적 상상력을 자극했음직하다. 저 종군문인단의 이념적·구호적 형상화는 말고서, 한국문학에서 최초로 빨치산의 존재에 눈을 돌린 작품은 무엇이었을까.

신동엽(1930~1969)의 시 「진달래 산천」을 단순하게 빨치산 시라고 단정하기에는 무리가 따를지도 모른다. 제목에서나 12연 49행의 이 시 전체를 통틀어서도 명백히 빨치산을 가리키는 단어는 나오지 않기 때문이다. 하지만 시인이 암시적·간접적으로 심어놓은 몇몇 시적 장치들을 뜯어보면 이 시의 주인공을 빨치산으로 상정하는 데 그리 무리는 없어 보인다.

시의 첫 두 연은 자못 평화로운 봄 풍경이다. 비록 장총이 등장하기는 하지만 그것은 버려 던져져 있으므로 누구에게도 위협이 되지는 않는다. 진달래꽃 피어 있고 나비 한 마리 앉아 있으며 사람은

잠들어 있다. 그러나 지금은 평화를 구가할 수만은 없는 엄연한 전시라는 사실을 시의 허리 부분에 해당하는 6, 7연이 알려준다.

이어지는 8, 9연은 잠의 평화와 그것을 깨뜨리는 전쟁의 심술 사이의 선연한 대비이다.

마지막 연에서 평화와 전쟁 사이의 싸움은 결국 전쟁 쪽의 승리로 돌아간다. 아니, 그것은 애초에 이 시가 시작되기도 전에 이미 결정된 사항이었는지도 모른다. 시인은 그것을 짐짓 모른 체 시를 끌어오다가 마지막에 가서야 진실을 밝힘으로써 충격의 효과를 도모했을지도.

이 시를 빨치산 시로 읽을 만한 근거란 무엇일까? 4연과 5연을

천왕봉(1,915m)에서 내려다보이는 뭇 봉우리들과 운해가 마치 동양화 한 폭을 보는 듯하다.

다시 읽어보자. 비록 명백한 진술은 아니지만, "기다림에 지쳐 산으로 간 사람들"은 우리 역사에서 '야산대'로 알려진 초기 빨치산을 연상시킨다. 해방 이후 삼팔선 이남에 진주한 미 군정이 남조선노동당(남로당)을 불법화하자 남로당은 비합법 무장투쟁 노선을 택해 '10월 항쟁'과 '2·7 구국투쟁' 등을 전개한다. 이 과정에서 군경의 체포를 피해 산악지대로 숨어든 이들은 소규모의 무장대를 형성했으며, 이들 야산대가 여순사건 이후 입산한 군인 및 민간인들과 합쳐져 이룬 것이 구 빨치산이다. 한국전쟁으로 잠시 산을 내려왔던 이들은 인민군의 퇴각 이후 다시금 산으로 쫓겨 들어갔으며 그곳에서 그들을 기다리고 있는 것은 다만 사멸과 망각의 운명이었다.

「진달래 산천」은 한 꽃다운 젊은이의 죽음을 통해 몰락의 길에 들어선 빨치산들의 비극을 서정적으로 그리고 있다. 이 시는 경어체의 공손한 어투와 전쟁이라는 공손하지 못한 현실, '잠들다'와 '피흘리다', 꽃·나비와 장총·탄환·기관포, '얼굴 고운 사람'과 빨치산을 보는 냉전 이데올로기의 차가운 눈 등 여러 갈래의 대비를 시적 구성 원리로 삼고 있다. 그를 통해 시인이 말하고자 하는 것이 빨치산을 낳은 우리 역사의 불구성에 대한 분노와 슬픔임은 더 말할 나위가 없다.

1959년 장시 「이야기하는 쟁기꾼의 대지」로 『조선일보』 신춘문예에 입선한 신동엽은 그해 3월 24일 같은 지면에 「진달래 산천」을 발표한다. 1959년이란 어떤 연도인가? 그 전해인 1958년 벽두에는 한국 정치사상 첫 혁신정당인 진보당의 당수 조봉암을 비롯한 간부들을 북의 간첩으로 몰아 체포한 진보당 사건이 있었다. 북진통일 이데올로기를 정권 안보의 근간으로 삼던 이승만 정권이 진보당의 '평화통일' 주장을 문제삼은 것이었다. 1심에서 징역 5년을 언도받았던 조봉암은 1959년 2월 27일 열린 대법원의 확정판결에서는 사형을 선고받는다. 「진달래 산천」이 발표되기 불과 한 달 전이었다. 비록 간접적이고 우회적일망정 우리 문학사에서 빨치산의 존재에 거의 최초로 눈을 돌린 신동엽의 선구적 면모를 짐작할 수 있는 대목이다. 그의 또다른 시 「산에 언덕에」를 「진달래 산천」의 속편으로 읽고자 하는 것은 같은 맥락에서이다.

    그리운 그의 얼굴 다시 찾을 수 없어도
    화사한 그의 꽃
    산에 언덕에 피어날지어이.

그리운 그의 노래 다시 들을 수 없어도
맑은 그 숨결
들에 숲속에 살아갈지어이.

쓸쓸한 마음으로 들길 더듬는 행인아.

눈길 비었거든 바람 담을지네.
바람 비었거든 인정 담을지네.

그리운 그의 모습 다시 찾을 수 없어도
울고 간 그의 영혼
들에 언덕에 피어날지어이.　　　　—「산에 언덕에」전문

　시인 생전에 나온 유일한 시집 『아사녀』(1963)에 실린 이 시는 물론 1차적으로는 4월혁명의 분출과 침잠을 배경에 깔고 보아야 한다. 그러나 또한 짐작컨대 시인에게 빨치산과 4·19는 정녕 둘이 아닌 하나가 아니었을까. 서사시 『금강』과 「껍데기는 가라」, 「누가 하늘을 보았다 하는가」와 같은 시를 통해 줄기차게 민족주의적 지향을 견지한 시인에게 있어 동학과 3·1운동, 4·19는 하나의 흐름으로 파악되지 않았던가.
　신동엽 이후 침묵을 지키던 남한의 빨치산 문학이 본격적으로 개화한 것은 80년대 후반이었다. 이태의 『남부군』으로 대표되는 빨치산 출신자들의 수기와 증언, 그리고 그것들에 기반한 시인·소설가들의 허구적 형상화는 이 시기에 와서 하나의 유행을 이루다시피 했다. 시에 있어서는 오봉옥의 『붉은 산 검은 피』와 이원규의 『빨치산 편지』 등의 성과가 나왔다.

　마지막 '망실공비'가 '회복'된 지 30여 년, 지리산 입산통제가 해제된 뒤로부터는 40여 년의 세월이 흐른 오늘날 지리산 일대에서 빨치산의 흔적을 엿볼 수 있는 곳으로는 전북 남원군 산내면, 뱀사골과 심원계곡이 만나는 지점에 있는 '지리산 지구 전적기념관'이 유일하다. 여순사건의 주모자인 김지회와 홍순석이 사살된 반선시설지구를 마주 보는 위치에 지난 1979년 세워진 이 기념관에는 '북괴' 와이셔츠, 팬티, 수건, 고무신, 배낭, 방한복 따위의 생활용품과 일제 초단파송수신기, 망원렌즈 카메라, 그리고 소련제 권총, 기관단총, 소총, 로케트탄 따위가 남쪽 군경의 전투 및 일상용품들과 함께 전시되어 있다. 또한 체포된 공비, 지난 과오를 뉘우치고 옛 동지들에게 귀순을 권유하는 공비, 토벌대의 출동, 토벌대원의 합동장의식 등의 장면을 담은 사진과 지리산 일대 작전 모형도도 준비되어 있다.

　지리산의 상징이자, 한라산을 제하고는 남한에서 가장 높은 봉우리인 천왕봉은 사시사철 배낭을 맨 등반객들로 북적인다. 6월 하순의 천왕봉 가는 길엔 이미 늦은 철쭉마저 모조리 져버린 채 녹음만이 짙게 물들어 있었다. 장터목 산장에서 천왕봉을 오르기 위해 지나야 하는 제석봉 일대는 1998년 말까지 자연휴식년에 들어가 있다. 제석봉의 명물 고사목들은 새로 심은 9천 주의 구상나무 치수(稚樹)들과, 출무성한 야생풀들 속에서 옛 모습을 잃지 않고 있다.

　제석봉의 완만한 구릉을 지나고 다시 가파른 오르막을 한동안 타다 보면 어느덧 통천문(通天門)에 이른다. 깎아지른 벼랑 속으로 난 자그마한 통로는 '하늘에 이르는 길목'이라는 명칭을 수긍하게 한다. 철사다리를 타고 문을 지난 뒤 아찔한 바위 벼랑을 힘겹게 오르면 드디어 천왕봉! 사면이 탁 트여 있는 일망무제의 이 바위 봉우리에서는 지리산의 숱한 연봉들과 그 위를 감도는 구름조차 발 아래로 내려다보인다. 그 운봉의 어디메쯤 속절없이 스러져간 빨치산들의 염원과 절망은 내려앉지 못하고 하염없이 떠돌고 있는지.

작품의 무대 『태백산맥』의 작가 조정래는 지리산을 두고 '역사의 무덤'이라 일렀다. 아닌게아니라 지리의 무수한 연봉들은 크고 작은 무덤을 연상시키기도 한다. 「진달래 산천」의 무대가 반드시 지리산일 까닭은 없겠지만, 그 무대로서 가장 어울리는 것이 지리산인 것 또한 사실이다. 신동엽의 자취를 좇고자 하는 이는 그의 고향인 부여를 찾는 것이 좋다. 그곳 군청 가까이에는 그의 생가가 있으며, 능산리 고분군 근처에는 그의 무덤이, 동남리 백제대교 못 미쳐서는 「산에 언덕에」를 새긴 시비가 길손을 반긴다.

신동엽 1930년 충남 부여에서 났으며 전주사범을 거쳐 단국대 사학과와 건국대 국문과 대학원을 마쳤다. 1959년 장시 「이야기하는 쟁기꾼의 대지」가 『조선일보』 신춘문예에 입선하면서 등단해 시집 『아사녀』와 서사시 「금강」을 내놓았다. 김수영과 함께 1960년대 민족시의 양대 기둥이었던 그의 시는 후배 시인들에게 지대한 영향을 끼쳤다. 부여 동남리 백마강 기슭에 그의 시비가 서 있으며, 부여 읍내의 그의 생가 역시 잘 보존되어 방문객을 맞고 있다.

■ 김수영 · 우선 그놈의 사진을 떼어서 밑씻개로 하자

들불처럼 번진 민주 혁명의 노래

우선 그놈의 사진을 떼어서 밑씻개로 하자
그 지긋지긋한 놈의 사진을 떼어서
조용히 개굴창에 넣고
썩어진 어제와 결별하자
그놈의 동상이 선 곳에는
민주주의의 첫 기둥을 세우고
쓰러진 성스러운 학생들의 웅장한
기념탑을 세우자
아아 어서어서 썩어빠진 어제와 결별하자

이제야말로 아무 두려움 없이
그놈의 사진을 태워도 좋다
협잡과 아부와 무수한 악독의 상징인
지긋지긋한 그놈의 미소하는 사진을——

대한민국의 방방곡곡에 안 붙은 곳이 없는
그놈의 점잖은 얼굴의 사진을
동회란 동회에서 시청이란 시청에서
회사란 회사에서
××단체에서 ○○협회에서
하물며는 술집에서 음식점에서 양화점에서
무역상에서 개솔린 스탠드에서
책방에서 학교에서 전국의 국민학교란 국민학교에서 유치원에서
선량한 백성들이 하늘같이 모시고
아침저녁으로 우러러보던 그 사진은
사실은 억압과 폭정의 방패이었느니
썩은놈의 사진이었느니
아아 살인자의 사진이었느니
너도 나도 누나도 언니도 어머니도
철수도 용식이도 미스터 강도 柳중사도
강중령도 그놈의 속을 모르는 바는 아니었지만
무서워서 편리해서 살기 위해서
빨갱이라고 할까보아 무서워서
돈을 벌기 위해서는 편리해서
가련한 목숨을 이어가기 위해서
신주처럼 모셔놓던 의젓한 얼굴의
그놈의 속을 창자밑까지도 다 알고 있었으나
타성같이 습관같이
그저그저 쉬쉬하면서
할말도 다 못하고

기진맥진해서
그저그저 걸어만 두었던
흉악한 그놈의 사진을
오늘은 서슴지 않고 떼어놓아야 할 날이다

밑씻개로 하자
이번에는 우리가 의젓하게 그놈의 사진을 밑씻개로 하자
허허 웃으면서 밑씻개로 하자
껄껄 웃으면서 구공탄을 피우는 불쏘시개라도 하자
강아지장에 깐 짚이 젖었거든
그놈의 사진을 깔아주기로 하자……

민주주의는 인제는 상식으로 되었다
자유는 이제는 상식으로 되었다
아무도 나무랄 사람은 없다
아무도 붙들어갈 사람은 없다

군대란 군대에서 장학사의 집에서
관공리의 집에서 경찰의 집에서
민주주의를 찾은 나라의 군대의 위병실에서 사단장실에서 정훈감
실에서
민주주의를 찾은 나라의 교육가들의 사무실에서
4·19 후의 경찰서에서 파출소에서
민중의 벗인 파출소에서
협잡을 하지 않고 뇌물을 받지 않는

관공리의 집에서
역이란 역에서
아아 그놈의 사진을 떼어 없애야 한다

우선 가까운 곳에서부터
차례차례로
다소곳이
조용하게
미소를 띄우면서

영숙아 기환아 천석아 준이야 만용아
프레지덴트 김 미스 리
정순이 박군 정식이
그놈의 사진일랑 소리없이 떼어 치우고

우선 가까운 곳에서부터
차례차례로
다소곳이
조용하게
미소를 띄우면서
극악무도한 소름이 더덕더덕 끼치는
그놈의 사진일랑 소리없이
떼어 치우고—

—「우선 그놈의 사진을 떼어서 밑씻개로 하자」 전문

김수영(1921~1968)의 이 시는 그의 가장 좋은 시도 아니며 4·19를 노래한 가장 빼어난 시라고 하기도 어렵다. 그러나 1960년 4월 26일 이른 아침에 쓴 이 시는 4·19의 순수 절정의 순간을 직접 호흡하고 있다는 미덕을 안고 있다. 이날 나온 이승만 대통령의 사의 표명은 2백 명 가까운 젊은 목숨을 바쳐가면서 학생과 시민들이 갈구하던 바의 최대치는 아니더라도 그 최소치에는 가까웠던 것이다.

1960년 3월 15일의 제5대 정부통령선거는 '국부' 이승만의 본질과 한계를 노골적으로 드러낼 기회와도 같았다. 노욕과 망상으로 똘똘 뭉친 우남이 입 안의 혀 같은 이기붕을 부통령에 당선시키고자 저지른 미증유의 선거 부정은 당장 그날로부터 민중의 거센 저항에 부닥친다. 마산에서 터져나온 항의 시위는 8명의 사망자와 72명의 부상자를 냈지만, 그보다는 그날 실종된 한 사람이 결과적으로 더 큰 파장을 몰고 오게 된다. 그로부터 한 달 뒤인 4월 11일 오른쪽 눈에 최루탄이 박힌 처참한 몰골로 마산 앞바다에 떠오른 마산상고생 김주열이 그였다.

김주열의 주검에 다시 십여 명의 사상자로 대답한 마산의 2차 시위는 남한 전역으로 들불처럼 번져나간다. 4월 18일 고려대학생 3천여 명이 국회의사당 앞 시위를 마치고 돌아오던 길에 정치깡패들에게 테러를 당한 사건은 그 불에 기름을 끼얹은 격이었다. '피의 화요일'로 불리는 19일 성난 학생과 시민들은 종로와 광화문을 거쳐 경무대 앞까지 치달아 '독재타도'를 외쳤으며 경찰은 발포로써 응답했다.

비상계엄령이라는 채찍과 자유당 총재직 사임이라는 당근으로써도 우남은 돌아선 민심을 되잡을 수 없었다. 4월 25일 대학교수단

김수영 · 우선 그놈의 사진을 떼어서 밑씻개로 하자   153

문민정부 출범 이후 국립묘지로 이름이 바뀐 수유리 4·19 묘지의 전경.

이 '학생의 피에 보답하라'는 플래카드를 앞세우고 거리로 나섰을 때 그의 운명의 나침반은 이미 하와이를 가리키고 있었다.

우남에게 정치적·인간적 실패, 나아가 역사적 죽음으로까지 다가왔을 4·19는 한국문학으로서는 가뭄 끝의 단비와도 같았다. 그것은 4·19가 열어놓은 해방의 공간이 자유로운 문학적 표현을 가능케 했다는 의미와, 4·19 자체가 두고두고 한국문학의 가물지 않는 수원(水源)이 됐다는 두 가지 의미에서 그러하다.

아! 슬퍼요
아침 하늘이 밝아오며는

달음박질 소리가 들려옵니다
저녁 노을이 사라질 때면
탕탕탕탕 총소리가 들려옵니다
아침 하늘과 저녁 노을을
오빠와 언니들은 피로 물들였어요

오빠 언니들은
책가방을 안고서
왜 총에 맞았나요
도둑질을 했나요
강도질을 했나요
　　　　—강명희,「오빠와 언니는 왜 총에 맞았나요」앞부분

우리는 아직도
우리들의 깃발을 내린 것이 아니다.
이 붉은 선혈로 나부끼는
우리들의 깃발을 내릴 수가 없다
(……)
우리들의 목표는
정의, 인도, 자유, 평등, 인간애의 승리인,
인민들의 승리인,
우리들의 혁명을 전취할 때까지,

우리는 아직
우리들의 피깃발을 내릴 수가 없다.

우리들의 피외침을 멈출 수가 없다.
우리들의 피불길,
우리들의 전진을 멈출 수가 없다.

혁명이여!
　　　　　―박두진, 「우리들의 깃발을 내린 것이 아니다」에서

(……)
그로부터 18년 만에
우리는 모두 무엇인가가 되어
혁명이 두려운 기성세대가 되어
넥타이를 매고 다시 모였다
회비를 만원씩 걷고
처자식들의 안부를 나누고
월급이 얼마인가 서로 물었다
　　　　　―김광규, 「희미한 옛사랑의 그림자」에서

이미 1980년대 초에 『4월혁명 기념시 전집』이 두툼하게 엮일 정도로 4·19를 노래한 시인들은 많았고 앞으로도 많을 테지만, 시에 있어서 4·19의 적자는 김수영과 신동엽이었다. 신동엽은 「껍데기는 가라」에서 "껍데기는 가라. / 사월도 알맹이만 남고 / 껍데기는 가라. / 껍데기는 가라. / 동학년 곰나루의, 그 아우성만 살고 / 껍데기는 가라."며 4월혁명을 동학혁명에 이어지는 하나의 흐름으로 파악하면서도 그 성과와 한계, 장점과 단점을 냉정하게 가리고자 했다. "누가 하늘을 보았다 하는가 / 누가 구름 한 송이 없이 맑은 / 하늘을 보았다 하는가. // 네가 본 건, 먹구름 / 그걸 하늘로 알고 / 일생을 살아갔다."로 시작되는 「누가 하늘을 보았다 하는가」역시 미완의 혁명 4·19에 대한 안타까움을 담고 있다.

김수영에게 있어 4월혁명은 시세계의 전면적인 변모를 가져올 정도로 충격적이었다. 1950년대를 철저한 모더니스트로 통과한 김수영은 1960년 4월 19일을 기점으로 해서 참여적인 사실주의 시인으로 변모한다. 앞서 인용한 시를 비롯해 「기도」, 「육법전서와 혁명」, 「푸른 하늘을」, 「만시지탄은 있지만」, 「그 방을 생각하며」 등 4·19를 직접 다룬 일련의 시편들은 물론, 「가다오 나가다오」, 「거대한 뿌리」, 「어느 날 고궁을 나오면서」, 「사랑의 변주곡」 등 현실의 치부를 구체적이면서도 신랄하게 까발린 시들이 직·간접적으로 4·19의 영향 아래 씌어졌다.

그리고 그같은 변모의 궁극은 뜻밖의 교통사고로 숨지기 불과 보름 전에 토해놓은 절창 「풀」이었다. 산문투의 장광설과 거칠 것 없는 발성으로 특징지어지던 김수영 시세계의 또 한 번의 변모를 예감케 하는 이 시가 그의 마지막 작품이 됐다는 사실은 한국 문학사의 안타까움이다.

    풀이 눕는다
    비를 몰아오는 동풍에 나부껴
    풀은 눕고
    드디어 울었다
    날이 흐려서 더 울다가
    다시 누웠다

풀이 눕는다
바람보다도 더 빨리 눕는다
바람보다도 더 빨리 울고
바람보다 먼저 일어난다

날이 흐리고 풀이 눕는다
발목까지
발밑까지 눕는다
바람보다 늦게 누워도
바람보다 먼저 일어나고
바람보다 늦게 울어도
바람보다 먼저 웃는다
날이 흐리고 풀뿌리가 눕는다   ―「풀」 전문

 4·19는 이승만 자유당 정권을 무너뜨렸지만 그 대신 들어선 것은 자유당과 별다를 것도 없는 민주당 정부였다. 그나마도 1년 뒤에는 박정희 소장의 군부 쿠데타 세력에 의해 4·19의 이념은 철저히 능욕당했다. 그런 점에서 4·19는 미완의 혁명이며 어떤 의미에서는 아직도 계속 진행중인 혁명이라 할 수 있다. 그것은 4·19가 국내적으로는 '학생운동사로서의 한국현대사'의 한 절정을 이루었으며, 국외적으로는 1960년대에 전 세계를 휩쓸었던 스튜던트 파워의 서곡이었다는 사실에도 불구하고 그러하다.
 작가 김승옥이 1970년대 초 월간 『샘터』의 편집장으로 있으면서 그 잡지에 실은 짧은 이야기에 「정직한 이들의 달」이 있다. 바로 4월 19일 경무대 앞에서 총상을 입고 그날 밤 수도육군병원에서 숨을 거둔 서울 문리대 수학과 학생 김치호의 마지막을 그린 것이다. 김치호가 말한다.

"우리는 학교에서 배웠어요. 부정한 짓을 하면 안 된다구. 그래서 선거를 부정으로 한 사람들에게 선거를 공정하게 다시 하라구 말했어요. (……)학교 교과서가 주동자예요. 부정을 그냥 보고만 있는 것도 부정이라고 가르치는 교과서가!"

김치호는 지금 서울 수유리 북한산 동쪽 자락에 자리잡은 '4·19 국립묘지'에 잠들어 있다. 다른 많은 교과서주의자들과 함께.
4·19 묘지는 혁명 이태 뒤인 1963년 처음 현재의 위치에 조성됐으며 문민정부가 들어선 뒤인 1993년부터 묘역을 확장하고 각종 시설물을 신축 또는 개축해서 국립묘지로 새단장했다. 평일 오후의 4·19 묘지는 참배객이 드문 대신 아이들을 데리고 놀러 나온 젊은 엄마들, 근처 국립재활원의 환자들, 노인들, 연인들, 그리고 과자 부스러기를 쪼는 암비둘기들과 그들을 덮치려 노리는 숫비둘기들로 채워져 여느 시민공원과 다를 바 없는 풍경을 연출한다.
그 풍경을 보면서 생각한다. 4·19가 추구했던 정신과 이념은 이 묘역의 어디에서 볼 수 있는 것일까. 제가 와 있는 곳이 어디인지도 모르는 아이들일까, 청장년의 나이로 4·19를 겪었을, 그러나 이제는 다만 무력한 삶의 구경꾼으로 가라앉아 있는 노인들일까. 아니면 유영봉안소니 만장이니 수호자상이니 수호예찬의 비니 하는 각종 시설물일까. 4·19는 성소에서 기림을 받고 있다기보다는 차라리 이 한정된 넓이의 묘역에 갇혀서 숨막혀 있는 것은 아닐까.

작품의 무대 4·19 기념묘지는 서울 도봉구 수유동에 있다. 우이동 길을 타고 가다가 백운봉 길과 만나는 네거리에서 아카데미하우스 방향으로 좌회전해 가다가 오른쪽으로 틀면 나타난다. 멀지 않은 곳에 인수봉과 백운봉의 잘생긴 이마가 올려다보이는 북한산 자락이다. 같은 도봉구에 김수영의 무덤과 시비가 있다. 이번에는 도봉산 쪽이다. 도봉산 매표소에서 도봉산장을 향해 1km쯤 오르다 보면 「풀」의 앞대목과 그의 얼굴을 새긴 시비를 만나게 된다.

김수영 1921년 서울에서 태어나 1968년 숨졌다. 늦은 밤 귀가길에서 버스에 치여 일어난 변이었다. 일본 유학 시절 연극에 몰두하던 그는 1945년 해방 직후 시 「묘정의 노래」를 『예술부락』에 발표하면서 등단했다. 전쟁이 터지자 인민군에 징집되었다가 탈출했지만, 결국 거제도 포로수용소까지 끌려갔다. 이후 신문과 잡지사에서 일하거나 번역을 하면서 시들을 발표했다. 초기엔 다소 추상적이며 요설적인 어투로 '자유'를 노래하던 그의 시는 4·19혁명을 거치면서 정치 현실에 대한 적극적인 관심으로 방향을 틀며, 이는 죽을 때까지 지속되었다.

■ 김승옥 · 서울 1964년 겨울

고독한 군중의 서울 뜯어보기

중국집에서 거리로 나왔을 때 우리는 모두 취해 있었고, 돈은 천 원이 없어졌고 사내는 한쪽 눈으로는 울고 다른 쪽 눈으로는 웃고 있었고, 안은 도망갈 궁리를 하기에도 지쳐버렸다고 내게 말하고 있었고, 나는 '악센트 찍는 문제를 모두 틀려버렸단 말야, 악센트말야'라고 중얼거리고 있었고, 거리는 영화광고에서 본 식민지의 거리처럼 춥고 한산했고, 그러나 여전히 소주 광고는 부지런히, 약 광고는 게으름을 피우며 반짝이고 있었고, 전봇대의 아가씨는 '그저 그래요'라고 웃고 있었다. ―「서울 1964년 겨울」에서

1964년 겨울, 서울의 한 포장마차에서 세 남자가 만난다. 우연히. 김이라는 성을 가진 '나'는 사관학교를 지원했다가 실패하고 구청 병사계에서 일하고 있고, 대학원생 '안'은 부잣집 장남으로 두 사람은 모두 스물다섯 살이다. 서른대여섯 돼 보이는 또 다른 사내는 서적 외판원. 처음에 말문을 튼 안과 '나'는 학력과 처지의 천양지차에

도 불구하고 바깥 세상과는 겉돌고 있다는 점에서 상통한다. 나중에 합류한 제3의 사나이는 사랑하는 아내가 병으로 숨지자 그 시신을 병원에 판 뒤 낙담과 죄책감으로 시체 판 돈을 다 써버리자고 스물다섯 살짜리들을 유혹한다. 억지로 돈을 쓰러 돌아다니던 세 사람은 불자동차 뒤를 쫓아가 불구경을 하는데, 상처한 사나이는 타오르는 불길 속으로 남은 돈을 던져버린다. 세 사람은 그날 밤 같은 여관의 서로 다른 방에 투숙하며, 다음 날 이른 아침 상처한 사나이가 밤 사이 자살한 것을 알게 된 두 젊은이는 몰래 여관을 빠져나와 기약 없이 헤어진다.

그러니 어쨌단 말인가. 작가는 왜 이런 이야기를 소설이라고 쓴 것일까. 젊어서 이미 늙은 것들의 말장난 같은 대화와 상처한 중년의 자살로 채워진 이야기가 한 편의 소설이, 그것도 한국 소설사에 우뚝한 작품이 되는 것은 어떤 연유에서일까. 그리고, 이런 이야기의 제목을 「서울 1964년 겨울」이라 단 작가의 의도는 무엇일까. 작가는 제목에서 적시된 특정한 시간과 장소의 어떤 본질을 이 소설이 감당하고 있다고 생각한 것일까. 우선, 1964년 겨울로 돌아가 보자.

그해 겨울은 추웠다. 한일기본조약 반대와 한미행정협정 개정을 요구하며 시위에 나섰던 학생들은 서울시 일원에 비상계엄을 선포하고 전면전에 나선 군사정부에 의해 패퇴했다. 4·19가 열어젖힌 해방과 자유의 공간을 군홧발로 짓밟은 박정희 소장. 그를 상대로 한 싸움을 별러왔던 학생들의 반격이 6·3사태로 불리는 1964년 여름의 용틀임이었다.

6·3 대결전에서의 학생들의 패배는 사회 전체의 분위기를 한없이 가라앉게 만들었다. 학생들은 열패감에 젖어 술과 자학에서 위

지금은 문예진흥원으로 쓰이는 옛 서울대 본관 건물을 배경으로 서서 대학시절을 회고하는 김승옥 씨의 표정이 밝다.

안을 찾았고, 박정희식 개발독재의 세상에서 국민들은 바야흐로 하나의 나사나 톱니바퀴로 전락하게 되었다. 1964년 겨울이 추웠던 것은 이런 사정 때문이었다. 김승옥의 소설에서 어떤 꿈틀거림을 사랑하느냐는 '나'의 질문에 "어떤 꿈틀거림이 아닙니다. 그냥 꿈틀거리는 거죠. 그냥 말입니다. 예를 들면⋯⋯ 데모도⋯⋯"라며 얼버무리는 대학원생 안의 대답에는 그해 여름 광화문을 달구었던 6·3사태의 온기가 미약하게나마 남아 있는 셈이다.

박정희식 혁명정부가 표방한 '민족적 민주주의'를 장례지내고 내친 김에 군사정부의 타도를 선언하면서 4·19의 영광을 재현하고자 했던 학생들은 감옥과 하숙방과 술집으로 흩어져 갔다. 성균관 유생과 식민시대 도쿄 유학생들,

1929년 광주 학생들의 모범을 좇아 일국의 대사(大事)에 개입하려던 시도가 무위로 돌아가자 이제 학생들에게 남은 것은 개인 차원의 사소한 실천뿐이었다. 그것은 또한 재래적 농촌공동체의 붕괴와 산업화의 진전에 따라 고개를 내밀기 시작한 단자(單子)적 세계관과도 통하는 것이었다.
「서울 1964년 겨울」에서 포장마차에서 만난 세 남자는 사회이면서도 사회가 아닌 독특한 동아리를 이룬다. 그들은 포장마차라는 동일한 공간에 각자 술을 마시러 왔다는 공통점으로 묶이지만, 그것이 어떤 유의미한 공동체의 형성에로 나아가지는 않는다. 세 사람은 각자의 고독과 상처로 자은 고치 속에 웅크리고 틀어앉아 있을 뿐 고치 밖의 세계로 나올 염을 내지 못한다. 차라리 그들 각자의 폐쇄성과 관계 단절이 그들을 한데 묶는 공통의 범주가 될 법도 하다. 맨 앞에 인용한 대목에서 보듯 그들은 한자리에 모여 있기는 하지만, 서로 간에 아무런 유기적인 관련도 맺지 못한 채 겉돌고 있다. 그들의 군집은 분산의 특별한 형태이며 그들의 대화는 독백일 뿐이고 그들 사이의 소통은 단절의 다른 이름이다. "벽으로 나누어진 방들, 그것이 우리가 들어가야 할 곳이었다"는 지문은 그들이 함께, 그러나 따로 든 여관방을 가리키는 데 그치지 않고 그들 모두가 몸 부리어 살고 있는 한국이라는 사회를 상징하기도 한다.
그런 점에서 김승옥(1941~) 소설의 문학사적 의의는 '개인의 발견'에 있다고 할 수 있다. 1950년대까지 한국 소설은 말의 올바른 의미에서 개인의 존재에 눈뜨지 못했었다. 소설이 개인에 관해 말할 때조차 그 개인은 공동체의 역사와 현실에 절대적으로 규정되는 사이비 개인이었다. 김승옥에게 와서야 개인들의 작고 사소한 이야기가 소설의 족보를 부여받았다고 말할 수 있다. 그의 소설에서 역사니 민족이니 전쟁이니 하는 것들은 전면에 드러나지 않고 개인들의 자그마한 이야기를 통해 다만 간접적으로 다루어질 따름이다.

　김승옥 소설은 또한 새로운 세대와 시대에 걸맞은 새로운 감수성으로 두드러진다. 혁명으로까지 일컬어지는 그 감수성은 사물에 대한 상투적인 인식을 거부하고 익숙한 것들을 새로운 눈으로 봄으로써 결국 그들에게 새로운 이름을 붙여줄 수 있게 된다. 「무진기행」 중 안개를 묘사한 저 유명한 대목을 읽어보자.

　　아침에 잠자리에서 일어나서 밖으로 나오면, 밤 사이 진주해온 적군들처럼 안개가 무진을 뺑 둘러싸고 있는 것이었다. 무진을 둘러싸고 있는 산들도 안개에 의하여 보이지 않는 먼 곳으로 유배당해 버리고 없었다. 안개는 마치 이승에 한이 있어서 매일 밤 찾아오는 여귀(女鬼)가 뿜어 내놓은 입김과 같았다. 해가 떠오르고, 바람이 바다 쪽에서 방향을 바꾸어 불어오기 전에는 사람들의 힘으로써는 그것을 헤쳐버릴 수가 없었다. 손으로 잡을 수 없으면서도 그것은 뚜렷이 존재했고 사람들을 둘러쌌고 먼 곳에 있는 것으로부터 사람들을 떼어놓았다.

　「무진기행」은 작가가 서울대 불문과 졸업을 앞두고 한 학기 휴학계를 내고는 고향 순천에 내려가 쓴 것이며, 1964년 겨울에 관한 보고서는 해를 넘겨 1965년에 발표했다. 그러나 그 소설들이 발아하고 무르익은 곳은 작가가 다니던 서울 문리대가 있던 동숭동 일대였다. 외교관이 되어 외국 구경을 실컷 하고 싶어 불문과에 들어갔던 작가에게 서울은 전쟁에 의해 철저히 파괴된 폐허 같은 도시였다. 서울 토박이라고는 구렁이 같은 복덕방 영감과 앙칼진 목소리의 셋방 주인 아주머니 정도일 뿐, 나머지 서울 주민은 월남 피난민들과 자식들 교육을 위해 상경한 이농민들이었다. 동숭동에서 가까운 원남동 로터리에서 종로 3가까지는 창녀들의 거리였고 그 너머 동대문에는 물건 같지도 않은 물건들이 거래되는 시장이 있었다. 서울이란 한 마디로 전국 각지에서 갑자기 몰려든 사람들이 들끓고 있던 생존경쟁의 살풍경이었다.

"파괴의 폐허 위에서 새로 시작되는 한국, 특히 서울에 대한 관심은 내 소설의 테마가 되었다. 서울이라는 도시처럼 작가로서 흥미로운 도시가 없다는 생각이었다. 나에게 서울이란 평생 그물을 던져도 고갈되지 않는 황금어장과도 같다."

1960년대의 서울이 그에게 동인문학상을 안겨주었고(「서울 1964년 겨울」), 1970년대의 서울은 이상문학상을 주었다(「서울의 달빛 0장」). 그렇다면 1996년 여름의 서울하고도 동숭동 마로니에 공원과 대학로는?

1996년 여름을 서울에서 지냈던 사람이라면 누구나 알 수 있겠지만, 오후가 이윽히 무르익을 무렵이면 대학로에는 속속 젊은 고수들이 모여든다. 아침 출근길의 혜화역 부근이 넥타이를 맨 중년들로 채워진다면 늦은 오후의 그곳은 저마다 세상으로 열린 숨구멍이라도 된다는 듯 허리께에 호출기를 찬 젊은이들로 채워진다. 관악으로 옮겨가기 전까지 서울대가 있던 마로니에 공원이 그들의 주요 집결지다. 이 거리의 명물인 아마추어 화가들과 가수들, 엔비에이(NBA)의 환상을 사고〔買〕또 사는〔生〕아이들, 새 상품 홍보를 위해 목걸이, 볼펜을 나누어주는 언니들, 다른 대책이 서지 않아 하릴없이 앉아 있는 연인들, 나름으로는 이곳의 터줏대감인 몇몇 알코올중독자들, 아이스크림 장수, 스케이트보드와 롤러스케이트를 타는 아이들, 아기자기한 장신구와 기념품을 늘어놓고 여행경비를 마련하려는 외국인 배낭여행자……. 이들은 무책임한 구경꾼이자 스스로 남의 구경거리가 되는 것을 즐기며 여름의 서울 대학로를 수놓고 있다.

그 풍경을 지켜보고 있던 작가가 1990년대 소설에 관해 말한다.

"언어에 관한 자의식이 강해졌다는 것은 장점이다. 반대로, 싸워야 할 적을 명확히 설정하지 못하는 것은 단점이다. 개조를 위한 욕구와 절규가 보이지 않는다."

알다시피 그는 결코 민중문학론자도, 실천으로서의 문학의 신봉자도 아니다. 하지만, 역시 그는 4·19와 6·3을——그 성취와 좌절, 영광과 수치까지를 포함해——청춘의 훈장으로 간직한 전투 세대에 속하는 것이다.

작품의 무대 대학로는 이화동 로터리에서 혜화 로터리까지의 1km 가량 되는 거리이다. 그 한가운데, 서울대병원 맞은편이 옛 서울대 문리대 자리인 마로니에 공원이다. 지하철 4호선 혜화역에서 내리면 곧바로 이를 수 있는 이 거리는 연극 공연장과 카페가 밀집되어 있는 문화와 소비의 센터이기도 하다.

김승옥 1941년 일본 오사카에서 태어나 전남 순천에서 자랐으며 서울대 불문과를 졸업했다. 1962년 단편 「생명연습」이 『한국일보』 신춘문예에 당선되어 작품활동을 시작했다. 감각적인 문체와 신선하면서도 정확한 언어 구사, 짜임새 있는 구성 등은 한국 단편소설 미학의 정수로 평가된다. 기독교에 귀의하면서 새 작품을 선보이지 못하고 있는 그의 소설들은 도서출판 문학동네에서 나온 『김승옥 소설전집』(전5권)에 묶여 있다.

■ 전혜린 · 그리고 아무 말도 하지 않았다

분단된 현실, 분열된 자아, 그리고 낯섦으로의 도피

시인도 아니었다. 소설가도 아니었다. 그렇다고 평론가도 아니었다. 굳이 딱지를 붙이자면 '번역문학가'라고나 할까. 헤르만 헤세의 『데미안』과 루이제 린저의 『생의 한가운데』, 이미륵의 『압록강은 흐른다』가 그 이름을 뒷받침하는 번역서 목록의 일부다. 번역이 아닌 자신의 글이라고는, 하인리히 뵐의 소설 제목을 차용한 산문집 『그리고 아무 말도 하지 않았다』와, 『이 모든 괴로움을 또다시』라는 제목으로 묶인 일기가 전부인 여자.

근엄한 문학사에서는 그 여자의 이름을 발견할 수 없다. 그도 그럴 것이 그 여자의 글들은 이른바 문학적 가치나 문학사적 의미와는 거리를 두고 있기 때문이다. 그것들은 차라리 사회사적 · 정신사적 범주에 놓고 이해하는 것이 더 적절해 보인다.

그 여자를 형성시킨 것은 한국전쟁을 전후한 시기의 상처와 폐허였으며, 그 여자가 형성에 기여한 것은 1960년대 한국의 미숙한 실존주의적 분위기였다. 그리고 그 사이에 1950년대 후반 4년 간의 독일 체험이 놓인다. 인간 실존의 근본적 조건에 절망하고 삶의 구체적 세목이 보이는 평범과 비속을 혐오했던, 그럼에도 아니 그렇기 때문에 더욱더, 순간순간을 불꽃처럼 치열하게 살고자 했던 여자. 한국이라는 박토에 뿌리내리기보다는 뮌헨의 자유를 호흡하고자 했으며, 여자의 좁은 울타리를 뛰어넘어 보편적 성을 지향했던 여자, 인간이라는 육체적 현존이 아닌 정신과 관념만의 그 어떤 추상적 존재를 열망했던, 그리하여, 당연하게도, 마침내는, 좌초했던 여자. 그 여자의 이름 전혜린.

전혜린(1934~1965)이 단신으로 독일의 뮌헨에 내린 것은 1955년 가을이었다. 그가 태어난 황해도 해주와 그가 학교를 다닌 서울은 각각 북조선과 한국으로 갈라져 한바탕 피의 제의를 치른 뒤끝이었다. 그가 향한 독일 역시 제2차 세계대전에서의 패배로 국토의 파괴와 분단, 국민적 수치와 국가적 몰락을 겪어야 했지만, 전혜린이 도착했을 무렵에는 벌써 '라인 강의 기적'을 착착 일구어나가고 있었다. 아무튼 분단 한국의 딸 혜린은 또 다른 분단국 서독의 남부 도시 뮌헨을 찾았고 대학 근처의 동네 슈바빙에 짐을 풀었다.

슈바빙은(……) 발전해가는 기계문명 속에 아직도 한 군데 남아 있는 낭만과 자유의 여지가 있는 지대(……). 그 속에 한번 들어가서 그것을 숨쉬고 그것에 익고 나면 다른 풍토는 권태롭고 위선적이고 딱딱하고 숨막혀서 도저히 못 참게 되는 곳인 것 같다. (……)슈바빙은 한 마디로 청춘의 축제라고 말할 수 있을 것이다. 희생도 적지 않게 바쳐지는, 그러나 젊은 목숨이 황금빛 술처럼 잔에 넘쳐 흐르고 있는 꿈의 마을, 이것이 슈바빙이 아닐까.

그리하여 슈바빙은 전혜린의 글을 통해서만 그곳을 접한 한국의 젊은이들에게도 꿈과 자유를 가리키는 공통의 기호가 되었다. 전혜린에게 있어 4년 간의 슈바빙 시절은 한국에서는 맛보지 못한 본질적 삶의 세례를 받은 시기였으며, 그는 귀국해서 죽기 전까지 '복음'의 전파에 주력했다. "한국이라는 나라가 얼마나 쉽게 인간의 의욕을 꺾는가"를 절감한 그가 언제나 그리워한 그의 도시는 뮌헨이요, 슈바빙이었다. 그는 언제까지나 한국에 대한 혐오와 뮌헨을 향한 향수에 시달려야 했다. 그 향수를 그는 『데미안』과 『생의 한가운데』를 번역하는 것으로 달랬다.

그렇다고 해서 그를 뿌리뽑힌 사대주의적 지식인으로 매도하는 것은 온당치 못하다. 그의 전도된 향수에는 그 나름의 내력이 있는 것이며, 그것은 역설적으로 그가 벗어나고자 했던 조건에 대해 말하는 바가 있기 때문이다.

뮌헨 유학생 전혜린이 단골로 삼았던 카페 제에로제는 지금은 스페인 음식점으로 바뀌었지만 겉모양과 가게 이름은 예전 그대로다.

전혜린은 그의 길지 않은 생애를 통해 삶의 일회성이라는 치명적인 화두를 붙잡고 싸움을 벌였다. "죽음을 씨로서 속에 지닌 과실로의 삶"이라고 그가 말했을 때 그것은 전혀 새로운 발견이나 독창적인 수사는 아니었다. 그것은 오히려 너무도 소박하고 치기만만하여 실없는 웃음마저 깨물게 만드는 성질의 발언이었다. 그럼에도 그의 발언이 1960년대 한국 사회와, 그 뒤 1990년대에 이르도록 이 땅의 청소년들에게 복음으로 받아들여지는 이유는 무엇일까.

'요절한 천재'의 신화가 그에 대한 하나의 설명이 될 수 있을 것이다. 우등생으로 성장해 서울대 법대를 다니다가 독일 유학을 떠났으며, 오식된 활자, 즉자·대자, 불합리, 자살 따위의 실존주의 용어들을 상용했고, 검정 스커트에 검정 머플러를 즐겨 두르고 다니던 사람. 도저한 페시미스트이자 동시에 순간순간을 미칠 듯이 강렬하게 살고자 했던 생의 찬미자. 평범을 경멸한 귀족주의자인가 하면 무수한 콤플렉스에 시달린 삶의 패배자. 여자라는 옷을 거추장스러워했으면서도 출산과 육아의 경험에서 행복을 느낀 모순의 존재. 그러나 이 모든 것들을 광휘처럼 감싸고 있는 것은 서른둘 젊은 나이에 맞은 성급한 죽음이었다. 그 죽음은 "그 모든 괴로움에도 불구하고 생이란 취하게 하는 것, 좋은 것이다. 죽고 싶을 만큼 그렇게 귀중한 것이다"라는 그의 일기의 한 구절에 예사롭지 않은 울림을 주며, 삶의 의미를 위해 희생된 순교자의 지위로 그를 끌어올린다. 그 때문일까, 그가 '피투성(被投性)'이라는 생경한 번역어를 쓸 때 그것은 묘하게도 '피투성이'라는 말과 겹쳐서 들린다. 그것은 모든 인간이 어머니의 자궁으로부터 피를 뒤집어쓴 채 세상으로 내던져진다는 의미에 더해서 지옥 같은 세상에서 단지 살아남기 위해서도 치르지 않으면 안 되는 치열한 생존의 아귀다툼, 그리고 일회적 삶의 무의미를 상대로 한, 질 것이 뻔한 싸움을 연상시킨다.

 그럼에도 아쉬운 것은 전혜린에게 역사가 빠져 있다는 사실이다. 그는 개인의 차원으로 떨어졌거나 인간 보편의 차원으로 뛰어올랐다. 그 가운데에 놓인 당대의 민족적 현실이라는 차원은 생략되어 있다. 그것은 그가 4·19를 철저히 무시하고, 5·16의 성공을 빌고 있는 데서도 확인할 수 있는 사항이다. 어떤 의미에서는 바로 그같은 생략과 대범이 시대를 뛰어넘어 오래도록 읽히고 기억되는 비결인지도 모르지만.

 한 잔의 맥주와 한 접시의 수프로 저녁을 대신하고 몇 시간씩 난로를 쬐고 트럼프나 하모니커로 놀기까지 하는 학생들을 조금도 싫어하지 않는 무관심한 음식점, 한 잔의 맥주로 몇 시간 동안이라도 춤출 수 있는, 초 피카소적 장식을 벽에 막 그린, 학생악단이 음악을 연주하고 있는, 촛불 몇 개만 켜놓은 어두운 댄스홀, 흑인 학생들 사이에서 조금도 주저를 안 느끼고 먹고 마시고 춤추고 사랑할 수 있는 유일의 장소, 이것들이 슈바빙의 특성이다.

전혜린이 이상의 연인처럼 찬미하고 동경해 마지않았던 슈바빙은 뮌헨 중심가에서 북쪽으로 벗어나간 레오폴트 거리와 유럽 최대의 도시 공원이라는 엥글리셔 가르텐(영국공원)을 끼고 있는 동네다. 언제나 관광객들로 북적이는 시청 광장 주변과 달리 대학촌인 이 동네의 주인은 자전거를 타고 다니거나 술집을 찾아드는 젊은 학생들이다. 『아무도 미워하지 않는 자의 죽음』이라는 책을 통해 1980년대 한국 대학생들의 기림을 받은 숄 남매의 이름을 딴 광장이 있는 대학본부로부터 1km 남짓 올라오면 '뮌헨의 자유'라는 근사한 이름의 광장이 나오고, 그곳에서 동쪽으로 난 골목을 한동안 들어가다 보면 카페 '제에로제(연꽃)'가 나온다. 제에로제는 뮌헨에 상륙한 전혜린이 처음 음식을 사 먹어본 뒤 값싸면서도 양질의 음식, 주인의 친절에 반해 단골로 삼았던 집이다. 지금은 스페인 음식점 겸 술집으로 바뀌었지만 옥호와 외벽만은 전혜린 당시와 다르지 않다. 지난 1990년에 이 집을 인수했다는 주인 엘라디오 페르난데스는 "전혜린의 자취를 좇는 한국 유학생과 관광객들이 심심치 않게 찾아온다"면서 "그뿐 아니라 독일과 세계 각국의 작가와 예술가들도 이 집을 추억하는 글을 많이 남겼기 때문에 가게 이름을 바꾸지 않았다"고 말했다.

제에로제와 영국공원 사이에는 자그마한 냇물이 흐르고 그 연변에 아마도 전혜린이 세를 들어 살았을 집들이 서 있다. 전혜린이 "포의 어셔가를 연상시킨다"며 끔찍해했던 그 집들은 그러나 그 사이 새로 단장된 듯 안정된 주택가의 면모를 보인다.

주말의 영국공원 호수에는 뱃놀이를 즐기는 이들이 백조니 오리니 하는 물짐승들과 함께 떠 있고, 숲 사이로 난 산책로에는 걷거나 자전거 또는 말을 탄 사람들이 오가며, 모처럼 얼굴을 드러낸 여름 햇빛 아래 젊은 여자들이 벗은 몸을 태우는데, 가까운 교회에서는 정오의 종소리가 음악처럼 들려온다. 이 평화와 축복의 풍경 속에 녹아들지 못한 채 공원 구석의 벤치에 홀로 앉아서 유학생 전혜린은 무엇을 생각했을까. 그는 조국의 파란 하늘과 맑은 물을 그리워했을까. 그 그리움 한 방울 눈물로 바뀌어 문득 굴러떨어졌을까.

작품의 무대 뮌헨은 독일의 남단, 오스트리아에서 가까운 곳이다. 배낭여행에 나선 젊은이들은 뮌헨에 근거지를 두고 오스트리아의 잘츠부르크를 하루 만에 다녀오는 방식을 즐겨 택하기도 한다. 뮌헨에서 북서쪽으로 차를 한 시간 정도 달리면 나치의 첫 번째 유대인 수용소가 세워진 다카우에 이른다. 각종 사진자료와 영화, 수용시설, 독가스실 등이 당시의 참상을 전해준다. 뮌헨에서 남쪽으로 20분 거리에는 또한 한국 출신의 독일 작가 이미륵이 살았고 묻혀 있는 마을 그레펠핑이 있다. 그럼에도 한국에서 나온 독일 여행 안내책자들이 전혜린의 뮌헨과 이미륵의 그레펠핑을 언급하지 않는 것은 부끄러운 일이다.

전혜린 1934년 서울에서 났으며 서울대 법대 재학중 독일로 유학을 가 뮌헨대 독문학과를 졸업했다. 돌아와서는 서울대 법대와 이화여대 등의 강사를 하며 『생의 한가운데』, 『데미안』 등의 독일 소설들을 번역했다. 실존의 무게를 감당하기 어려워 허덕이다가 1965년 자살을 통해 스스로 그 짐을 벗어 던졌다.

■ 이문열 · 변경

보수적 세계관으로 덧칠한 '한 시대의 벽화'

우리는 분열된 세계 제국의 변경인이다. (……)그런 변경에 제국이 가져올 것은 뻔하다. 그것이 변경의 확대를 위한 것이건, 유지를 위한 것이건, 제국이 가장 힘주어 그 원주민에게 주입시키려는 것은 적대의 논리다. 결국 당신들이 요란하게 떠드는 것도 따지고 보면 오늘날 아메리카와 소비에트로 표상되는 두 제국의 적대 논리 내지 그 변형에 지나지 않으며, 또한 그것이 당신들이 이념이라고 부르는 것의 정체다. ―『변경』에서

이문열(1948~)은 장편소설 『변경』으로써 '한 시대의 거대한 벽화'를 그리고자 한다. 구체적으로는 1950년대 말에서 1970년대 초까지의 십수 년 간 우리 사회의 정치·경제·사회·문화적 풍경을 이 소설에 담겠다는 것이다. 전9권으로 완결 예정인 가운데 지금까지 나와 있는 6권은 1960년대 중반까지를 시간 배경으로 삼고 있다.

한 시대의 총체적 면모를 담기 위해 작가는 명훈, 영희, 인철 3남매를 번갈아가며 초점 화자로 내세우는 방식을 택한다. 이들 남매는 작가의 앞선 장편 『영웅시대』의 비극적 주인공 이동영의 자녀들이다. 그러니까 『변경』은 『영웅시대』의 뒷얘기에 해당한다. 이문열에게 있어 '이걸 위해 나는 쓰기 시작했다'는 글감의 앞토막이 『영웅시대』였다면, 『변경』은 그 뒷토막이라는 말이다. 그 말은 또한 『영웅시대』가 작가의 아버지 얘기를 다룬 가족사 소설인 데 비해 『변경』은 작가 자신을 주인공으로 내세운 자전소설임을 뜻하기도 한다.

『변경』은 작가의 분신인 인철을 주인공 삼은 자전적 성장소설인 동시에, 그 인철이 미적인 목적을 위해 글을 다루는 장인으로 성장하는 과정을 그리고 있다는 점에서, 일종의 예술가소설이기도 하고, 또한 '한 시대의 벽화'를 자임하는 사회소설 또는 세태소설이기도 하다. 「변경」이 감당하고자 하는 이같은 복합적인 기능은 초점화자로 나오는 3남매의 경험과 사유를 통해, 그리고 그것들을 적절히 안배하고 통제하는 작가의 솜씨로 해서 무리 없이 수행되고 있다.

가령 제1권의 첫번째 장인 「분홍 무지개」를 보자. 인철의 시점을 동원한 이 장은 그가 어머니와 막내인 옥경과 함께 그동안 살던 서울을 떠나 밀양의 친척집을 찾아 밤열차를 타고 가는 장면으로 문을 연다. 작가는 우선 "우남이 기어이 죽산을 죽여버릴 작정인 모양이더군"이라는 옆자리 승객의 말로써 이때가 진보당 사건의 한파가 몰아치던 1958~59년 무렵임을 알려준다.

그런가 하면 "아침부터 걸버시떼맨쿠로 남의 집에 가서 밥 달라 칼 수 있겠나?"라며 자식들을 이끌고 역전 음식점으로 향하는 어머니의 모습에서는 간난과 고초 속에서도 끝까지 훼손되기를 거부하는 꼿꼿한 자존심을 읽을 수 있다. 그 자존심을 굽혀가면서까지 친척집의 신세를 질 수밖에 없는 것은 월북한 좌익을 가장으로 둔 식구들의 어려움을 말해주는 것이요, 속내를 털어놓지 않는 어머니의 갈등과 고민을 읽어내는 데서는 인철의 조숙함을 엿볼 수 있다. 또한 인철이 처음 대면한 또래의 계집아이 명혜의 분홍 원피스에서 분홍색 무지개를 보는 대목은 앞으로 그가 겪게 될 풋풋한 첫사랑의 드라마를 예고하는 것이다. 이처럼 개인과 가족, 그리고 사회 전체라는 세 차원이 유기적으로 결합됨으로써 소설은 단조롭지 않고 복합적이면서도 잘 짜인 면모를 보인다.

전체의 3분의 2 가량만이 출간돼 있는 현재 인철의 성장사는 그다지 큰 비중을 차지하는 것 같지는 않다. 그보다는 형인 명훈과 누나인 영희의 편력이 더 다채롭고 극적이다. 인철의 성장은 그가 대학생이 되고 젊음의 몸살을 앓게 될 마지막 제3부에서 좀더 본격적으로 그려질 터이다. 하지만, 열두 살 어린아이로부터 성년의 문턱까지에 해당하는 앞의 여섯 권에서도 그를 주인공 삼은 성장소설적 면모는 얼마든지 엿볼 수 있다.

그의 성장은 월북한 좌익을 아버지로 둔 탓에 불안정하고도 곤궁한 삶을 견뎌야 했던 소년의 그것이다. 그 성장은 그러나 명혜라는 또래의 소녀와 나누는 푸릇한 첫사랑으로 고통스러우면서도 아름다이 채색되는 성장이며, 문학이라는 치명적 매혹의 대상을 향한 사랑이 차곡차곡 쌓여가는 성장이기도 하다. 일쑤 현실에 없는 이야기를 꾸미곤 하는 버릇이라든가, 접근 가능한 범위에 있는 책은 빼놓지 않고 읽는 등의 모습이 장차 한 시기를 풍미할 작가의 유년기 초상으로 제시된다.

작가의 성장사를 다루는 『변경』이 예술가소설적 특성을 내비치

이문열 씨가 고향의 옛 집인 '해상고택' 마당에 서서 어릴 적 친구 삼아 놀았던 향나무를 가리키며 유년기를 회고하고 있다.

는 것은 당연한 일이다. 작가로서 문학에 대한 애증 어린 정의를 내리는 것은 그 한 예이리라. "이 정체 모를, 허망한, 그러면서도 언제나 현란한 가치의 갑옷으로 무장되어 있고, 늘 패배하면서도 지칠 줄 모르는 호전성으로 사회의 다른 가치들을 간섭하며, 그래서 항시 고단하고 가끔씩은 피해망상에까지 시달려야 하는 고약한 일."

사회소설로서의 『변경』은 명훈과 영희의 동선(動線)을 따라 두 개의 축으로 진행된다. 영희가 산업화의 진행과 더불어 성장한 호스티스 산업을 대변한다면, 명훈이 담당하는 것은 4·19와 5·16과 같은 커다란 정치적 사건, 주먹세계의 내막, 그리고 농촌의 붕괴 따위이다. 특히 소설의 초반부에서 명훈의 주변에 배치된 두 대학생들을 매개로 다루어지는 4·19에 대한 묘사는 작가 자신의 역사관을 잘 보여주는 대목으로 관심을 끈다.

4·19가 일어나기 전이나 진행중인 한가운데, 그리고 그것이 실패로 돌아간 나중까지도 줄기차게 등장하는 그에 대한 정의는 '우연히 한 판 잘 맞아떨어진 역사의 복권'이라는 것이다. 이 정의는 작가의 이념을 대변하는 어느 한 인물에 의해서만이 아니라 이념적·계급적으로 다종다양한 여러 인물들의 입을 통해 되풀이 반복된다는 점에서 문제적이다. 자신의 이념을 무리하게 전파하려는 작가의 무의식적 욕망이 소설적 질서와 개연성을 훼손하는 경우를 여기서 보기 때문이다.

"당신들은 내 전망의 결여를 걱정하지만 나는 오히려 지나치게 무성한 당신들의 전망을 걱정한다. 당신들은 내 무이념을 의심쩍어하지만 나는 또한 오히려 당신들의 이념 과잉이 못미덥다."

훗날 작가가 된 인철의 말에서 보듯 이문열은 이념과 전망, 진보 따위에 지극히 회의적이다. 그런 점에서 『변경』은 보수적 세계관의 한 전범이자 정점으로서도 의미를 지닌다. "내 정신은 어렸을 적부터 공산주의 또는 사회주의에 대한 혐오와 부정 속에 자랐다"는 구절은 인철 = 이문열의 보수적 세계관이 '아버지 콤플렉스'로 요약되는 가족사적 배경과 무관하지 않음을 보여준다.

작가의 세계관에 대한 평가를 뒤로 돌린다면 『변경』에서 우선 잡히는 것은 서울에서 밀양으로, 밀양에서 돌내골로, 돌내골에서 다시 어딘가로 정처없이 떠도는 일가의 슬픈 뒷모습이다. 좀더 시야를 넓힌다면, 1960년대 산업화가 거느린 두 개의 그늘, 그러니까 호스티스 산업으로 일컬어지는 향락업의 대두와 농촌의 피폐에 따른 이농의 문제가 이 소설에서 힘주어 그려지고 있는 것들이다.

> 대지는 시들었다, 이제는 떠나야 할 때.
> 은성한 제국의 도회에서 불어오는 바람이여
> 뜨겁고 매서운 유혹이여, 채찍이여.
> 사랑하는 이 하나둘 불려가고
> 가고는 다시 돌아오지 않는다.
> 잘 있거라, 내 나고 자란 변경의 산과 들이여.
> 캄캄한 원주민의 밤, 황무(荒無)한 대지를 떠돌던 꿈이여.

경찰을 비롯한 당국의 의심쩍은 눈초리, 그리고 주먹세계의 황포한 유혹을 피해 고향 돌내골에서 개간에 매달렸던 명훈이 끝내 상록수의 꿈을 포기하고 돌내골을 떠나면서 읊은 시의 한구절이다.

소설 속 돌내골은 작가의 고향인 경북 영양군 석보면 원리에서 청송군 진보 쪽으로 1km 정도 나가 있는 선산 일대의 언덕받이다. 작가와 함께 찾은 개간지에는 장마 뒤의 한여름 땡볕 아래 고추며 담배, 사과·대추 나무 따위가 푸르게 자라고 있었다. 하지만 그 푸른 잎사귀들이 가려 덮고 있는 황토 비탈 어디쯤엔가는 척박한 운명을 갈아엎기라도 하겠다는 듯 하염없이 곡괭이를 내리치는 명훈의 앙다문 입술과 땀에 젖은 얼굴이 보이는 듯도 하다.

"나에게 고향이란 추상적이지 않고 생생한 개념과도 같다. 고향은 나를 앞서 살아갔던 나의 핏줄들의 경험의 총체로서 때로는 나를 감시도 하고 때로는 격려도 하는, 구체적으로 살아 있는 인격체라고 할 수도 있다."

기쁨과 행복보다는 고통과 슬픔을 더 많이 가져다 주었을 고향 원리와 개간지를 둘러보며 작가는 자못 상기된 표정이었다.

작품의 무대 경북 북부 내륙 지방인 영양은 전북 순창과 함께 고추 산지로 유명하다. 또한 인근 안동과 함께 유학의 기풍을 간직하고 있는 곳이기도 하다. 이문열의 고향인 원리는 영양 남쪽, 청송에 가깝게 자리하고 있다. 한국 근현대 문학에서 영양은 지훈 조동탁의 고향이기도 하다. 지훈의 생가는 영양읍에서 10km 정도 북쪽으로 올라가 있는 일월면 주곡리 한양 조씨 집성촌에 있다. 그런가 하면 이문열의 고향에서 가까운 청송군 진보면은 소설가 김주영의 고향이다.

이문열 1948년 경북 영양 출생으로 서울대 사대에서 공부했다. 1977년 『대구매일신문』 신춘문예에 「나자레를 아십니까」가 당선되었으며, 1979년 『사람의 아들』로 오늘의 작가상을 수상하며 중앙 문단에 화려하게 입성했다. 『황제를 위하여』, 『영웅시대』, 『추락하는 것은 날개가 있다』 등의 장편과 중단편집으로 1980년대 최고의 베스트셀러 작가로 군림했다. 전체 9권 예정인 『변경』이 아직 진행중인 가운데, 1991년에 발표한 『시인』 이후에는 별달리 주목할 만한 작품을 내놓지 못하고 있다.

■ 신경림 · 농무

궁핍한 삶에 지친 농촌의 절망

징이 울린다 막이 내렸다
오동나무에 전등이 매어달린 가설 무대
구경꾼이 돌아가고 난 텅빈 운동장
우리는 분이 얼룩진 얼굴로
학교 앞 소줏집에 몰려 술을 마신다
답답하고 고달프게 사는 것이 원통하다
꽹과리를 앞장세워 장거리로 나서면
따라붙어 악을 쓰는 건 쪼무래기들뿐
처녀애들은 기름집 담벽에 붙어 서서
철없이 킬킬대는구나
보름달은 밝아 어떤 녀석은
꺽정이처럼 울부짖고 또 어떤 녀석은
서림이처럼 해해대지만 이까짓
산구석에 처박혀 발버둥친들 무엇하랴

비료값도 안나오는 농사 따위야
아예 여편네에게나 맡겨두고
쇠전을 거쳐 도수장 앞에 와 돌 때
우리는 점점 신명이 난다
한 다리를 들고 날나리를 불꺼나
고갯짓을 하고 어깨를 흔들꺼나
—「농무」전문

　신경림(1935~)의 시집 『농무』 초판이 나온 것은 1973년 초였다. '월간문학사' 간행의 3백 부 자비출판이었다. 당시만 해도 시집을 자비출판하는 것이야 관례에 속하는 일이었지만, 문제는 '월간문학사'. 정식 등록조차 돼 있지 않은 이 무허가 유령 출판사의 정체인즉, 한국문인협회의 기관지인 『월간문학』과 관련돼 있다. 마땅한 출판사를 찾지 못한 시인은 절친한 지기인 소설가 이문구가 편집을 맡고 있던 이 잡지의 명의를 잠시 빌리기로 한 것이다.
　이렇게 해서 태어난 『농무』가 그 뒤 20년 이상 한국 시의 한 흐름을 주도하며 독자들과 후배 시인들에게 지대한 영향을 끼치리라고는 시인 자신도 미처 예상하지 못했을 터였다. 이 시집은 다음 해 시인에게 제1회 만해문학상을 안겨주었고, 다시 한 해 뒤에는 창작과비평사에서 야심적으로 기획한 '창비시선'의 제1권으로 재출간됐다.
　'창비시선'의 무녀리로서 『농무』는 좁게는 이 기획의 성격을, 넓게는 민족문학 진영의 시가 나아갈 방향을 어느 정도 규정해 주었다. 『농무』가 지니는 그같은 규정력은 평론가 유종호 교수에 의해 '선행 시편의 추문화'라는 개념으로 정리된 바 있다. 이 시집의 어떤 점이 앞선 시들을 한갓 추문(醜聞)으로 만든 것일까?

김수영이나 신동엽과 같은 예외가 없지는 않았지만, 1960년대까지의 한국 시를 지배한 것은 현실에서 벗어나 언어를 번롱(飜弄)하는 모더니즘의 그릇된 작풍이었다. 다수 대중이 몸담고 살아가는 현실로부터 떠난 시는 당연히 그 현실의 주인인 대중들에게 외면당할 수밖에 없었고, 시와 현실, 시와 대중 사이의 괴리는 당연지사로 받아들여지는 것이 당시의 분위기였다. 시집 『농무』의 새로움은 내용에 있어서 1960년대 농촌의 곤핍한 현실을 사실적으로 그렸다는 점, 그리고 형식에 있어서는 누구라도 이해할 수 있는 평이한 어휘와 문장을 사용했다는 점으로 크게 구별된다.

어떡헐거나.
술에라도 취해 볼거나. 술집색시
싸구려 분 냄새라도 맡아볼거나.
우리의 슬픔을 아는 것은 우리뿐.
올해에는 닭이라도 쳐 볼거나.
겨울밤은 길어 묵을 먹고.
술을 마시고 물세 시비를 하고
색시 젓갈 장단에 유행가를 부르고
이발소집 신랑을 다루러
보리밭을 질러가면 세상은 온통
하얗구나.   ―「겨울밤」에서

못난 놈들은 서로 얼굴만 봐도 흥겹다
이발소 앞에 서서 참외를 깎고
목로에 앉아 막걸리를 들이키면

모두들 한결같이 친구 같은 얼굴들
호남의 가뭄 얘기 조합 빚 얘기
약장사 기타 소리에 발장단을 치다 보면
왜 이렇게 자꾸만 서울이 그리워지나   —「파장」에서

신경림은 1956년 『문학예술』에 「갈대」 등이 추천되어 시단에 나왔다. "언제부턴가 갈대는 속으로 / 조용히 울고 있었다."로 시작해 "……산다는 것은 속으로 이렇게 / 조용히 울고 있는 것이란 것을 / 그는 몰랐다."로 끝나는 「갈대」를 비롯한 그의 초기작은 앞에서 든 시집 『농무』의 전반적인 기조에서는 조금 벗어나 있다. 그렇게 된 데에는 시인이 등

「목계장터」의 무대인 목계나루는 튼튼한 시멘트 다리에 밀려 사라졌다. 오른쪽 강 건너로 보이는 마을이 목계장터이다.

단 이듬해 초까지 시를 발표하다가는 홀연 낙향한 뒤, 「겨울밤」을 발표하는 1965년 말까지 10년 가까이 침묵을 지켰다는 사정이 자리잡고 있다.

"그때까지 내가 썼던 시들에 대해 회의도 생겼고, '불온한' 독서회에 가담해 있던 차에 조봉암의 진보당 사건이 미칠 파장이 두렵기도 해서 고향으로 내려갔다. 농사도 지어보고 광산이나 공사장 일도 하고 장사도 하다 보니 10년이 훌쩍 지나가더라."

『농무』에 그려진 농민적 삶의 세목은 1950년대 말에서 1960년대 중반까지 시인이 고향인 충북 충주를 비롯해 문경·평창·영월·춘천 등지를 떠돌며 보고 겪은 일들이 바탕을 이루고 있다. 농사는 안 되고 세상은 갈수록 힘겨운 씨름 상대로 변해가는데 농민들과 날품 인부들은 술에나 취하고 광태(狂態)를 연출하는 것으로 현실을 잊고자 한다. 울분과 절망에 휘둘리던 농민들은 문득 짐을 꾸려 서울을 향한다. 하지만, 그들을 맞은 서울은 서울이 아니었다.

> 어둠이 내리기 전에 산 일번지에는
> 통곡이 온다. 모두 함께
> 죽어 버리자고 복어알을 구해 온
> 어버이는 술이 취해 뉘우치고
> 애비 없는 애기를 밴 처녀는
> 산벼랑을 찾아가 몸을 던진다.　　—「산 일번지」에서

시집 『농무』의 또 다른 축은 한국전쟁을 전후한 시기의 역사적 격동이 민초들에게 가한 시련이라 할 수 있다. "이 세상이 모두 / 싫어졌다"는 "대학을 나온 사촌형", "울분 속에서 짧은 젊음을 보낸"

죽은 당숙, "네 아버지가 죽던 꼴을 잊었느냐"고 주정을 하는 또다른 당숙 등이 그 시련을 대변한다.

　이처럼 『농무』의 뛰어남은 현실적 고통의 뿌리가 역사의 상처에 있다는 사실을 간파함으로써 역사와 현실, 과거와 현재를 잇는 하나의 흐름을 보여준 데에도 있다. 또한, 비록 구체적·사실적으로 제시된 것은 아니지만, 한국전쟁 어름의 이념대립과 유혈극에 대해서도 종래의 반공 일변도에서 벗어나 균형잡힌 시각을 견지하려 한다는 점 역시 이 시집의 장점으로서 빼놓을 수 없다.

　시집 『농무』의 무대는 시인의 고향인 충주시 노은면 연화리 장터와 보련골, 그리고 충주시내다. 13대 선조 때부터 들어와 살았다는 보련골은 이 일대에서는 가장 높은 보련산(764m) 아래의 아주 신씨 집성촌이다. 산과 계곡, 적당한 크기의 들을 두루 갖춘 아름다운 고장은 구한말부터 광산이 개발되면서 광산촌이 됐다. 시인의 탄생지인 입장(立場)은 광산 개발에 따라 시장의 필요성이 대두하자 큰길가에 세워진 마을이다. 이 크지 않은 면소재지에도 처음으로 4층짜리 연립주택이 세워져 '노은 빌라 분양 개시'를 알리는 현수막이 바람에 나부낀다. 보련산의 그 많던 탄광은 오래 전에 폐광돼 보련골은 전형적인 농촌의 면모를 되찾았다. 평화롭고 풍요로운 그 정경의 어디에서도 30년 전의 울부짖음은 들을 수 없다.

　보련산 너머 남한강변의 목계나루는 『농무』에는 실리지 않았지만 시인의 또 다른 대표시인 「목계장터」의 무대가 된 곳이다.

　　　하늘은 날더러 구름이 되라 하고
　　　땅은 날더러 바람이 되라 하네
　　　청룡 흑룡 흩어져 비 개인 나루

잡초나 일깨우는 잔바람이 되라네
뱃길이라 서울 사흘 목계 나루에
아흐레 나흘 찾아 박가분 파는
가을볕도 서러운 방물장수 되라네
산은 날더러 들꽃이 되라 하고
강은 날더러 잔돌이 되라 하네
산서리 맵차거든 풀 속에 얼굴 묻고
물여울 모질거든 바위 뒤에 붙으라네
민물 새우 끓어넘는 토방 툇마루
석삼년에 한 이레쯤 천치로 변해
짐부리고 앉아 쉬는 떠돌이가 되라네
하늘은 날더러 바람이 되라 하고
산은 날더러 잔돌이 되라 하네 ─「목계장터」전문

방물장수가 앉아 쉬곤 했던 주막은 속절없는 세월에 쫓겨 간 곳이 없다. 토방 툇마루를 대신해서는 매점의 산뜻한 파라솔이 성하(盛夏)의 햇볕을 피해 그늘을 찾아드는 길손들을 맞이한다. 폐쇄된 나루 아래쪽에는 지난 1973년에 세운 목계교가 시의 이야기를 과거로, 과거로 밀어내고만 있다.

작품의 무대 신경림의 고향인 충주시 연화리와 입장, 그리고 그의 절창 「목계장터」의 무대인 목계 역시 문학기행에 나선 길손들이 즐겨 찾는 곳이다. 사실, 이곳들의 명승과 고적이래야 별 것은 없다. 그럼에도 찾는 이가 끊이지 않는 것은 바로 그곳이 신경림 시의 태반이자 무대인 탓이다. 문학의 위대성을 여기서도 다시금 확인한다. 문학기행에 더해 유람과 휴식을 원하는 이에게는 인근 충주호와 월악산, 수안보 등지를 권할 만하다.

신경림   신경림(본명 신응식)은 1935년 충북 충주에서 났으며 동국대 영문과를 마쳤다. 1956년 『문학예술』에 「갈대」, 「묘비」 등이 추천되어 시단에 나왔다. 『농무』, 『새재』, 『가난한 사랑노래』, 『쓰러진 자의 꿈』 등의 시집과 『민요기행』, 『삶의 진실과 시적 진실』 등의 책을 냈다. 민요연구회 회장, 민족문학작가회의 회장 등을 역임했으며, 만해문학상, 한국문학작가상, 이산문학상 등을 받았다.

■ 황석영 · 무기의 그늘

'추악한 장사' 전쟁 본질 고발

"우리는 너희가 불러서 여기 왔다. 너희 정부가 되도록 미국의 청년을 죽지 않게 하려고 우리를 청했던 것이다. 이런 더러운 전쟁과 우리와는 아무 상관이 없다. 그래 우리는 너희들이 던져준 몇 푼에 팔려 왔다."

황석영(1943~)의 장편 『무기의 그늘』 중간쯤에서 주인공 안영규 병장이 미군 중사를 향해 내뱉는 절규는 전쟁의 본질을 정확히 파악하고 있다. 일찍이 리영희 교수가 『전환시대의 논리』에서 안 병장과 같은 맥락의 주장을 펼친 죄로 고초를 겪어야 했고 얼마 전만해도 김숙희 전 교육부장관이 역시 같은 이유로 현직에서 물러났지만, 베트남전쟁에 동원된 한국의 젊은이들이 달러에 팔려왔다는 안 병장의 인식은 사태의 본질을 꿰뚫고 있음에 틀림이 없다.

박정희 정권이 베트남 파병을 결정한 것은 외교·군사적 측면과 경제적 측면의 고려에 따른 것이었다. 박 정권은 우선 미국을 필두로 한 '자유세계'가 한국전쟁 당시 대한민국을 지원한 데 대한 보답으로서 파병이 불가피하다는 논리를 내세웠다. 이와 함께 파병에 대한 대가로 군 전력증강 지원과 차관 제공 등의 경제적 보상을 약속한 미국의 이른바 '브라운 각서' 역시 한국군 파병의 결정적 유인이 되었다.

1964년에서 1973년까지 상시적으로 5만여 명의 병력을 유지했으며 연인원 30여 만 명을 파병한 한국 등의 지원에도 불구하고 베트남전쟁에서 미국은 치욕스러운 패배를 당했다. 한국 역시 그 치욕의 상당 부분을 함께 뒤집어써야 했지만, 그 이면에는 달콤한 보상도 없지 않았다. '베트남 특수'를 통해서 한국은 10억 달러 이상의 외화를 벌어들였으며 그 덕분에 전쟁 기간 동안 연 평균 12%의 높은 성장을 계속할 수 있었다. 그러나 그 모든 외화 획득과 경제 성장의 밑바탕에는 5천여 명의 사상자와 고엽제 피해자, 그리고 무엇보다도 베트남 민중의 자존과 목숨에 대한 부당한 침탈이라는 씻을 수 없는 죄과가 도사리고 있는 것이다.

베트남전쟁은 한국 경제에 기여한 것 못지않게 한국문학에도 이바지했다. 한국문학에서의 전쟁 묘사는 한국전쟁 이후 결코 부족한 바 아니었으되, 1950년 전쟁을 어린 나이에 겪은 시인·작가들에게 있어 베트남전쟁은 역설적으로 문학적 기회로 작용했다. 베트남에서 아직 전쟁이 한창이던 1970년에 발표된 황석영의 단편「탑」은 아마도 한국문학에 있어 베트남전쟁이 등장한 최초의 소설일 것이다. 이 전쟁은 이어서 박영한의『머나먼 쏭바강』과 안정효의『하얀 전쟁』과 같은 장편소설을 대형 베스트셀러로 만들기도 했다.

『무기의 그늘』은 기존의 베트남전쟁 관련 작품들이 전쟁의 본질을 제대로 천착하지 못한 채 기껏해야 휴머니즘 또는 소박한 반전

전쟁통의 혼란을 틈타 '악의 꽃' 달러를 움켜쥐려는 자들의 음모와 각축이 춤췄던 르 로이 구시장은 지금은 동바 시장으로 이름이 바뀌어 여전한 삶의 활기를 내뿜고 있다.

주의의 차원에 머물렀으며 나쁘게는 반공주의의 뒤틀린 눈으로 사태를 바라본 경우도 있었다는 사실에 대한 반성에서 출발한다. 남부 베트남 제2의 도시 다낭에 위치한 연합군 합동수사대 한국군 파견대의 시장 조사원인 안영규 병장을 주인공으로 내세운 소설은 전쟁의 이면에 감춰진 추악한 본질을, 특히 그 경제적 측면에 초점을 맞추어, 까발린다.

그 숨겨진 본질이란 "전쟁은 가장 냉혹한 형태의 장사"라는 작중 인물의 말에 적절히 요약되어 있다. 자국 출신 다국적기업과 은행의 이익을 지키고자 전쟁을 일으킨 미국, 달러의 유혹 앞에 젊은 목숨들을 사지로 내몬 한국, 조국의 불운을 틈타 제 잇속을 챙기기에 급급한 남부 베트남의 군관민, 기타 "무기의 그늘 아래서 번성한 핏빛 곰팡이 꽃, 달러"를 잡으려 어지러운 춤을 추는 인간군상이 소설 속을 출몰한다.

크건 작건 경제적 이익을 좇는 이들의 맞은편에 자리한 이들이 베트남민족해방전선의 전사들이다. 소설의 또 다른 주인공인 팜 민과 그의 상관 구엔 타트 등에게 있어 이 전쟁은 무엇보다도 외세의 지배로부터 민족의 해방과 통일을 쟁취해내기 위한 성전이다. 그 성스러운 싸움의 길에서는 사랑하는 여인과의 결합이라든가 형제간의 우애, 단란한 가정생활 따위는 얼마든지 희생할 수도 있는 부차적 가치가 된다.

소설이 이들의 현실적 승리를 보여주는 것은 아니다. 오히려, 소설의 끝부분에서 도시 게릴라 투쟁을 벌이던 팜 민은 안영규의 총에 맞아 죽고 만다. 그러나, 현실적 패배가 미래의 승리라는 전망을 담보해야 한다는 리얼리즘 소설관이 여기서도 어김없이 관철되고 있음이다. 게다가 가해자의 일원으로 더러운 전쟁에 가담했던 우리의 입장에서 특히 의미 있는 것은 팜 민과 안영규가 미국의 사주에 의해 서로 총부리를 겨누어야 했던 약소민족의 비애를 축약해 보여준다는 점이다.

『무기의 그늘』이 앞선 베트남전 소설들에 대해 지니는 장점과 미덕은 충분하고도 분명하다. 그러나, 작가 스스로 알게 모르게 설정한 창작 동기와 목표에 열중하느라 전쟁소설로서의 실감을 놓치고 있는 것 또한 어김없는 사실이다. 소설은 총성과 비명이 난무하며 살과 피가 튀는 전쟁의 한가운데를 보여주지 못하고, 외곽의 시장 골목과 호텔을 오가며 전쟁의 경제적 이면을 파헤치는 데 치중하고 있는 것이다.
 전쟁이 끝난 뒤 21년, 소설의 배경이 된 때로부터는 28년이 지난 오늘의 다낭은 통일 베트남의 네번째 큰 도시로서 사회주의 시장경제라는 역사적 실험의 한가운데에 놓여 있었다. 안영규 등 연합군 행정요원들이 상주했던 그랜드 호텔의 모델이 되었을 다낭 호텔 자리에는 호앙지아라는 이름의 흰색 호텔이 새로 들어섰고 다낭 호텔은 옆 건물을 빌려 이사갔다. 구엔 타트의 비밀 아지트가 있던 르로이 구 시장은 동바 시장으로 이름이 바뀌어 여전히 삶의 활기를 내뿜고 있다.
 소설 속에서 미군 쪽의 보고서 형식으로 제시되는 밀라이 학살의 현장에는 기념관과 추모탑, 벽화, 당시의 우물과 방공호, 그리고 총탄 자국이 선명한 코코넛 나무 등이 남아 5백여 원혼을 위무하고 있다. 기념관 안에는 학살 현장 사진말고도 남베트남에 진주하는 한국 해병대원들의 사진이 설명과 함께 걸려 있어 한국 방문객들의 마음을 무겁게 한다. 기념관 안내인인 트룽 티엔 흐엉은 "전쟁과 직접 관련이 없는 수많은 이들이 찾아와서 '미안하다'고 말할 때마다 마음이 아프다"며 울먹인다. 그는 "독립과 자유보다 소중한 것은 없다"는 호치민의 말을 인용하면서 "베트남 사람들은 독립과 자유를 위해 싸웠을 뿐이다. 이제는 베트남인들과 세계인들이 서로 대화하고 이해하도록 노력하는 것이 필요하다"고 말했다.
 전쟁을 상기시키는 것은 밀라이뿐만은 아니었다. 전체 길이가 250km에 이른다는 구치의 베트콩 땅굴, 정글의 지뢰지대 위험 경고판, 잊을 만하면 나타나는 전몰 병사 추모비, 베트남의 마지막 왕조가 둥지를 틀었던 훼성 벽의 탄흔, 그리고 웬만한 도시에는 하나씩 있는 전쟁박물관……. 특히 호치민 시(옛 사이공)의 전쟁범죄박

물관은 인간이 같은 인간에 대해 얼마만큼 잔인무도할 수 있는가를 전율스럽게 확인시킨다. 사로잡은 포로를 심문하는 데 사용했던 피 묻은 몽둥이, 물고문, 전기고문, 손톱 밑에 바늘 박기, 동맥과 팔꿈치, 넓적다리, 아랫배 등에 수십 cm짜리 쇠못 박기, 여자 포로의 바지 속으로 살아 있는 뱀을 집어넣는 고문, 심문에 답하지 않는다고 공중의 헬리콥터에서 포로를 산 채로 떨어뜨려 죽이는 잔혹성, 사로잡은 베트콩의 목을 잘라 들고 웃는 미군 병사, 고엽제에 불타 짓이겨진 얼굴, 화학무기에 노출된 부모에 의해 잉태된 온갖 형상의 기형아들……. 비위가 약한 사람은 포르말린 병에 담긴 기형사산아의 실물을 보고는 전시실 밖으로 뛰쳐나가 토하기 일쑤다.

그러나 도이 모이의 베트남은 낡은 과거에만 매달려 있지는 않았다. 유리관 속의 호 아저씨(호치민)가 매일 나라 안팎에서 찾아오는 참배객들을 맞이하는 한편에서 철없는 아이는 일본 만화 『드래곤 볼』에 열중해 있고, 호치민 시 중심가 렉스 호텔의 휘황한 네온 불빛은 붉은 바탕에 노란 별이 그려진 베트남 국기를 비추는 듯 가리고 있다. 슬프면서도 자랑스러운 과거의 흔적, 그리고 새롭게 펼쳐질 미래에 대한 기대와 불안이 착잡하게 교차하는 곳, 오늘의 베트남이다.

작품의 무대 베트남은 최근 값싸고 실속 있는 새로운 해외 여행지로 각광을 받고 있다. 중국 연변의 상흔과 자본주의적 타락, 동남아의 끈적한 분위기에 실증을 낸 이들에게 베트남 사람들의 순수하고도 소박한 면모가 정감 어리게 다가오기 때문이다. 그러나, 역사적으로 베트남은 우리와는 매우 특수한 관계를 맺고 있는 나라이다. 그같은 역사적 배경을 새기고 돌이키는 것이 반드시 여행을 망치지는 않을 것이다. 베트남은 남북으로 긴 나라이기 때문에 대체로 북쪽의 하노이와 남쪽의 호치민 시, 그리고 중간의 훼를 거점으로 삼아 관광이 이루어진다. 세 곳 모두 놓치고 싶지 않은 곳들이다.

황석영 1943년 만주 장춘에서 났으며 고교시절인 1962년 『사상계』 신인문학상을 통하여 등단한 뒤 1970년 『조선일보』 신춘문예에 단편 「탑」과 희곡 「환영(幻影)의 돛」이 각각 당선되어 문학활동을 본격화했다. 1966~67년 베트남전쟁에 참전했다. 소설집 『객지』, 『가객』, 대하소설 『장길산』과 장편 『어둠의 자식들』, 『무기의 그늘』, 희곡집 『장산곶매』, 광주민중항쟁 기록집 『죽음을 넘어, 시대의 어둠을 넘어』, 북한방문기 『사람이 살고 있었네』 등을 냈다. 북한 방문 뒤인 1990년엔 독일 등 해외에 머물면서 『한겨레신문』에 장편소설 『흐르지 않는 강』을 연재하기도 했다. 현재 공주교도소에 복역중.

■ 조해일 · 아메리카

치욕 상흔 '양공주'의 그늘진 삶

　　한낮이 기운 팔월달 햇빛이 철길 위에서 지글지글 끓는다. 트인 지형이다. 철길은 아득한 데서 와서 아득한 곳으로 달려간다. 철길에 나란히 국도가 달리고 있다. 국도는 잘 포장되어 있는 나무랄 데 없는 길이다. 윤이 흐르는 기름진 골탄 바닥은 폭이 넓고, 고른 것이 철길보다 더 당당하다. 도로를 따라가면서 언저리에 모두 미군부대가 들어앉아 있는 것이다.　　　　　　—최인훈, 「국도의 끝」에서

　　미국의 맨얼굴을 보기 위해 머나먼 인도차이나 반도까지 갈 필요는 없을 것이다. 우리가 발 딛고 살아가는 이 땅에서도 그것이 얼마든지 가능하다는 사실을 그곳에 가면 깨닫게 된다. 서울에서 정북방으로 20여km 거리, 휴전선 이북의 원산을 향해 벋어 있는 경원선 국도와 철로가 나란히 지나가는 곳, 한국전쟁 이후 반세기 가까운 세월을 주한 미군들과 몸 부대끼며 살아온 도시, 동두천이 그곳이다.

『뜻으로 본 한국역사』라는 책에서 함석헌은 우리 겨레를 '학대받은 계집종'에 빗댄 바 있다. 그의 비유가 여유와 관조의 결과이기는커녕 냉철한 사실주의의 산물임을 지나간 역사는 보여준다. 고려 때 원나라로 끌려간 공녀들에서부터 조선의 그 많은 논개들, 식민지 강점기의 일본군 위안부들에 이르기까지 이 땅의 여성들은 겨레의 굴종과 치욕을 온몸으로 감당해왔다. 게다가 그것은 이민족의 지배에서 해방된 뒤에도 끝나지 않았으니, 오늘날 양공주 또는 양색시로 불리는 이들이 그를 증거한다. 해방과 함께 이 땅에 들어왔으며, 한국전쟁을 거치면서 진주를 확고히 한 미군들은 이른바 기지촌을 형성시켰고 그것의 첫번째 필요조건은 몸 파는 여자들이었다.

팔려고 내놓은 한국 여자들의 몸뚱어리와 그것을 사고자 하는 미군 병사들의 욕정, 그 둘 사이를 이어주는 클럽으로 이루어지는 기지촌은 나름의 독특한 문화를 일구었다. 여러 시인·작가들이 그 세계에 눈을 주었음은 당연지사일 것이다. 시인 장영수·김명인이 각기 시집 『메이비』와 『동두천』에서 혼혈아와 기지촌 풍경을 다루었고, 소설가 천승세의 「황구의 비명」과 윤정모의 『고삐』 연작은 양공주 문제를 프리즘 삼아 한미관계의 예속적 본질을 까발렸다. 최근작으로는 복거일의 『캠프 세네카의 기지촌』과 윤이나의 『베이비』가 기지촌과 양공주의 삶을 진솔하게 그리고 있다.

1972년에 발표된 조해일(1941~)의 중편 「아메리카」는 기지촌인 ㄷ읍 ㅂ리의 클럽에 스며든 대학 중퇴생의 눈에 비친 양공주들의 삶과 죽음을 소묘한다. 군을 제대한 뒤 학교에 복학하는 대신 당숙이 운영하는 클럽의 문지기로 취직한 '나'는 클럽을 드나드는 양공주들과의 성적인 일락(逸樂)에 기꺼이 몸을 맡기며 차츰 ㄷ읍의 사정에 눈을 떠간다. "ㄷ읍의 경제권은 거의 ㅂ리에 사는 사람들의 손에서 움직인다는 것, 아니 ㄷ읍을 먹여 살리고 부지케 하는 자산의 대부분이 ㅂ리에서 나온다는 것"이 개안(開眼)의 내용이다.

무책임한 구경꾼이거나 기껏해야 본능에 몸을 맡긴 한 마리의 수컷으로서만 자신이 몸담고 있는 ㅂ리를 바라보던 그의 시선에 변화가 오는 것은 우연히 목격한 양공주의 죽음으로 해서이다. 동거하던 여자를 밤무대 쇼에 나간다는 이유로 목 졸라 죽인 흑인 병사의 범죄를 겪고 그렇게 죽은 양공주의 장례식을 지켜본 그는 양공주들의 자치 조직인 '씀바귀회'를 찾아가 그들의 실상을 청취하기에 이른다.

작가 조해일 씨가 동두천 보산동과 생패동을 잇는 생패교 들머리에서 건너편의 보산동을 가리키며 설명하고 있다.

그렇다고 해서 달라질 것은 없다. 비록 그가 "오늘 내게 그녀들의 춤은 이상하게도 삶에 대한 격렬한 거역의 몸짓처럼 보였다"라며 시각의 변모를 토로하지만, 그것의 궁극은 "가진 나라와 못 가진 나라 사이에 일어나는 여러 가지 갈등 내지는 소외관계라는 도식에서 한 발짝도 더 나아갈 수 없다는 무력감"일 따름이다.

그같은 무력감의 결과일까. 소설의 아퀴를 짓는 것은 홍수의 몫으로 돌아간다. 홍수는 클럽과 골목을 채우고 넘치지만, 기지촌 자체나 그것의 정치경제적 근거를 함께 쓸어가 버리는 것은 아니다. 오히려 인명 구조용 고무보트를 타고 동네 골목에 나타난 미군들은 노약자들을 부대로 대피시켜 보살피기조차 한다. 신성해야 할 성의 구매자, 더 신성해야 할 목숨의 찬탈자로서의 모습과는 도무지 어울리지 않는 미군의 이런 면모는 당숙의 입을 통해 이렇게 요약된다.

"약한 사람, 불행한 사람, 재난을 당한 사람, 이런 사람들을 돕는다는 게 그 사람들의 좌우명 아니냐? 그럴 일이 없으면 만들어 내기라두 할 사람들인걸."

그렇다면 미군의 자비와 잔혹으로부터 벗어날 길은 없단 말인가. 미군과 미국에 대한 고발과 거부라는 명쾌한 결론으로 나아가는 「황구의 비명」이나 『고삐』와 비교해 상황의 한가운데에서 끝을 내버린 「아메리카」의 성취를 회의하는 시각도 있다. 그에 대해 작가는 "현실에서 명쾌한 매듭이 지어지지 않는데 소설 속에서만 유독 매듭을 짓는 것도 작위적일 것"이라며 "나는 다만 기지촌과 양공주들의 실상을 있는 그대로 보여주고 싶었다"고 말했다.

「아메리카」를 비롯한 작가의 일련의 기지촌 소설들은 그의 부친이 동두천에서 클럽을 경영했다는 사정과 무관하지 않다. 만주 출신으로 해방될 무렵 귀국해서는 갖가지 고생 끝에 기지촌의 클럽 주인으로 자리잡은 부친에 대해 작가는 '애증'이라는 한 마디로 회고를 대신했다.

소설에 나오는 ㄷ읍 ㅂ리는 바로 작가의 부친이 클럽을 경영했던 동두천시 보산동을 가리킨다. 지난 1980년 동두천이 시로 승격되기 전에는 동두천읍 보산리로 불렸다. 하지만 소설이 씌어진 뒤 사반세기, 소설 배경으로부터는 30년 가까운 시간이 지난 오늘날의 보산동은 소설에서 묘사된 모습과는 사뭇 다르다.

그것은 무엇보다도 보산동의 상징이었던 양공주들의 숫자가 급격하게 줄었다는 사정과 관련이 있다. 한때 3천 명 가까이에 이르렀다는 그 여자들은 지금은 겨우 30명 미만에 머물고 있다. 그 여자들이 출입하는 클럽 주인들의 모임인 한국특수관광업협회 동두천지부의 이명석 지부장은 "현재 지부에는 33개 업소가 가입해 있지만, 실제로 영업을 하는 곳은 10여 군데밖에 안 된다"고 밝혔다. 달러의 위력이 현저하게 줄어든 데다 미군들에 대한 주민 감정이 나빠져서 그들이 전만큼 '대접'을 받지 못하기 때문에 부대 밖으로 나오기를 꺼린다는 것이다. 소설 속에서 흑인 병사에게 살해당한 동료를 단체로 장례 지낸 '씀바귀회'의 모델인 '민들레회' 역시 회원 수의 격감으로 오래 전에 자취를 감추었다.

그나마 주말 저녁에나 기지촌 분위기를 낸다는 보산동 골목의 평일 낮은 황구의 혓바닥만큼이나 늘어져 기신거리고 있었다. 인디언 헤드니 맨하탄, 와일드캣, 뉴하우스, 리버티 따위의 영문 이름을 쓴 클럽이나 테일러며 사진관들이 오래 된 영화 세트처럼 꾸며져 있기는 하지만, 그것들이 풍기는 분위기는 활기와는 거리가 멀다. 땡볕이 내리쬐는 골목을 한동안 지키고 서 있어도 양공주로 짐작되는 여자들의 모습을 보기는 힘들다. 두세 명씩 짝을 지어 어슬렁거리는 사복 차림의 미군 병사들, 열 살 미만의 흑인 혼혈아와 또래의 한국 아이, 무료한 표정으로 어서 밤과 주말이 오기를 기다리는 듯한 동네 주민들이 골목을 오갈 뿐이다.

소설 속에서 흑인 병사에게 살해당한 양공주의 장례는 동료 양공주들의 집단적인 한풀이 의식과도 같이 치러진다. 소복한 여자들은 미군 부대 정문에서 노제를 지낸 뒤 부대 앞을 흐르는 신천의 다리를 건너 상패동 공동묘지까지 흙먼지 이는 길을 곡을 하며 나아간다.

'사랑도 명예도 이름도 남김 없이' 졸(卒)한 양공주들은 동두천시 서쪽 상패동 공동묘지의 한켠에서 영원한 안식을 찾았다. '홍쥬리의 무덤, 면사포 한번 못 써보고', '양춘실의 무덤, 다음 세상엔 좋은 팔자 타고나기를', '박데비의 묘, 꺾인 꽃도 꽃이랍니다'…… 양공주들의 '경기'가 좋았던 시절만 해도 이런 묘비명이 적힌 나무 십자가를 흔히 볼 수 있었다지만, 지금은 그렇지가 않다. 돌보는 이 없는 그 여자들의 무덤은 세월과 인정의 풍화작용에 씻기고 무너져 다시금 없을 무의 상태로 돌아가고 있는 듯하다.

작품의 무대 동두천을 여행이나 관광의 대상으로 생각하기는 쉽지 않다. 그러나 이곳에도 5백m대의 소요산이 있어 등산객들을 심심치 않게 불러들인다. 또, 동두천에서 북쪽으로 20km 가까이 올라가면 전곡의 한탄강 유원지에 이르게 된다.

조해일(본명 조해룡)은 1941년 만주 하얼빈 부근에서 태어나 경희대 국문과와 같은 대학원을 졸업했다. 1970년 『중앙일보』 신춘문예에 단편 「매일 죽는 사람」이 당선되어 등단했다. 창작집 『아메리카』, 『왕십리』, 『무쇠탈』 등과 장편소설 『겨울여자』, 『갈 수 없는 나라』 등을 냈다. 지금은 경희대 국문과에서 후학을 가르치고 있다.

■ 윤흥길 · 아홉 켤레의 구두로 남은 사내

'이중성' 지닌 소시민 미완의 투쟁

　1950년대를 연 것이 한국전쟁이었다면, 1960년대를 열어젖힌 것이 4·19 학생혁명이었다면, 1970년대의 앞자리에 놓인 것은 한 청년 노동자의 분신이었다. 1970년 11월 13일 서울 청계천 평화시장의 봉제노동자였던 스물두 살 청년 전태일의 분신은 빈약한 제 한 몸을 불쏘시개 삼아 이 땅의 노동 착취구조 자체를 태워 없애고자 했던 안쓰러운 몸부림이었다.
　그로부터 채 1년도 지나지 않은 1971년 8월 경기도 광주대단지(성남)의 주민 5만여 명은 출장소(시청)와 파출소, 경찰서를 불태우는 등 격렬한 시위로 한동안 광주대단지 전역을 장악했다. 서울시의 판자촌 철거조처에 의해 밀려난 이들은 예상을 웃도는 토지불하가격의 인하와 세금감면을 구호로 내걸었다.
　전태일의 분신과 광주대단지사건은 성장제일주의의 그늘에 가려져 있던 민중들의 삶의 실상을 폭로하는 결과를 가져왔다. 성장의 결실에서 소외된 계층의 경제적 평등을 위한 투쟁은 군사정권 치하에서 억눌려온 정치적 자유를 위한 투쟁과 함께 1970년대 한국사회를 특징지은 두 양상의 하나였다. 1960년대 벽두에 들어선 박정희 정권이 1970년대 막바지에 무너진 것도 그 두 가지 투쟁의 직·간접적인 결과였다고 할 수 있으리라.

윤흥길(1942~)의 연작소설집 『아홉 켤레의 구두로 남은 사내』는 광주대단지사건에 가담했던 중년 사내 권기용을 주인공으로 삼아 이 사건을 간접 조명하고 있다.

지상낙원이 들어선다는 소문이 특히 없이사는 사람들 사이에 굉장한 설득력을 지닌 채 퍼지고 있었다. (……)차제에 내 집을 마련할 수 있다는 유혹의 손에 덜미를 잡혀 서울에서 통근거리 안에 든다는 그 이점을 너무 과대평가했던 과오는 인정하지 않는 바 아니다. 결국 그는 당시 형편으로는 거금에 해당하는 20만 원을 변통해서 복덕방 영감쟁이를 통하여 철거민의 입주 권리를 손에 넣었다.

그러니까 권기용 씨는 정작 철거민은 아니었고, 철거민의 입주 권리를 웃돈을 얹어주고 산 쪽이었다. 때마침 3선개헌에 이은 7대 대통령 선거와 8대 국회의원 선거를 거치면서 정치인들은 온갖 사탕발림 같은 공약으로 주민들을 한껏 장밋빛 꿈에 부풀게 한 끝이었다.

꿈은 다만 꿈으로 그치고 만다. 그렇지 않아도 사정이 어려운 주민들에게 당국은 이런저런 감당 못할 요구와 주문을 제시하며, 대책위원회를 결성한 주민들이 더 이상 다른 대책이 없다는 판단에서 싸움에 나선 것이 사건의 시작이었다.

『아홉 켤레의 구두로 남은 사내』는 광주사건 당시를 배경으로 하

성남시 중원구 금광동 별 동네에서 내려다본 성남시 전경. 사방이 산으로 에워싸인 분지형 지세는 광주대단지사건 당시 이곳을 일종의 해방구이자 수용소로 만들었다.

고 있지는 않다. 우연한 계기로 투쟁의 선두에 선 권기용 씨가 그로 인해 짧지 않은 옥고를 치르고 나온 다음 솔권해서 오 선생 집 문간방에 세들어오는 6년 뒤가 시간 배경이 된다.

　단편 넷으로 이루어진 이 연작을 인상 깊게 만드는 것은 주인공 권기용 씨의 사람됨이다. 그는 말하자면 경제적 불우와 그에 아랑곳 않는 꼿꼿한 자존심을 한몸에 구현하고 있는 인물이다. "이래뵈도 나 안동 권씨요" 또는 "이래뵈도 나 대학 나온 사람이오"처럼 그가 궁지에 빠졌을 때 주문처럼 외는 말들도 그렇거니와, 무엇보다 그의 유별난 자존심을 대변하는 것은 반짝반짝 빛나게 닦여져 진열되어 있는 아홉 켤레의 구두다.

가장 값나가는 세간의 자격으로 장롱 따위가 자리잡고 있을 때 꼭 그런 자리에 아홉 켤레나 되는 구두들이 사열받는 병정들 모양으로 가지런히 놓여 있었다. 정갈하게 닦인 것이 여섯 켤레, 그리고 먼지를 덮어쓴 게 세 켤레였다. 모두 해서 열 켤레 가운데 마음에 드는 일곱 켤레를 골라 한꺼번에 손질을 해서 매일매일 갈아신을 한 주일의 소용에 당해온 모양이었다.

연작의 첫편인 「아홉 켤레의 구두로 남은 사내」는 주인공 권기용 씨가 아홉 켤레의 구두만을 남긴 채 실종되는 장면으로 끝난다. 집 주인인 오 선생에게 출산을 위한 아내의 병원비를 빌려달라고 사정했으나 들어주지 않자 술기운에 기대 서투른 강도 행각을 하다가 정체를 들키는 일이 실종의 직접 동기였다.

이어지는 연작 「직선과 곡선」은 그렇게 실종됐던 권기용 씨가 늙은 작부와의 동반자살 기도에서 가까스로 살아난 뒤, 어느 회사 사장의 차에 치인 인연으로 그 회사에 취직하기까지를 그린다. 계속해서 「창백한 중년」과 「날개 또는 수갑」은 공장의 잡역부 노릇으로 소일하던 그가 노동자들의 열악한 조건에 눈을 뜨고 그 개선을 위한 행동에 나서는 과정에 할애된다.

전체적으로 보아 『아홉 켤레의 구두로 남은 사내』는 소시민적 이중성의 소설이라 할 수 있다. 막벌이 노동에 종사하면서도 구두만은 광을 내어 닦고 다니는 주인공 권기용 씨의 허위의식은 그 전형적인 모습이다. 권씨뿐이 아니라 오 선생 역시 소시민다운 미덕과 한계를 동시에 지니고 있는 인물이다. 그는 전과자인 권씨가 셋방에 들어옴으로써 생기는 불편을 꺼려하고 돈을 빌려달라는 그의 부탁을 일단 거절하지만, 결국은 실종된 그를 대신해 권씨 부인의 수술비를 납부한다. 주요 등장인물들이 공통적으로 견지하고 있는 이런 소시민 의식 때문에 이 작품은, 특히 1980년대 평단으로부터, 계급적으로 한계가 있다는 지적을 받았다.

그러나 연작의 마지막 두 편에서 주인공 권기용 씨의 변모는 괄목상대할 정도이다. 폐결핵임이 들통이 나 해고 위기에 처한 여공이 팔목을 잘리는 사고를 당하는 사건을 계기로 그는 노동자들의 삶의 조건에 관심을 표하고 그 개선을 위해 행동으로 나서게끔 되는 것이다. 사원들에게 일괄해서 제복을 입게 하는 회사의 방침에 대해 그것이 자유의 침해라며 반발하는 관리직 사원들을 향해 그가 하는 말은 소시민 권기용 씨의 의식이 어느만큼 바뀌었는가를 잘 보여준다.

"그렇지만 한쪽에선 작업중에 팔이 뭉텅 잘려져나간 사람이 있고 그 팔값을 찾아주려고 투쟁하는 사람들이 있는 반면에 다른 한쪽에선 몸에 걸치는 옷 때문에 거기에 자기 인생을 걸려는 분들도 계시구나 하는 생각이 들어서 그냥 지나칠 수가 없었습니다."

연작의 마지막 대목은 권씨가 '팔값 찾아주기 투쟁'의 일환으로 사장실 문을 박차고 들어서는 장면이다. 그 뒤 권씨는 어떻게 되었을까.

"본래는 그 다음 얘기도 쓰고자 공장을 취재하는 등 나름대로 준비를 했었다. 그러던 어느 날 독자들을 상대로 한 강연이 끝난 뒤 노동운동을 한다는 청년들이 따로 보자고 하더니 '소시민 의식으로 무장한 시각으로는 우리 노동자들 얘기를 제대로 쓸 수 없으니 쓰지 말라'고 하는 바람에 충격을 받아 그만 쓰기로 결심했다. 사산(死産)하고 만 뒷얘기에서는 권씨가 더한층 적극적으로 행동에 나서게 된다. 하지만 이제는 다 부질없는 이야기다."

한국 소설사의 숨겨진 일화를 회고하는 작가의 어조는 쓸쓸함과 분노, 그리고 슬픔이 어우러져 착잡하다.

작가가 『아홉 켤레의 구두로 남은 사내』 연작을 쓰게 된 것은 1973~75년의 성남 생활이 계기가 되었다. 소설 속 오 선생 가족의 경로대로 탄천변 시장통의 셋방에서 살다가 옛 시청 뒤 은행주택으로 이사한 작가는 동네 예비군 교육장에서 만난 청년들로부터 광주대단지사건 당시의 얘기를 들었다.

"그때만 해도 사태의 후유증이 곳곳에 남아 있었다. 그에 관해 조금만 언급해도 표정들이 바뀌었다. 서울서 못 살고 쫓겨났다는 생각, 언젠가는 서울로 재입성하겠다는 생각으로들 가득 차 있었기 때문에 분위기는 그다지 좋지 못했다."

1975년 서울로 이사한 뒤로는 좀체로 성남엘 와보지 않았다는 작가의 눈에 20년 뒤의 성남은 초입부터 낯설기만 했다. 서울로 출퇴근할 때마다 헌병들의 삼엄한 눈총을 맞아야 했던 복정검문소는 자취가 없고 그 자리에는 지하철 복정역이 들어서 있다.

소설에서 묘사된 대로 광주사건 당시 시위대가 뒤집힌 트럭에서 굴러떨어진 참외를 아귀처럼 주워 먹던 독정천변의 제방도 오래 전에 복개되었다. 작가가 처음 살았던 셋집이 면한 탄천 역시 말끔히 복개되어 지금은 펑 뚫린 대로가 되었다.

옛 시청 자리에는 지금 인하병원이 들어서 있고, 병원을 왼쪽으로 끼고 언덕을 오르다가 왼쪽으로 꺾어지면 나오는 은행주택 지대

또한 면모를 일신했다. 대지 1백 평에 건평 30평으로 당시로는 성남 최고의 주택으로 불렸던 은행주택 단지에는 옛 모습을 간직한 집이 거의 남아 있지 않았다. 작가가 살았던 집도 반지하에 지상 2층짜리 다세대주택으로 바뀌었고, 그 뒷집 역시 연립주택으로 신축하는 공사가 한창이었다.

작가가 잠시 근무했던 중원구 금광동 숭신여고는 별동네를 끼고 있는 고지대의 학교이다. 학교 운동장에 서면 신구전문대 건너편으로 달동네가 바라다보인다. 한때는 별동네나 달동네나 게딱지 같은 집들로 득시글대는 전형적인 판자촌이었지만, 지금은 제법 번듯한 고층아파트들도 들어선 모습이다. 그 부조화의 풍경을 보면서 생각한다. 판잣집과 아파트가 모순의 지양을 거쳐 모종의 합의에 이를 날은 언제일 것인가.

작품의 무대 성남시 전체를 내려다볼 수 있는, 가령 신구전문대 뒤쪽 언덕받이쯤에라도 올라서 보면 높지는 않지만 제법 시야를 가리는 야산들이 이 도시를 빙 둘러 감싸고 있음을 알 수 있다. 그같은 지세는 1971년 광주대단지사건 당시 이곳을 하나의 해방구이자 거대한 수용소처럼 느끼게 만들었다. 몇 개의 길목만 지키고 있으면 이곳을 들고 나는 일이 어렵게 되는 까닭이다. 1970년대의 신도시 성남은 1990년대 들어 일산, 평촌, 중동, 그리고 이웃 분당 등을 후배로 거느리며 점차 늙어가는 듯하다.

윤흥길 1942년 전북 정읍에서 났으며 원광대 국문과를 졸업했다. 1968년 『한국일보』 신춘문예에 단편 「회색 면류관의 계절」이 당선되어 문단에 나왔다. 「장마」, 「제식훈련변천약사」 등의 중단편과 장편 『에미』, 『완장』, 『빛 가운데로 걸어가면』 등을 냈다. 한국문학작가상과 한국창작문학상을 받았다.

■ 최인호 · 별들의 고향

서울의 밤 적신 '호스티스'의 눈물

남들이 다 돌아올 시간에 그녀는 떠난다. 밤에 더욱 빛나는 야광을 몸에 바르고 번쩍이면서 일몰의 저녁 순간에 불확실한 그림자를 길게 끌며, 지치고 더러운 거리로 나가기 시작한다.
—『별들의 고향』에서

1970년대 고도성장이 노동자·농민의 소외와 함께 드리운 또 하나의 그늘은 향락산업의 발흥이었다. 성장의 결실에서 소외된 계층의 몸부림이 있는 한편에서 소수의 수혜자들은 두툼해진 지갑을 개인적 쾌락을 위해 선뜻선뜻 열고는 했다. 호스티스라는 직업이 일반화한 것이 1970년대에 들어와서의 일이다. 술집을 찾는 남자 손님들의 말상대 노릇을 하며 때로는 몸을 팔기도 하는 이들은 봉건시대 기생의 후예라 할 만했다.

1972~73년 신문 연재를 거쳐 출간된 『별들의 고향』은 이 새로운 직장여성을 본격적으로 등장시킨 소설로서 이른바 '호스티스 문학'

의 선도역을 맡았다. 착하고 예쁜 처녀 오경아를 나락으로 이끄는 것은 곤궁한 경제와 운명의 심술이라 보아야 할 것이다. 가난 때문에 대학을 1학년에 그만둔 뒤 믿었던 남자에게 버림받고, 가까스로 결혼해 모처럼 안락한 가정을 꾸미는가 했으나 이전의 낙태수술 후유증으로 아이를 낳지 못하게 됨으로써 다시금 버림받은 여자. 호스티스는 그를 기다리고 있는 운명의 이름이었다.

그렇다고 해서 『별들의 고향』이 호스티스라는 직업의 연원과 현상에 관한 사회경제적 성찰을 보여주는 것은 아니다. 소설은 오히려 경아의 운명의 변전을 개인 차원의 '사나운 팔자' 정도로 치부해 버림으로써 동정적인 독자들의 눈물은 자아낼지언정, 전형성의 요건을 충족시키지는 못하는 아쉬움을 남긴다. 어쨌든 경아는 몰락하고, 그리하여 스물일곱의 이른 죽음을 맞는다. 첫 남자에게 몸을 허락할 때나, 짧은 평생 동안 단 한 번이었던 청혼을 받아들이기로 하면서도 '버림받지 않기를' 바랐던 경아는 그 바람도 헛되이 거듭 버림받고 종내는 혼자가 되고 만다.

소설의 화자인 화가 김문오가 어느 맥주홀의 호스티스로 있는 경아를 만났을 때 그 여자는 지치고 망가져 '정상적인' 결혼생활에 대한 꿈을 접은 상태였다. 아무런 약속도 할 수 없는 문오와의 관계도 불현듯 끝나고, 한참의 세월이 흘러 보기 흉할 정도로 살이 찌고 몸이 상한 경아는 말한다. "모든 것을 다시 시작할 수만 있다면. 난 이제 지쳤어요."

그러니, 누구 못지않게 아름다운 꿈과 선한 의도를 가지고 있었던 경아를 이토록 망가뜨린 자는 누구란 말인가.

그래, 경아는 실제로 존재하지 않았던 여자인지도 몰라. 밤이 되면

서울 거리에 밝혀지는 형광등의 불빛과 네온의 번뜩임, 땅콩 장수의 가스등처럼 한때 피었다 스러지는 서울의 밤, 조그만 요정인지도 모르지. 그래, 그녀가 죽었다는 것은 바로 우리가 죽인 것이야. 무책임하게 골목골목마다에 방뇨를 하는 우리가 죽인 여자이지.

『별들의 고향』은 무엇보다 상업적으로 성공했다. 작가의 추산으로는 상·하권 합해서 1백만 권이 팔렸다. 이 소설은 또 작가 자신의 각색을 거쳐 영화로도 만들어져 역시 수많은 관객을 모았다. 그 이후 최인호(1945~)는 최고 인기작가이자 청춘의 우상으로 군림했다. 1980년대가 이문열의 시대인 것과 같은 의미로 1970년대는 최인호의 시대였다. 마침 통기타·생맥주·청바지, 그리고 장발로 상징되는 청년문화가 기세를 올리면서 최인호는 가수 송창식과 함께 그 상징과도 같은 지위를 누렸다.

그러나 그가 만끽한 대중의 사랑은 평론가를 비롯한 문학전문가

향락업소 밀집지역인 서울 방배동 카페 골목의 밤. 밝은 햇빛 아래에서는 소박한 일상에 내맡겨져 있던 골목은 밤이면 전혀 다른 얼굴로 활짝 피어난다.

의 내침을 대가로 삼은 것이었다. 등단 이후 참신한 감수성으로 특히 산업사회 속 도시적 삶의 각박함과 소외, 소통불능 등을 섬뜩하게 그려내서 기대를 모았던 그는 『별들의 고향』 이후 '본격문학'과는 거리를 두게 된다. 작가 자신은 '아쉬울 게 없다'는 태도지만, 본격문학 쪽에서 보면 재능 있는 한 사람의 작가를 잃은 셈이 된다.

당신은 참 좋은 작가였다. 그런데 『별들의 고향』으로 대중작가가 되려 한다. 당신은 우리가 옹호하던 작가였다. 그런데 당신 때문에 그렇지 않아도 난처한 우리의 입장이 점점 코너에 몰리게 되었다. 그러니 양자 중에 하나를 택일해 달라.

지난 1994년 샘터사에서 새로 나온 『별들의 고향』 앞머리에 쓴 장문의 「작가의 말」에서 최인호가 소개하고 있는 작고 평론가 김현의 말이다. 여기서 '우리'란 창작과비평에 대한 문학과지성을 가리키거니와, 인용된 김현의 말은 당시의 문단 분위기와 최인호 문학의 방향 전환과 관련해 시사해주는 바가 적지 않다.
최인호는 그에 반발이라도 하듯 각종 영화의 시나리오를 쓰는 등 외도에 더한층 열을 올렸다. 한국 문학사는 재능이 너무 일찍 드러나 그릇된 길로 간 경우로 작가 최인호를 기억할는지도 모른다.
『별들의 고향』에 대해서는 또한 말초적 감각과 감상으로 독자의 비판정신을 마비시켰다는 참여문학 쪽의 비난도 가해졌다. 소설의 연재가 시작된 1972년 9월은 저 악명 높은 10월유신이 선포되기 불과 한 달여 전이었다. 소설이 연재되는 동안 바깥 사회를 꽁꽁 얼렸던 '한국적 민주주의'의 철권통치와 질곡은 이 소설 속 어디에서도 끼여들 자리를 찾지 못했다. 그것은 가령, 마찬가지로 감각주의적

대중소설로 분류되며 역시 영화로 각색되어 크게 성공한 조해일의
『겨울여자』가 미흡한 대로나마 당시 도시빈민의 실태와 그를 개선
하기 위한 움직임, 그에 대한 당국의 탄압 등을 그리고 있는 것과
비교될 법한 점이다.

 낮에는 커피를 팔고 밤에는 약간의 아가씨들을 모집해 맥주를 팔
고 있는 좁은 홀 안은 침침할 정도로 조명이 어둡고 탁자와 탁자를 가
리는 칸막이가 중국집처럼 놓여져 있어서, 우리들 중 몇몇 짓궂은 축
들은 술을 들 생각은 않고 옆자리에 앉은 아가씨들과 뽀뽀를 나누거
나 음담이나를 지나칠 정도로 퍼부어대고 있었던 것이다.

 경아가 주로 근무했던 맥주홀은 역시 70년대적 문물이다. 전문
화·첨단화하는 90년대의 술집 풍경은 그와는 같지 않다. 문오의
단골 맥주홀이 있던 서울 무교동은 상업지대로 탈바꿈한 지 오래
다. 맥주홀의 90년대적 변종은 룸살롱과 카페 따위일 터이다. 이밖
에도 스탠드바니 단란주점이니 찻집이니 방석집이니 요정이니 따
위가 먹성 좋은 짐승처럼 서울시 전역을, 아니 서울뿐이 아니라 휴
전선 이남 땅 구석구석을 삼켜버린 지 오래다.
 그럼에도 방배동과 신사동의 카페 골목처럼 술과, 때로는, 몸을
함께 파는 호스티스들의 직장이 밀집된 지역은 있다. 그 풍경이야
뻔하다. 낮에는 도시의 여느 골목과 달라 보이지 않는 그곳은 밤이
면 면모를 일신한다. 차라리 그곳은 낮에는 잠들어 있고 밤이 되면
인공조명과 함께 피어난다. 술과 돈과 향수와 정액 냄새가 어지러
운 군무를 추는 곳. 90년대의 경아들은 더 이상 어수룩하지 않다. 투
철한 직업의식과 프로 근성, '즐기면서 번다'는 태도가 더 이상 낯설

지는 않게 된 것이 이즈음의 사정이다. 이것은 진보인가 퇴보인가.

작품의 무대 이 소설의 무대가 서울인 것만은 틀림이 없다. 하지만, 서울의 어디라고 꼭 집어 말하라면 그만큼 까다로운 주문이 없을 터이다. 까닭은 두 가지. 소설 속에서 그것이 구체적으로 그려지지 않은 데에다 서울 어느 동네를 가든 젊은 여자가 술을 따라주는 술집을 찾을 수 있기 때문이다. 그러니, 어딜 가야 경아를 찾을 수 있는지를 묻지 말라. 당신이 술을 마실 의사와 돈만 있다면 어느 구석엘 가든 1990년대의 경아들을 만날 수 있는 것이다.

최인호 1945년 서울에서 났으며 연세대 영문과를 졸업했다. 1963년 단편 「벽구멍으로」가 『한국일보』 신춘문예에 입선했으며 1967년 단편 「견습환자」가 『조선일보』 신춘문예에 당선되어 본격적인 문학활동을 시작했다. 장편 『별들의 고향』, 『바보들의 행진』, 『길 없는 길』 등과 다수의 중단편집을 냈다. 1982년 「깊고 푸른 밤」으로 이상문학상을 받았다.

■ 김지하 · 1974년 1월

죽음의 시대, 숭고한 대결의 불꽃

1974년 1월을 죽음이라 부르자
오후의 거리, 방송을 듣고 사라지던
네 눈 속의 빛을 죽음이라 부르자
좁고 추운 네 가슴에 얼어붙은 피가 터져
따스하게 이제 막 흐르기 시작하던
그 시간
다시 쳐온 눈보라를 죽음이라 부르자
모두들 끌려가고 서투른 너 홀로 뒤에 남긴 채
먼 바다로 나만이 몸을 숨긴 날
낯선 술집 벽 흐린 거울 조각 속에서
어두운 시대의 예리한 비수를
등에 꽂은 초라한 한 사내의
겁먹은 얼굴
그 지친 주름살을 죽음이라 부르자

그토록 어렵게
사랑을 시작했던 날
찬바람 속에 너의 손을 처음으로 잡았던 날
두려움을 넘어
너의 얼굴을 처음으로 처음으로
바라보던 그날
그날 너와의 헤어짐을 죽음이라 부르자
바람 찬 저 거리에도
언젠가는 돌아올 봄날의 하니 꽃샘을 뚫고
나올 꽃들의 잎새들의
언젠가는 터져나올 그 함성을
못 믿는 이 마음을 죽음이라 부르자
아니면 믿어 의심치 않기에
두려워하는 두려워하는
저 모든 눈빛들을 죽음이라 부르자
아아 1974년 1월의 죽음을 두고
우리 그것을 배신이라 부르자
온몸을 흔들어
온몸을 흔들어
거절하자
네 손과
내 손에 남은 마지막
따뜻한 땀방울의 기억이
식을 때까지.

―「1974년 1월」 전문

1974년 1월에 무슨 일이 있었던가?

애기는 1972년 10월 17일로 거슬러 올라간다. 장기집권의 분수령이었던 3선개헌과 그에 따른 대통령 선거를 마무리한 박정희는 좀더 안정적인 통치를 위해 위수령(1971. 10. 15)과 국가비상사태(1971. 12. 6)를 연달아 발동한다. 1년 뒤에 있을 유신의 전주곡이었다. '10월유신'으로 불린 그 조처는 박정희 개인에게는 영구집권을 위한 법적 보장이 되었겠지만, 국민들에게 그것은 정치적 질곡의 심화 이외의 다른 것이 아니었다.

'한국적 민주주의'를 표방한 유신체제에 대한 반발은 1973년 가을부터 본격화한다. 10월 2일 서울 문리대생들이 물꼬를 튼 유신반대 시위는 서울 법대와 상대, 경북대, 고려대, 연세대 등으로 번져나갔다. 대학생들의 시위에 고무받은 재야 인사들은 12월 24일 헌법개정청원운동본부를 발족시키고 개헌을 위해 백만인서명운동에 들어갔다. 1974년 1월 8일 오후 5시를 기해 발효된 긴급조치 제1호는 이같은 유신반대 움직임에 쐐기를 박으려는 의도에서 나온 것이었다.

'대한민국 헌법' 그러니까 유신헌법을 비판하거나 그 개정을 제안하는 행위, 나아가 그같은 비판과 제안을 보도하는 등의 행위까지를 중범죄로 취급해 법관의 영장 없이 구속하며 비상군법회의에서 15년 이하의 징역에 처하도록 한 긴급조치는 공포통치 시대의 막을 열었다. 법치국가로서 갖추어야 할 최소한의 요건조차를 내팽개쳐버린 유신과 긴급조치는 법치의 탈을 쓴 탈법과 무도의 이름들이었다.

김지하(1941~)의 시 「1974년 1월」은 긴급조치의 발동과 더불어 잠적한 시인이 강릉에 도망가 있으면서 구상한 것이다(흔히 흑산도에서 쓴 것으로 잘못 알고 있는데 그것은 그가 결국 체포된 곳이 흑산도이기 때문이다).

설악산 백담사 근처 암자를 거쳐 강릉으로 내려온 시인은 옥천동 오거리의 '경북집'이라는 옥호를 단 집에서 오징어회에 소주를 마셨다. 방광이 부풀어 변소에 다녀오던 시인은 문득 벽에 걸린 깨진 거울을 들여다본다. 머리는 헝클어지고 눈에는 핏발이 선 초췌한 몰골의 사내가 마주 보였다. 섬뜩했다.

거울에 비친 시인의 모습은 양면적이다. 그는 시대와 대결하는 투사인 동시에 지치고 나약한 여느 필부(匹夫)의 면모도 내비친다. '불퇴진의 민주투사 김지하'의 신화는 시인 자신에

김지하 씨가 긴급조치를 피해 도망와 있던 강릉 경포대 해수욕장. 앞쪽의 밝은색 양옥이 그때 묵었던 여관이다.

의해 벗겨진다. "겁이 없어서 목숨을 내놓고 싸운 것은 아니었다. 겁내는 자신을 채찍질하고 추스르면서 한 걸음 한 걸음 나아간 것"이라는 시인의 말은 그의 싸움을 오히려 더욱 숭고하고 값진 것으로 만든다.

시대와 불화한 데 따른 시인의 수난과 그에 대한 문학적 대응은 대체로 박정희의 통치기와 겹친다. 그는 1964년 6월 3일 대일 굴욕외교 반대투쟁에 가담해 처음으로 4개월 간의 감옥 체험을 한 이래 1960, 70년대를 거치면서 박정희 정권을 상대로 한 싸움을 한시도 멈추지 않았다. 어떤 의미에서 1970년대란 박정희와 김지하의 대결의 시대라 할 수 있다. 물론, 1970년대가 유독 문인들의 참여와 행동이 두드러진 시대이긴 했지만, 지하는 단연 그 뜨거운 상징이었다. 그렇다는 것은 행동으로써만이 아니라 문학적 성취로써도 그러하다는 것이다. 정치적 메시지와 문학적 아름다움을 겸비한 서정시들과 담시 「오적」, 「비어」 등의 빛나는 성과물이 그 증거이다.

> 황톳길에 선연한
> 핏자욱 핏자욱 따라
> 나는 간다 애비야
> 네가 죽었고
> 지금은 검고 해만 타는 곳
> 두 손엔 철삿줄
> 뜨거운 해가
> 땀과 눈물과 모밀밭을 태우는
> 나는 간다 애비야
> 네가 죽은 곳

부줏머리 갯가에 숭어가 뛸 때
가마니 속에서 네가 죽은 곳 　　　　　—「황톳길」첫 연

신새벽 뒷골목에
네 이름을 쓴다 민주주의여
내 머리는 너를 잊은 지 오래
내 발길은 너를 잊은 지 너무도 너무도 오래
오직 한 가닥 있어
타는 가슴속 목마름의 기억이
네 이름을 남몰래 쓴다 민주주의여
　　　　　　　　　—「타는 목마름으로」첫 연

「황톳길」등의 초기 시에서 유혈과 죽음의 역사가 현재에 대해 지니는 의미를 전통 율격에 얹어 노래했던 시인은 싸움의 절정기에 쓴「타는 목마름으로」와 같은 시에서는 싸움의 목표이자 동력인 민주주의에 대한 갈구를 각혈하듯 내뱉는다. 두 시 모두에서 핵심적인 어휘로 등장하는 동사 '타다'는 그의 시세계의 강렬함을 말해줌이다. 그 동사는 상황의 각박함과 저항 의지의 강고함을 동시에 상징한다.

　현실이 어둡고 싸움이 버겁기로서니 마냥 도망만 다닐 수는 없는 법. 역시 강릉에서 쓴 시「바다에서」는 수난과 고통의 현장으로 회귀하겠다는 시인의 의지를 표현하고 있다.

한치뿐인 땅
한치도 못될 이 가난한 여미에 묶여

돌아가겠다 벗들
굵은 손목 저 아픈 노동으로 패인 주름살
사슬이 아닌 사슬이 아닌
너희들의 얼굴로 아픔 속으로
돌아가겠다 벗들

그래서 돌아왔다. 장남의 출생도 지켜보지 못하고 도피행각을 벌이던 시인은 대흑산도에서 체포되고, 민청학련사건 관련 혐의로 비상보통군법회의에서 사형을 선고받는다. "현 정권은 무너지는 것이 빠르면 빠를수록 좋다고 생각한다"는 것이 그 재판정에서의 진술이었다.

나중에 무기징역으로 감형된 그를 구출하기 위한 운동이 일본과 미국, 유럽 등 해외에서까지 불거져나온 탓인지, 그는 구속된 지 10개월 만인 1975년 2월 형집행정지로 풀려난다. "종신형을 받았는데 벌써 나오다니 세월이 미쳤든지 내가 미쳤든지, 아니면 둘 다 미쳤든지 뭔가 이상하다"는 것이 그의 출옥 일성이었다.

그러나 그는 완전히 풀려난 것이 아니었다. 광고탄압이 한창이던 『동아일보』에 연재한 「고행—1974」에서 인혁당사건이 조작되었음을 밝힌 혐의로 3월 13일 다시 체포되고 형집행정지 처분이 취소된다. 그 사이에 인혁당사건 관련자 8명의 사형 집행이 있었다. '사법살인'으로 일컬어지는 인혁당사건은 김지하의 수난과 김대중 납치사건과 함께 박정희 정권의 성격을 극명하게 보여준다. 그것은 박 정권이 무엇보다도 반대자에게 너그럽지 못했으며, 비판과 도전에 가혹했다는 것이다.

김지하는 여전히 옥 안에 있으면서 박정희의 암살 소식을 듣는다.

그날은 옥 안에서 시작한 참선이 꼭 1백 일째를 맞은 날이었다.

"참선 덕분에 퍽 가라앉은 상태에서 방송을 들었다. 처음 떠오른 생각은 무상하다는 것이었다. 저절로 혼잣말이 나왔다. '잘 가시오. 나도 뒤따라가리다.'"

그렇게 한 사람과 그의 시대는 갔다. 김지하는 전두환 정권이 들어선 1980년 가을 오랜 영어에서 마침내 풀려난다. 악연도 인연일진대 시인은 인간 박정희를 어떻게 평가했을까.

"보릿고개를 없앤 것 하나만은 잘한 일이지만, 그밖에는 잘못한 일이 너무 많다. 그러므로 그를 복권시키려는 일부의 움직임은 가당치 않은 것이다."

'투사 김지하'가 '생명사상가'로 변신한 것이 박정희의 죽음을 전후한 무렵이었다. 옥방 창틀에 싹을 틔운 민들레를 보고서 생명의 신비와 소중함에 눈을 떴다는 일화는 잘 알려져 있다. 시인 자신은 단절적이지 않고 연속적인 흐름이라고 설명하지만, 투사 김지하를 사랑하고 존경했던 이들에게 그같은 변모는 당혹스럽게 받아들여졌다.

'저항에서 생명으로'라고 요약할 수 있을 그 변모가 표나게 드러난 계기는 지난 1991년의 이른바 '분신정국'이었다. 젊은이들의 잇따른 분신을 거칠게 질타한 시인의 글이 어떤 신문에 실렸고, 많은 사람들에게 그것은 지하의 변절에 대한 결정적인 증거로 받아들여졌다. 생명운동가 김지하와, 투사 김지하를 사랑했던 이들 사이의 오해와 갈등은 양쪽 모두를 상처입혔다. 그 어느 쪽이 의도한 바도 아니었다. 그때로부터 적지 않은 세월이 흐른 지금 한 가지 분명해 보이는 것은 시인의 의도가 생때같은 목숨들의 스러짐에 대한 안타까움에 있었다는 점이다. 그 무렵 시인이 발표한 시「척분(滌焚)」을 다시 읽어보자.

> 스물이면
> 혹
> 나 또한 잘못 갔으리
> 가 뉘우쳤으리
> 품안에 와 있으라
> 옛 휘파람 불어주리니, 모란 위 四更
> 첫이슬 받으라
> 수이
> 三途川 건너라.　　　　　　　　　—「척분」전문

작품의 무대　시인이 오징어회에 소주를 마시던 '경북집'은 지금은 없어졌고, 옥천동 오거리의 그 자리엔 은행과 학원 따위의 건물이 들어섰다. 그러나, 그해 겨울 시인의 은신처 구실을 했던 동해관광호텔과 그 아래 경포 해수욕장의 여관은 옛 모습 그대로인 채 손님들을 맞고 있다. 경포대 일대에서 시인의 자취를 좇기에도 싫증이 나거든 인근의 선교장과 오죽헌, 초당 두부로 유명한 초당마을 등을 둘러보는 것도 좋을 듯하다.

김지하　김지하(본명 김영일)는 1941년 전남 목포에서 태어나 서울대 미학과를 졸업했다. 대학시절 대일 굴욕외교 반대투쟁에 가담해 처음 투옥된 것을 시작으로 1960, 70년대 내내 수배와 투옥이 점철된 삶을 살았다. 대학신문과 문리대 학생회 기관지 등에 시를 발표해오다 1969년 『시인』에 「서울길」 등 5편의 시를 발표함으로써 공식 문단에 처음 등단했다. 첫 시집 『황토』를 필두로 한 그의 서정시들과 『오적』 등의 담시는 솔 출판사의 『김지하 시전집』으로 묶여 있다.

■ 이청준 · 당신들의 천국

진정한 낙원의 본질을 캐묻는다

문둥이들만을 위한 천국——여기에 또한 원장님의 그 눈에 보이지 않는 또 다른 모습의 철조망이 마련되고 있었던 것입니다. (……)원장님께서는 저들을 그냥 한 인간으로서가 아니라 특수한 조건과 양보 위에 그것을 수락할 수 있는 문둥병 환자로서만 이해하려 하심으로써 오히려 저들로 하여금 원장님 자신의 문둥이 천국을 짓게 하고 계신 것입니다.　　　　　　　　　　　　　—『당신들의 천국』에서

이청준(1939~)의 장편『당신들의 천국』은 유토피아의 본질과 한계를 문제삼는다. 아니, 이 소설에서 유토피아는 본질적으로 한계를 수반하는 얼치기 유토피아, 그러니까 디스토피아일 수밖에 없는 것으로 상정된다. 그렇다는 것은 '천국'의 주체가 '우리들'이 아닌 '당신들'이라는 데에서 극명하게 드러난다. 어째서 '우리들의 천국'이 아니라 '당신들의 천국'인가? 이 물음에는 이 소설의 야심만만한 문제의식과 작가 이청준의 세계관의 무게가 함께 걸려 있다.

『당신들의 천국』은 나환자들의 집단 거주지인 소록도를 무대로 삼고 있다. 소설의 주인공은 5·16 쿠데타가 있은 지 얼마 뒤 군복 차림으로 소록도병원의 원장으로 부임해온 조백헌 대령. 그가 나름의 열의와 진정을 지니고 소록도를 나환자들의 천국으로 꾸미고자 노력하는 가운데 발생하는 우여와 곡절이 소설의 대략적인 얼개다.

앞머리에 인용한 글은 조 원장 아래에서 보건과장으로 봉직했다가 섬을 떠난 이상욱이 조 원장에게 보낸 편지의 한 대목이다. 상욱은 나환자들의 천국을 건설하겠다는 조 원장의 포부와 실천을 처음부터 회의적인 시선으로 바라보는 인물이다. 조 원장이 행동의 인간이라면 상욱은 관념의 인간이다. 조 원장이 자신의 의지를 관철할 현실적 능력과 기반을 지니고 있다면 상욱이 자신을 구현하는 방법은 부단한 비판과 반성을 통해서이다. 이청준 문학의 특징을 도저한 부정의식에서 찾는 견해에 의거하자면, 상욱이야말로 이청준적 인물이라 할 수 있다.

그럼에도 소설 전체에서 상욱이 차지하는 비중은 그리 커 보이지 않는다. 실제로 전체 3부로 이루어진 소설에서 상욱의 시점에 의존하는 부분은 제1부뿐으로, 나머지 2부와 3부는 각각 조 원장과 기자 이정태의 시점을 동원하고 있는 것이다. 게다가 서사의 중심에 놓인 것은 어디까지나 조 원장의 행동과 의식의 변천이다. 이 소설이 섬의 원생들을 상대로 천국 건설의 게임을 수행하는 조 원장 개인의 성장을 그린 교양소설적 측면을 지닌다고 한 김현의 지적은 그런 의미에서 나온 것이다.

소록도에 나환자들의 천국을 건설하려는 조 원장의 포부는 다양한 양상으로 표출된다. 원생들의 불만과 요구사항을 듣는 건의함 설치, 섬 운영의 결정권을 행사할 환자들의 장로회 조직, 병에 감염되

10여 년 만에 소록도를 다시 찾은 작가 이청준 씨는 소록도 주민들의 따뜻한 환대를 받았다.

지 않은 환자의 자식들과 병원 직원 아이들의 공학 단행, 환자들만의 축구팀 구성과 각종 대회 출전, 농토를 확보하기 위한 간척공사⋯⋯. 하지만 처음 개봉한 건의함들이 한결같이 텅 비어 있던 데에서도 보듯이 조 원장의 의욕은 일쑤 환자들의 무관심과 냉대에 부닥친다.

  조 원장의 선의가 환자들에게 제대로 받아들여지지 않는 까닭은 이상욱과, 환자들의 우두머리 격인 황희백 장로에 의해 각각 자유와 사랑의 문제로 치환되어 제시된다. 상욱에 따르면 환자들의 천국을 건설하려는 조 원장의 계획이 치명적으로 빠뜨리고 있는 것은 비판의 자유다. 원장의 의도가 아무리 미쁘고 그 결과물이 아무리 아름답다 해도 천국의 거주민인 환자들이 비판할 수 있는 자유를 행사하지 못한다면 그것은 가짜 천국일 뿐이라는 것이다.

그러나 황 장로는 상욱의 자유조차도 사랑이라는 좀더 근본적인 덕목이 없이는 불완전한 것임을 역설한다. 자유가 천국 실현을 위한 제도적 장치라면 사랑은 그 종교적 근거를 이룬다. 자유와 사랑이라는 두 가지 요건, 그리고 실제로 천국 건설을 추진할 실천적 힘이 결합되어야 한다는 것이 『당신들의 천국』에 나타난 유토피아관이라 할 수 있을 것이다.

『당신들의 천국』은 일차적으로는 물론 소록도라는 구체적 섬을 무대로 그 섬의 주민들인 나환자들의 이야기를 그린 소설이다. 주인공인 조백헌 원장은 실제로 두 차례에 걸쳐 8년 가까이 소록도병원 원장을 지낸 조창원 씨를 모델로 삼고 있다. 나환자 선수들과 일반 선수들과의 축구 경기, 오마도 간척사업 등은 조창원 원장 시절의 실화에 바탕을 두고 있다.

동시에 이 작품은 정치적 알레고리의 성격을 강하게 지니고 있다. 소설 첫머리에 군복 차림으로 부임하는 조 원장이 박정희 국가재건최고회의 의장을 빗댄 것임은 의심할 나위가 없다. 조 원장과 박정희의 유비는 더 이어진다. 오마도 간척사업을 독려하기 위한 지시문에서 사업을 반대하거나 비방하는 일, 미신과 유언비어를 퍼뜨리는 등의 일을 금지 사항으로 규정하고 있는 대목은 유신헌법에 대한 반대 의견을 처벌할 수 있도록 한 긴급조치의 '자기완결성'을 연상시키기에 부족함이 없다.

"이 섬을 다스려온 분들은…… 천국이 이루어지기도 전에 사람들을 그 몇 년 뒤의 천국의 꿈에 취하게 하여 그들을 손쉽게 지배해오곤 했습니다. 내일의 꿈을 오늘 미리 가불해주고, 그 가상의 현실을 당장 오늘의 그것으로 착각하고 즐기게 하여 진짜 현실의 갈등을 잠재워버리는 말의 요술" 운운하는, 예의 이상욱이 조 원장에게 보낸 편지의 한 구절에서 '수출 백억 불, 국민소득 천 불'이라는 주문에 들려 통과해온 억압과 불평등의 1970년대를 떠올리는 것 역시 지극히 자연스러운 일이다.

이 소설을 박정희 시대에 대한 정치적 알레고리로 읽으려 할 때 문제되는 것은 조 원장이라는 인물에 대한 평가와 소설 마지막의 병력자와 미감아의 결혼에 대한 해석이다. 앞에서도 언급했듯이 조 원장은 소설이 진행되는 동안 의식의 성장을 이룬다. 소설의 마지막에 이르면 그는 거의 흠잡을 데 없는 헌신과 이타의 존재로까지 그려지는 듯하다. 그가 원장직에서 떨려난 뒤에도 환자들과 운명을 함께하고자 섬을 찾았고 병력자와 미감아의 결혼 주례를 맡기에 이르렀다는 설정은 김현으로 하여금 이 소설의 결말을 매우 긍정적인 것으로 보도록 했다.

"작가의 견해를 말하라면, 이 소설의 결론은 결혼과 화해, 그리고 조 원장의 주례사에 있는 것이 아니라 그것을 바라보는 상욱의 쓴웃음에 있다. 조 원장은 여전히 정치적이었으며, 나로서는 끝까지 조 원장을 견제하는 상욱의 시선을 유지했다. 그러니까 가짜 천국과 그로부터의 탈출이 소설의 일관된 주제라 할 수 있다."

마지막으로, 이 소설은 지배와 피지배, 유토피아와 디스토피아와 같은 철학적·인류학적 질문에 관계된다. 김윤식 교수가 이 소설의 작가를 두고 "도스토예프스키의 주제에 도전한 최초의 한국작가"라 이른 것은 이같은 맥락에서다.

소록도는 전남 고흥군 도양읍 녹동항으로부터 5백m 거리에 있는 150만 평 넓이의 자그마한 섬이다. 녹동항에서 소록도만을 오가는 페리형 도선은 오르는가 싶으면 어느새 건너편 잔교에 가 닿는다. 작은 사슴 모양을 닮았다 해서 이름 붙여진 소록도를 처음 찾는 이들을 맞는 것은 선착장에 세워진 시멘트 구조물이다. 흰 바탕에 검은색 세로 글씨로 씌어 있으되, '한센병은 낫는다.' 한센병이란 나균을 처음 발견한 노르웨이 의사의 이름에서 온 것이거니, 일곱 글자로 이루어진 이 짧은 문장에는 얼마나 많은 이들의 희망과 절망, 기쁨과 슬픔, 갈구와 체념이 담겨 있을 것인가.

소록도는 크게 보아 관사지대와 병사지대로 나뉘지만 양쪽을 가르던 철조망과 감시소는 없어진 지 오래다. 많을 때는 5천~6천 명에 이르렀다는 환자는 지금은 1천58명이 남아 있다. 남아 있는 환자들의 평균 연령은 69살로 최근엔 해마다 50명 가량이 세상을 뜨고 있다. 이곳에서는 '본병'이라 부르는 나병말고도 많은 이들이 당뇨와 시각장애 등 이·삼중고를 겪고 있다. 자연히 종교에 대한 관심이 높아 전체 환자의 99%가 신앙을 가지고 있다.

이름만큼이나 아름다운 섬 소록도는 순전히 환자들의 치료와 생활 공간으로만 쓰이고 있어 자연이 잘 보존되어 있는 편이다. 섬 한가운데의 중앙공원은 그 아름다운 자연에 적절한 인공미가 더해진 소록도 최고의 명물이다. 멋진 소나무와 향나무들이 잘 깎인 잔디와 조화를 이룬 6천 평 넓이의 공원에서 그러나 환자들의 모습을 보기는 어려웠다.

섬 안에 시설이 한 가지씩 늘어갈 때마다 그만큼 섬 전체가 천국에 가까워지기는커녕 오히려 점점 더 지옥으로만 변해가고 있었듯이, 이

■ 조세희 · 난장이가 쏘아올린 작은 공

노동자 착취 정면으로 문제 제기

어느 날 나는 경제적 핍박자들이 몰려사는 재개발 지역 동네에 가 철거반──그들은 내가, 집이 헐리면 당장 거리에 나앉아야 되는 세입자 가족들과 그 집에서의 마지막 식사를 하고 있는데 철퇴로 대문과 시멘트 담을 쳐부수며 들어왔다──과 싸우고 돌아와 작은 노트 한 권을 사 주머니에 넣었다. 난장이 연작은 그 노트에 씌어지기 시작했다.

조세희(1940~)는 『난장이가 쏘아올린 작은 공』에 관한 어느 회고의 글에서 이렇게 썼다. 1975년 겨울부터 발표되기 시작해 1978년에 단행본으로 묶인 이 연작은 최인훈의 『광장』과 함께 1996년 초 1백 쇄를 넘어섰다. 이는 이 책이 20년 가까운 세월의 풍화작용을 이기고 우리 시대의 고전으로 자리잡았다는 뜻이 된다.

프롤로그와 에필로그를 합쳐 12개의 독립적인 이야기들로 이루어진 이 연작의 어떤 점이 그토록 독자를 사로잡고 있는 것일까. 새로운 문장과 감수성으로 노동자와 도시빈민의 그늘진 삶을 그렸다는 사실이 그에 대한 하나의 답이 될 수 있겠다.

전쟁의 상흔과 아픈 기억으로부터 조금씩 자유로워지기 시작한 1960년대 후반부터 작가들의 시선은 진행중인 삶의 불구성을 향하기 시작했다. 황석영의 『객지』와 같은 예외를 빼고는 아직 노동자의 삶이 작가적 관심의 중심으로 진입하지는 못했지만, 도시빈민들의 처지는 농민문제와 더불어 1960, 70년대 작가들의 중요한 테마의 하나였다.

난장이 연작의 의의는 대규모 공장 노동자들을 괴롭히는 억압과 착취의 실태를 정면으로 문제삼았다는 것과 함께, 도시빈민을 다루되 기존의 사실주의 내지는 자연주의적 기법 대신 모더니즘의 방법을 적극 끌어들이고 있다는 점에서 찾을 수 있다. 현실의 모순을 천착하면서도 사실주의의 획일성을 피하려는 실험과 갱신의 정신이 이 작품을 진정 새롭게 만든 것이다.

연작의 중심인물들은 물론 난장이 일가다. 서울특별시 낙원구 행복동의 무허가 주택에 살고 있던 40대 후반의 난장이와 그 부인, 영수, 영호, 영희 세 남매로 구성된 일가에게 철거라는 위기가 닥친다. 경제적 근거가 전무한 그들이 시쳇말로 '딱지'라 불리는 아파트 입주권을 헐값에 팔아 넘기고 거리에 나앉는 과정이 표제작의 대강을 이룬다.「뫼비우스의 띠」의 꼽추와 앉은뱅이 역시 난장이 일가와 같은 처지를 당한다. 딱지장사로 돈을 챙기는 사내에게 접근한 영희가 우여곡절 끝에 딱지를 되찾아 온다든가 꼽추와 앉은뱅이가 그 사내를 살해한다는 등의 설정이 비현실적이기는 하지만 주제를 선명히 부각시키는 효과는 부인할 수 없다.

도시빈민의 자식들은 노동자로 편입된다. 까만 쇠공을 타고 달나라로 날아간──벽돌공장 굴뚝 속으로 떨어져 죽은──난장이의 자식들은 각각 은강자동차, 은강전기 제일공장, 은강방직 공장에 취직한다. 작가의 시선도 그 공장들이 있는 서해안 항구도시 은강으로 옮겨간다.「기계 도시」,「은강 노동 가족의 생계비」,「잘못은 신에게도 있다」,「클라인씨의 병」같은 작품들이 은강을 무대로 삼고 있다.

　우리 삼남매는 죽어라 공장 일을 했다. 우리는 우리의 생산 공헌도에 못 미치는 돈을 받았다. 네 명의 가족을 둔 그해 도시 근로자의 최저 생계비는 팔만 삼천사백팔십 원이었다. 어머니가 확인한 삼남매의 수입 총액은 팔만 이백삼십일 원이었다.

　죽어라 일을 해도 사정은 나아지질 않는다. 야근 시간에 졸다가는 반장이 들고 다니는 옷핀에 팔을 찔린다. 노동조건의 개선을 위해 움직이는 노동자들은 해고되어 블랙 리스트에 오르고 어딘가로 끌려가 조사를 받거나 어두운 골목에서 뭇매를 맞는다.
　노동자들의 삶의 실상을 그리자면 그들의 적대 계급인 자본가와 그 주변 세력을 등장시키는 것이 당연한 일이다. 은강그룹의 소유주 일가와 그들의 수족으로 기능하는 율사가 그들이다. 거기에다가 신애와 그 동생으로 대표되는 양심적인 중산층, 윤호의 가정교사였다가 노동자로 '위장취업'하는 지섭과 같은 행동하는 지식인이 더해져 소설은 한 사회의 전체상을 그릴 수 있게 된다.
　노동자와 자본가의 갈등은 영수가 은강그룹 총수의 동생을 살해하는 사건으로 귀결된다. 작가의 메시지가 그처럼 극단적인 마무리에 있는 것은 물론 아니다. 작가의 의도는 상황을 극적으로 보여주

남루하지만 안락했던 보금자리는 무너져 버리고 그 자리에는 현대적 빌딩과 고층 아파트들이 들어선다. 서울 마포구 공덕동 재개발 현장에서.

자는 것이었으리라. 작가의 진짜 대안은 아직 살인을 저지르기 전 영수의 시점으로 이렇게 표현된다.

아버지가 그린 세상에서는 지나친 부의 축적을 사랑의 상실로 공인하고, 사랑을 갖지 않은 사람 집에 내리는 햇빛을 가려버리고, 바람도 막아버리고, 전깃줄도 잘라버리고, 수도선도 끊어버린다. 그 세상 사람들은 사랑으로 일하고, 사랑으로 자식을 키운다. 비도 사랑으로 내리게 하고, 사랑으로 평형을 이루고, 사랑으로 바람을 불러 작은 미나리아재비 꽃줄기에까지 머물게 한다. 아버지는 사랑을 갖지 않은 사람을 벌하기 위해 법을 제정해야 한다고 믿었다.

사랑을 법으로 강제한다는 말은 얼핏 모순처럼 들린다. 그러나 현실이란 법의 간섭 없이 사랑의 작용만으로 만사가 순탄하게 돌아가는 천상계도 아니고, 악의와 증오가 지배하는 지옥도 아니다. 사랑과 미움, 이기와 이타, 탐욕과 희생이 얽혀 있는 인간계를 좀더 살 만한 곳으로 만들기 위해 법이라는 힘을 갖춘 사랑의 지배를 허락해야 한다는 주장은, 다소 추상적이기는 하지만, 현실에 바탕한 이상이라 할 수 있다.

"나는 아버지에게 물려받은 사랑 때문에 괴로워했다"는 영수와 "사랑으로 얻을 것은 하나도 없었다"는 은강그룹 총수의 아들 경훈 중에서 작가가 누구의 손을 들어줄 것인가는 세상에서 가장 쉬운 질문에 속한다. 『난장이가 쏘아올린 작은 공』의 지배적인 특징의 하나는 선과 악, 지배와 피지배, 강자와 약자 사이의 구분이 선명하다는 점이다.

동화적 구도라고도 할 수 있을 단순명료한 이분법이 군더더기 없이 짧고도 냉정한 번역투 문장에 얹혀 있는 데에서 이 소설의 독특한 분위기는 풍겨나온다.

천국에 사는 사람들은 지옥을 생각할 필요가 없다. 그러나 우리 다섯 식구는 지옥에 살면서 천국을 생각했다. 단 하루라도 천국을 생각해보지 않은 날이 없다. 하루하루의 생활이 지겨웠기 때문이다. 우리의 생활은 전쟁과 같았다. 우리는 그 전쟁에서 날마다 지기만 했다.

연작이라는 『난장이가 쏘아올린 작은 공』의 장르상 특징 역시 주목을 요한다. 한국 소설사에서 1970년대를 기술하면서 연작이라는 양식을 언급하지 않기란 불가능하다. 윤흥길의 『아홉 켤레의 구두로 남은 사내』와 이문구의 『관촌수필』, 『우리 동네』와 함께 『난장이가 쏘아올린 작은 공』은 1970년대 연작소설의 백미로 꼽힌다. 단편의 기동성과 장편의 총체성을 결합한 연작으로서 『난장이가 쏘아올린 작은 공』의 성격에 관해 조세희는 이렇게 말한 바 있다.

'난장이 연작'은 하나하나를 따로 떼어놓았을 때, 그것은 분열된 힘들에 지나지 않았다. 나에게, 책은 분열된 힘들을 모아 통합하는 마당이었다. 나는 작은 노트 몇 권에 나뉘어 씌어져 그동안 작은 싸움에 참가한 적이 있는, 그러나 누구에게도 아직 분명한 정체를 잡혀보지 않은 소부대들을 불러모았다.

분열됐던 힘들이 모여 그 무엇보다도 강력한 힘이 됐다는 것은 이 연작이 '난쏘공'이라는 애칭으로 불리며 1980년대 내내 대학가의 필독서였다는 사실에서 얼른 확인된다.

'나에게 대학생 친구가 한 사람만 있었더라면' 하는 전태일의 바람은 그의 죽음 이후 본격화한 대학생들의 공장 진출로 현실이 되었다. '위장취업'한 대학생들의 직·간접적인 영향 아래에서 『어느 돌멩이의 외침』(유동우), 『공장의 불빛』(석정남), 『서울로 가는 길』(송효순) 등의 노동자 수기가 나온 것이 1970년대 말~80년대 초였다. 이같은 노동자들 자신의 자기 표현이 박노해와 백무산으로 대표되는 1980년대의 노동자 시인들로 이어짐은 물론이다.

작품의 무대 서울특별시 낙원구 행복동과 서해안 은강시가 이 소설의 무대다. 모두가 알다시피 그런 구와 동은 서울에 없고, 은강시도 서해에는 없다. 작가가 야유 섞어 부른 낙원구 행복동에는 철거 대상인 서울의 어떤 달동네도 해당이 되겠지만, 작가 자신의 경험세계에서 그곳은 서대문구 현저동 산동네가 된다. 이곳에서 철거반원들과 싸운 작가의 경험이 『난쏘공』을 낳았다. 은강시는, 여러 정황으로 미루어 보건대, 인천이 되겠지만, 그곳이 울산이든 마산이든 포항이든 본질적인 차이는 없다.

조세희 1940년 경기도 가평에서 났으며 경희대 국문과를 나왔다. 1965년 『경향신문』 신춘문예에 소설 「돛대 없는 장선」이 당선되어 문단에 나왔다. 작품집 『난장이가 쏘아올린 작은 공』, 『시간여행』과 사진산문집 『침묵의 뿌리』 등을 냈다. 장편 『하얀 저고리』를 탈고했으나 햇수로 8년째 책으로 묶어내지 않고 있다. 1979년 동인문학상을 받았다.

■ 김남주 · 전사 2

80년대의 가슴에 꽂힌 시인 전사

해방을 위한 투쟁에서
많은 사람이 죽어갔다
많은 사람이 실로 많은 사람이 죽어갔다
수천 명이 죽어갔다
수만 명이 죽어갔다
아니 수백만 명이 다시 죽어갈지도 모른다

지금도 죽어가고 있다

세계 도처에서 나라 곳곳에서
거리에서 공장에서 산악에서 감옥에서
압제와 착취가 있는 바로 그곳에서

어떤 사람은 투쟁의

초기 단계에서 죽어갔다
경험의 부족과 스스로의 잘못으로
어떤 사람은
승리의 막바지에서 죽어갔다
이름도 없이 얼굴도 없이 죽어갔다
살을 도려내고 뼈를 깎아내는 지하의 고문실에서
쥐도 모르게 새도 모르게 죽어갔다
감옥의 문턱에서
잡을 손도 없이 부를 이름도 없이 죽어갔다

그러나 보아다오 동지여!
피의 양보 없이 자유의 나무는 자라지 않는다 했으니
보아다오 이 나무를
민족의 나무 해방의 나무 민족해방투쟁의 나무를 보아다오
이 나무를 키운 것은 이 나무를 이만큼이라도 키워낸 것은
그들이 흘리고 간 피가 아니었던가
자기 시대를 열정적으로 노래하고
자기 시대와 격정적으로 싸우고
자기 시대와 더불어 사라지는 데
기꺼이 동의했던 사람들
바로 그 사람들이 아니었던가

오늘 밤
또 하나의 별이
인간의 대지 위에 떨어졌다

그는 알고 있었다 해방투쟁의 과정에서
자기 또한 죽어갈 것이라는 것을
그는 알고 있었다
자기의 죽음이 헛되이 끝나지는 않을 것이라는 것을
그렇다, 그가 흘린 피 한 방울 한 방울은
어머니인 대지에 스며들어 언젠가
어느 날엔가
자유의 나무는 결실을 맺게 될 것이며
해방된 미래의 자식들은 그 열매를 따먹으면서
그가 흘린 피에 대해서 눈물에 대해서 이야기할 것이다
어떤 사람은 자랑스럽게 이야기할 것이고
어떤 사람은 부끄럽게 쑥스럽게 이야기할 것이다

—「전사 2」 전문

한국 현대시사에서 김남주(1945~1994)의 시들은 선명한 메시지와 강렬한 어조로 하여 두드러진다. 김남주가 외세에 대한 거부와 부자들을 향한 증오, 독재권력을 상대로 한 싸움을 노래한 유일한 시인은 아니었지만, 그 거부와 증오와 싸움을 노래 바깥의 현실로 옮기려 했다는 점에서 그는 다른 많은 시인들과 구분된다. 그는 시인인 동시에 전사였으며, 그것은 결코 비유적인 의미에 머무는 것이 아니었다.

"시인이여 / 누구보다 먼저 그대 자신이 / 싸움이 되어서는 안 되는가 / 시인이여 / 누구보다 먼저 그대 자신이 / 압제자의 가슴에 꽂히는 / 창이 되어서는 안 되는가."(「시인이여」)라고 그가 부르짖을 때 그것은 "우리 모두 화살이 되어 / 온몸으로 가자"(고은, 「화살」)

전남 해남군 삼산면 봉학리의 김남주 시인 생가. 오른쪽으로 보이는 사랑채가 시인이 생전에 거주했던 곳이다.

는 선동과 같은 궤에 놓이면서도 훨씬 더 강한 울림을 울린다. 그것은 무기(창 : 화살)와 대상(압제자 : 과녁)의 차이가 빚어내는 미학적 거리의 문제이기도 하지만, 무엇보다도 말 그대로의 전사와 시인의 차이가 반영된 결과라 해야 할 것이다.

철의 독재자 박정희가 심복의 손에 쓰러지기 불과 보름여 전 내무부는 '남조선민족해방전선(남민전)' 사건을 발표했다. 김남주는 중심인물인 이재문 등 20여 명과 함께 그때 이미 체포된 상태였다. 이후 모두 80여 명이 검거돼 그 가운데 2명이 사형을 언도받기에 이른 남민전 사건이란 무엇이었던가.

사건 관련자들과 연구자들에 의해 밝혀진 사실에 따르

면 남민전은 제3세계 민족해방운동과 보조를 맞추어 예속적 독재 권력의 타도와 외세의 축출, 그리고 부의 공평한 분배를 목표로 한 비밀결사였다. 남민전이 가장 직접적인 모델로 삼았던 것은 베트남 통일의 원동력이었던 남베트남 민족해방전선이었으며, 국내적으로는 인혁당과 같은 자생적 사회주의 결사의 전통 위에 서 있었다.

그러나 검거 당시 아직 준비위 차원에 머물러 있던 남민전은 실제에 있어서는 한국민주투쟁국민연맹 명의의 반독재 유인물 살포에 주력했으며, 김남주와 박석률 등 남민전 전위대의 전사들은 활동자금을 마련하기 위해 부잣집 담을 넘기도 했다. 남민전 동지이자 김남주의 부인인 박광숙 씨에 따르면 남민전은 무엇보다도 반독재 민주화투쟁 단체였다. "모두가 숨죽이고 있던 공포통치의 시대에 남민전은 교사와 노동자, 학생 등 각계각층을 망라한 통일운동체였다. 강령에 있어서는 반제국주의와 노동해방을 표방했지만, 실제로는 반독재·반유신 투쟁이 주요한 활동이었다."

김남주의 대부분의 시는 남민전 사건과 관련해 15년 징역형을 선고받고 복역중이던 감방에서 씌어졌다.

> 이 가을에 나는 푸른옷의 수인이다
> 오라에 묶여 손목이 사슬에 묶여
> 또다른 곳으로 끌려가는
>
> (……)
>
> 아 내리고 싶다 여기서 차에서 내려
> 따가운 햇살 등에 받으며 저만큼에서

고추를 따고 있는 어머니의 밭으로 가고 싶다
—「이 가을에 나는」에서

"가서 그들과 함께 나도 일하고 놀고 싶다"고 그는 감옥 밖의 세계에 대한 그리움을 토로하기도 했지만, 그보다는 첨단의 사상과 전위의 투쟁이 그의 몫이었다.

혁명은 전쟁이고
피를 흘림으로써만이 해결되는 것
나는 부르겠다 나의 노래를
죽어가는 내 손아귀에서 칼자루가 빠져나가는 그 순간까지

나는 혁명시인
나의 노래는 전투에의 나팔소리
전투적인 인간을 나는 찬양한다
—「나 자신을 노래한다」에서

"시는 혁명을 이데올로기적으로 준비하는 문학적 수단"이라고 규정한 그에게서 선동의 효과가 미학적 고려에 우선하는 것은 당연한 일이었다. 시와 혁명의 관계를 논하는 글에서 그는 그 둘이 상호보완적 관계에 있다고 토를 달았지만, 그것은 하부구조와 상부구조에 관한 마르크스의 규정과도 같아서 그에게 있어 우선시되는 것은 어디까지나 혁명이었다. 그러나 흥미있는 것은 시보다는 혁명에 기운 그의 선택이 오히려 미적 완성도가 높은 시의 탄생에 기여했다는 점이다.

이 두메는 날라와 더불어
꽃이 되자 하네 꽃이
피어 눈물로 고여 발등에서 갈라지는
녹두꽃이 되자 하네

(……)

되자 하네 되고자 하네
다시 한 번 이 고을은
반란이 되자 하네
청송녹죽 가슴으로 꽂히는
죽창이 되자 하네 죽창이   —「노래」에서

미군이 있으면
삼팔선이 든든하지요
삼팔선이 든든하면
부자들 배가 든든하고요

미군이 없으면
삼팔선이 터지나요
삼팔선이 터지면
부자들 배도 터지고요.   —「삼팔선」 전문

학살의 수괴가 지금
옥좌(玉座)에 앉아 있다

학살에 반대하여 들고일어선 민중들의 수괴도 지금
옥좌(獄座)에 앉아 있다

어느 자리가 더 편안한 자리이고
어느 자리가 더 불안한 자리이냐.　　　　　—「옥좌」 전문

　김남주는 하이네, 네루다, 마야코프스키 등 외국 시인들의 영향을 진하게 받았다고 밝힌 바 있지만, 한편으로는 「노래」에서 보듯 「새야 새야 파랑새야」에서 김지하에 이르는 참여적 서정시의 전통 위에 굳건히 서 있다. 제국주의 / 신식민지, 독재 / 자유, 자본 / 민중의 명료한 이분법에 입각한 그의 세계관은 상황의 핵심을 꿰뚫는 촌철살인의 절창을 낳았다.
　직접적인 선동의 효과를 중시하는 그의 창작 태도는 「학살」, 「조국」, 「조국은 하나다」처럼 낭송으로써 제맛이 나는 시들을 낳았다. 「노래」를 필두로 해서 「함께 가자 우리의 이 길을」, 「창살에 햇살이」, 「자유」, 「물따라 나도 가면서」 등 그에게 유난히 노래로 만들어진 시가 많은 것 역시 그의 시가 지니는 대중적 호소력을 말해주는 셈이다.
　그의 대부분의 시들은 비정상적인 환경에서 비상한 수단과 방법으로써 씌어졌다. 집필의 자유가 허락되지 않는 대한민국의 감옥에서 시인은 머릿속에 시를 써두었다가 면회 온 친지들에게 불러주거나, 읽던 책의 여백이나 우유곽을 해체해서 생긴 은박지에 못으로 눌러서 시를 썼다(간수의 눈을 피해 한 땀 한 땀 수를 놓듯 시를 새기고 있는 시인의 모습을 상상해 보라!).
　김지하가 1970년대를 수배와 체포와 투옥으로 시종한 것과 마찬

가지로 김남주는 1980년대의 태반을 옥에서 보냈다. 김지하가 1970년대의 뜨거운 상징이었던 것과 같은 의미에서 김남주는 1980년대의 상징이었다. 그의 절창들이 대체로 1980년대의 옥중에서 탄생했으며, 그에게 있어 1990년대란 1980년대의 그림자에 지나지 않았던 것도 같은 맥락에서였다.

> 잡아보라고
> 손목 한번 주지 않던 사람이
> 그 손으로 편지를 써서 보냈다오
> 옥바라지를 해주고 싶어요 허락해주세요
> ―「철창에 기대어」에서

김남주는 먼저 석방돼 나와 그의 옥바라지를 계속한 박광숙 씨와 출옥 한 달여 만에 결혼해서 아들 토일이를 두었다. 노동자들이 1주일에 사흘 금·토·일요일은 쉬어야 한다는 뜻이 그 이름에 담긴 토일이는 어느새 초등학교 1학년이 됐다. 시인은 가고 뒤에 남은 처자와 함께 그의 고향 해남을 찾는다. 희고 붉은 코스모스, 노랗고 예쁜 벼들, 그리운 이의 손짓처럼 하느작대는 억새로 해서 가을 들판은 따뜻하고 정겨웁다. 해남읍에서 차로 10여 분을 달리면 나오는 삼산면 봉학리 그의 생가에서는 팔순이 가까운 노모가 마당에 넌 고추와 호박을 돌보고 있다가 어린 손주를 반긴다.

푸른 대숲으로 둘러싸인 집에는 군 청년회에서 만들었다는 시화 패널들이 처마에 걸려 있을 뿐 시인의 생가임을 알리는 이렇다 할 기념물은 보이지 않는다. 다만, 시인이 주로 썼다는 사랑채에 그가 옥중에서 보았던 이런저런 잡지와 단행본들이 먼지에 덮여 쌓여 있다. '수번 2164, 교부일 81. 3. 23, 요납일 81. 4. 22'의 열독허가증이 붙은 책들은 1980년대 초의 어느 시점에 얼어붙은 채 무심한 세월을 견디고 있다.

시인은 죽어서 망월동에 묻혔다. 생전에 그가 쓴 시 「망월동에 와서」가 입구에 자리잡고 있는 5월 광주 희생자 묘역에서 그의 영혼은 비로소 안식을 찾았을 것인가. 그의 분신인 토일이와 부인 박광숙 씨를 일어나 반기지 못하는 무덤 속의 그를 안쓰러워하며 「전사 2」의 뒷부분을 떠올린다.

작품의 무대 땅끝마을을 끼고 있는 해남은 한반도 남쪽의 육지 가운데서는 서울에서 가장 먼 거리에 있는 곳이다. 그러나, 아득한 만큼, 아니 그보다 더 강렬하게 매혹적이기도 한 곳이 해남이다. 땅끝마을과 달마산 미황사, 두륜산 대흥사, 송호리 해수욕장 등이 모두 해남에 모여 있다. 뿐만 아니라, 다산초당과 영암 월출산, 진도 소리와 완도 보길도 따위가 모두 해남에서 지척지간에 있다. 한편, 김남주가 태어난 삼산면 봉학리에서 길 하나를 건넌 송정리에는 역시 지난 1991년 요절한 시인 고정희의 생가가 있다.

김남주 1945년 전남 해남에서 났으며 전남대 영문과를 마쳤다. 대학 재학중에 반유신 유인물 「함성」을 만들어 뿌린 혐의로 복역했으며, 1974년 『창작과 비평』에 「잿더미」 등을 발표하면서 등단했다. 1979년 남민전 사건으로 15년형을 선고받고 9년째 복역하다가 1988년 말에 출소했다. 1991년 제9회 신동엽 창작기금을 받았으며, 돌아간 직후 민예총이 제정한 제1회 민족예술상을 받았다. 자신의 시를 쓰는 것말고도 하이네, 호치민 등의 시와 프란츠 파농의 『자기 땅에서 유배당한 자들』 등을 번역했다.

■ 김인숙 · '79~'80 겨울에서 봄 사이

'불'의 연대에 관한 소설적 보고서

민중들은 살아 있는 투쟁의 불꽃이다. 어떠한 억압도 그들의 불꽃을 죽이지는 못한다. 오히려 억압은 그들을 더욱 강고한 힘으로 폭발하게 만들 뿐이다. 그들은 짓밟히면 짓밟힐수록 더더욱 강력한 힘으로 다시 튀어오르는 용수철이다. 용수철이라니! 다이너마이트이다. 수소폭탄이다. 핵폭탄이다!　―『'79~'80 겨울에서 봄 사이』에서

김인숙(1963~)의 소설 『'79~'80 겨울에서 봄 사이』(이하 『'79~'80』)는 1987년 말에 나왔다. 그러나 출간된 지 만 10년밖에 되지 않은 이 작품을 지금 읽어보면 매우 오래 된 소설 같다는 느낌을 받는다. 그 이전의 1970년대나 1960년대의 소설보다도 낯선 느낌. 우리말이라는 낯익은 그릇에 담긴 이물스러운 내용물이라는 점에서는 흡사 북한 소설을 대하고 있는 듯한 거리감조차를 이 소설은 준다. 그 이유는 무엇일까.

그것은 우선 이 소설이 '80년대'의 소산이라는 말로 설명될 수 있

을 터이다. '80년대'라고 우리가 말할 때 그것이 서력기원 1980년 1월 1일에서 1989년 12월 31일까지의 특정한 시간대만을 가리키는 것이 아님은 물론이다. 한국적 맥락에서의 80년대란 무엇보다도 정치·사회적 변혁을 향한 몸부림으로 특징지어지는 격동의 연대, 불의 연대였다. 물의 포용성보다는 불의 파괴력이 선호되었던 그 연대에는 문학에 대해서도 물이 아닌 불이 될 것이 요구되었다.

그것은 가령 여성 시인 강은교가 1974년에 발표한 시 「우리가 물이 되어」에서 취했던 물과 불에 관한 입장과는 퍽 대조적인 것이었다.

> 우리가 물이 되어 만난다면
> 가문 어느 집에선들 좋아하지 않으랴. (……)
>
> 그러나 지금 우리는
> 불로 만나려 한다.
> 벌써 숯이 된 뼈 하나가
> 세상에 불타는 것들을 쓰다듬고 있나니
>
> 만리 밖에서 기다리는 그대여
> 저 불 지난 뒤에
> 흐르는 물로 만나자.
> 푸시시 푸시시 불 꺼지는 소리로 말하면서
> 올 때는 인적 그친
> 넓고 깨끗한 하늘로 오라.

강은교의 시에서 불이 파괴와 죽음을, 물이 화해와 치유를 각각 대리한다는 사실은 명백하다. 이 시의 맥락을 벗어나서—이를테면 노아의 홍수와 같은 예에서는 오히려 물이 터미네이터의 역할을 맡기도 하지만, 그것은 당장의 논의와는 관련이 없는 사안일 뿐이다.

김인숙이 약관 스물넷의 나이로 발표한 『'79~'80』은 80년대의 태동에 관한 소설적 보고라 할 만하다. 이 소설의 시간대는 제목에서 보듯이 79년에서 80년, 더 정확히는 박정희의 암살에서부터 광주항쟁 직후까지의 2백여 일에 걸쳐 있다. 그럼에도 세 권짜리 짧지 않은 분량의 이 소설은 그 기간이 우리 역사상 그 어느 때보다도 길고 숨막히는 기간이었음을 웅변한다.

"대통령께서 돌아가셨습니다."

소설의 첫 문장은 박정희 체제 18년의 붕괴를 알리는 어느 고교 교사의 말이다. 이 진술의 형식적 간명성과 그 안에 담긴 내용의 착잡함이 연출하는 부조화와 불일치는 아연 긴장의 불꽃을 피워올린다. 그 긴장은 전환기를 맞은 역사의 긴장이자 그 역사를 추적하고 채집하려는 소설적 긴장이기도 하다.

이후로 소설은 그 두 가지 긴장의 증폭과 해소가 교차하면서 직조하는 양탄자와도 같은 형국을 보인다. 10·26 박정희 암살에 이어지는 12·12 쿠데타와 서울의 봄, 광주학살이 역사적 긴장의 이름들이라면, 소설적 긴장은 그 사건들을 맡고 또 맞는 작중인물들의 의식과 행동에서 비롯한다.

『'79~'80』의 한 축이 이미 완결되어버린 역사적 사건들인 만큼 이 작품의 소설적 긴장과 가능성은 그 사건들을 살아내는 인물의 형상

3·15탑.
이승만과 박정희
두 독재자의 몰락
에 마산 시민들은
누구보다 크게 이
바지했다.

화와 그를 통한 역사의 해석에서 찾아 마땅하다. 작가 역시 그를 충분히 인식하고 있으며 그에 따라 수많은 인물을 배치해놓고 있다.

그 많은 인물의 중심에 놓이는 것은 윤익을 비롯한 학생운동권이다. 지하서클에 속한 윤익과 그의 동료들은 위기와 기회의 두 가지 가능성을 함께 품고 있는 전환기를 맞아 위기는 돌파하고 기회를 포착하고자 동분서주한다. 79년 말 여러 지하서클 대표들의 엠티에서 억센 고향 사투리로 제출하는 윤익의 견해는 그 무렵 학생운동권의 고민과 모색을 요약해 보여준다.

"내 생각은 말입니더. 지금은 무조건 싸워야 할 때인기라요. 10월 26일부터 지금까지 우리가 한 일을 반성해 보모 우리가 운제 싸움 한 번 제대로 한 적이 있었습니꺼. 지금은 다 된 밥 뜸들이고 있을 때가 아이고 다 잡은 소 목을 칠 때인기라예."

윤익의 상대편에 놓인 인물이 공장지대에서 야학을 하는 종훈이다. 종훈은 세상이 온통 불로 치달아가는 때에 스스로를 얼음이라 믿고 싶어하는 인물이다. 윤익이 결단과 행동의 인간이라면 종훈은 회의와 관념의 인간이다. 윤익이 역사적 격변의 한가운데로 몸을 던지는 반면 종훈은 그로부터 한 발자국 물러서서 사태를 관망하고자 한다. 그러나 소설의 말미에서 종훈이, 비록 고문에 못 이겨서라고는 하지만, 윤익들을 배신하게 된다는 설정은 그가 시대의 대세와 불화하는 인물임을 말해준다.

종훈 못지않게 가증스러운 것이 고시라는 통로를 거쳐 신분상승을 꾀하는 이기주의자 채현, 그리고 타락한 재벌2세 희욱과 같은 대학생들이다.

윤익을 비롯한 학생운동권과 대결하는 것이 희욱의 아버지인 강흥국 사장과 그의 조카 강승훈 대위로 대표되는 보수 기득권층이다. 이들에게 있어 윤익들의 기회는 위기이며 거꾸로 이들의 기회는 윤익들에게는 위기가 된다. 양쪽 세력은 역사라는 하나의 대상을 놓고 일종의 제로섬 게임에 종사하고 있다.

이들과 구분되는 제3의 세력이 민중이다. 80년대를 지배한 역사관에 따르면 민중이야말로 기득권층의 진정한 적이며, 윤익들은 민중의 이해자이자 지원세력일 따름이다. 한 마디로 민중이라고는 하지만 민중에도 여러 유형이 있다. 우선은 종훈의 야학 학생들을 필두로 한 각성한 노동자들을 들 수 있다. 채현의 동생인 영이가 그 대표자이거니와, 이들은 자신들의 구체적인 생활상의 요구에서부터 시작해 사회적 정의와 세계의 올바른 진행에 대해 확고한 의식을 지니고 있다.

영이의 큰오빠인 채욱과 그의 동네 사람들이 또 다른 유형이다.

이들은 일신과 일상의 소소한 욕망과 희비에 휘둘릴 뿐 좀더 커다랗고 객관적인 세계를 생각할 여유를 찾지 못한다. 어려운 말로 즉자적 대중이라 일컫는 것이 바로 이들이다.

윤익의 고향인 마산의 친구들과 함백 탄광의 광원들은 가장 문제적인 유형에 속한다. 그 이유는 이들이 불의 폭발력, 그리고 일상적 무기력과 타락이라는 공통의 이중성을 지니고 있기 때문이다.

마산, 마산은 분명 민중봉기의 격전장이었었다. 그리고 마산 시민, 이들은 민중봉기의 주인공들이었다. 그렇다면 이들은 이제 하나의 거대한 싸움을 통하여 진정한 민중으로서, 나라의 주인으로서의 자기 지위를 당당히 깨닫고 있어야 하지 않는가. (……) 그런데 그렇지가 않았다. 그 어느 누구도 단지 하나의 경험을 갖게 되었을 뿐, 그로 인한 진보는 보이지 않았던 것이다. 그들은 싸움이 끝나자마자 아주 정확히 다시 제자리로 되돌아와버린 것 같았다.

'80년대적 소설'이라는 말을 다소 부정적인 의미로 사용할 때 그것의 두드러진 특징 가운데 하나로 현실적 패배와 승리라는 당위의 위태로운 공존을 들 수 있을 것이다. 소설의 결말은 작가가, 사회주의적 사실주의가 규정하는 '전망'의 요건을 의식했음을 보여준다. 광주학살에서 보듯 민중과 변혁세력은 기득권 세력에게 철저히 짓밟혔다. 소설 속에서 그것은 탄광지대에 숨어 있던 윤익이 경찰에 붙들려가는 것으로 치환된다. 역사도 패했고 윤익도 패했다. 그럼에도 작가와 소설은 패배를 인정하지 않으려 한다.

우리들의 5월의 패배! 나는 그것을 결단코 잊지 않을 것이지만 그

것은 패배로서만 기억되지는 않을 것이다. 패배라니! 민중들이 살아
있는데, 아니 그들은 살아 있을 수밖에 없고 또한 당연히 더더욱 찬란
한 생명으로 살아오를 것인데 패배라니! 패배는 없다! 민중들은 단 한
번도 패배하지 않는다.

『'79~'80』은 80년대 학생운동의 기념비적인 소설이라 할 만하
다. 소설은 숱한 토론과 논쟁에 종사하며 조국과 세계의 운명을 기
꺼이 자신들의 두 어깨에 걸머지려는 운동권 학생들을 상세히 묘사
한다.

이 작품은 또한 공동창작이라는 창작 방법상의 실험으로써도 기
념할 만하다. 개인보다는 공동체를 중시한 80년대의 분위기가 마침
내는 창작에서의 집단화 논의와 실천에까지 이르렀다는 점에서 이
역시 80년대적 첨단주의의 산물이라 할 수 있을 것이다. 북쪽의 4·
15 창작단 등에 관한 소문이 그 논의를 부채질한 것이 사실이고, 그
무성했던 논의들에 비해 실제적인 성과는 손으로 꼽을 정도였고 그
나마도 지금껏 살아남은 것은 극히 드문 실정이다. 『'79~'80』은 비
록 대표 집필자인 김인숙이 주도적인 구실을 했고, 그 결과 그의 이
름을 달고 출판되었지만, 공동창작으로서 시도되었고 또 상당 부분
진행되었다는 점에서 나름의 문학사적 의미를 지닌다. 물론 지금 와
생각해보면 아쉬움도 없지 않은 작업이었다.

"공동창작의 특성상 전형별로 인물 유형을 미리 정해놓고 출발했
다. 당연히 도식성을 벗어나기 힘들었고, 인물들이 저절로 살아 움
직이거나 제 울타리를 벗어나는 식의 파격은 불가능했다. 그렇지만,
지금 또다시 그런 상황이 온다면 역시 같은 소설을 쓸 것 같다."

윤익의 고향이자 박정희의 몰락을 가져온 하나의 요인이었던 부

마사태의 무대인 마산을 찾는다. 소설 취재를 위해 온 때로부터 10년 만이라는 작가가 동행했다. 4·19 때와 '마부사태'(이곳 사람들은 굳이 마부사태라 부른다) 때의 학생들의 진출로인 '혼(本)도로' 양 옆에는 작은 규모의 가구상들이 밀집해 있고, 그 일방도로가 끝나는 서쪽에 3·15기념탑이 서 있다. 유서 깊은 몽고정 인근이다.

윤익의 껄렁패 친구들이 출입하던 사창가인 오동동 나래비골목의 대낮은 한산하고 조용해 오히려 낯설다. 반대로 1960년과 79년 시위 때 수백 수천의 학생·시민이 스크럼을 짜고 밀려왔던 시내 중심가는 평일임에도 젊은이들의 물결로 출렁인다. 제각기 텔레비전에서 본 스타들의 이미지를 모방해 모자를 쓰거나 머리를 눌러 붙인 아이들은 옷가게와 커피점과 술집이 늘어선 거리를 쌍쌍이, 또는 서너너덧씩 건들거리며 흘러다닌다. 물처럼. 여유롭게. 과연 시대는 불에서 물로 바뀌고 있는 것인지.

작품의 무대 마산은 인근 창원과 함께 공업도시로 알려져 있다. 그러나, 김주열의 죽음으로 대표되는 3·15의거와 유신체제 붕괴의 신호탄이었던 부마항쟁 등에서 보듯 마산은 또한 역사적 분노의 고장이었다. 마산은 노래의 고장이기도 하다. 「가고파」의 이은상과 「고향의 봄」의 이원수가 모두 이곳 출신이다. 마산시 중심가의 나지막한 용마산 공원에는 이들을 비롯한 마산 출신 시인들의 시비가 세워져 있다.

김인숙 1963년 서울에서 났으며 연세대 신문방송학과를 졸업했다. 1983년 『조선일보』 신춘문예에 단편 「상실의 계절」이 당선되어 등단했다. 장편 『핏줄』, 『'79~'80 겨울에서 봄 사이』, 『긴 밤, 짧게 다가온 아침』 등과 중단편집 『함께 걷는 길』, 『칼날과 사랑』 등이 있다. 한국일보문학상을 받았다.

■ 김준태 · 아아 광주여! 우리나라의 십자가여!

금단의 소문 뚫고 내지른 비명 "광주여"

아아, 광주여 무등산이여
죽음과 죽음 사이에
피눈물을 흘리는
우리들의 영원한 청춘의 도시여

우리들의 아버지는 어디로 갔나
우리들의 어머니는 어디서 쓰러졌나
우리들의 아들은
어디에서 죽어 어디에 파묻혔나
우리들의 귀여운 딸은
또 어디에서 입을 벌린 채 누워 있나
우리들의 혼백은 또 어디에서
찢어져 산산이 조각나 버렸나

하느님도 새떼들도
떠나가버린 광주여
그러나 사람다운 사람들만이
아침저녁으로 살아남아
쓰러지고, 엎어지고, 다시 일어서는
우리들의 피투성이 도시여
죽음으로써 죽음을 물리치고
죽음으로써 삶을 찾으려 했던
아아 통곡뿐인 南道의
불사조여 불사조여 불사조여

해와 달이 곤두박질치고
이 시대의 모든 산맥들이
엉터리로 우뚝 솟아 있을 때
그러나 그 누구도 찢을 수 없고
빼앗을 수 없는
아아, 자유의 깃발이여
살과 뼈로 응어리진 깃발이여

아아, 우리들의 도시
우리들의 노래와 꿈과 사랑이
때로는 파도처럼 밀리고
때로는 무덤을 뒤집어 쏠지언정
아아, 광주여 광주여
이 나라의 십자가를 짊어지고

무등산을 넘어
골고다 언덕을 넘어가는
아아, 온몸에 상처뿐인
죽음뿐인 하느님의 아들이여

정말 우리는 죽어버렸나
더 이상 이 나라를 사랑할 수 없이
더 이상 우리들의 아이들을
사랑할 수 없이 죽어버렸나
정말 우리들은 아주 죽어버렸나

충장로에서 금남로에서
화정동에서 산수동에서 용봉동에서
지원동에서 양동에서 계림동에서
그리고 그리고 그리고……
아아, 우리들의 피와 살덩이를
삼키고 불어오는 바람이여
속절없는 세월의 흐름이여

아아, 살아남은 사람들은
모두가 죄인처럼 고개를 숙이고 있구나
살아남은 사람들은 모두가
넋을 잃고 밥그릇조차 대하기
어렵구나 무섭구나
무서워 어쩌지도 못하는구나

(여보 당신을 기다리다가
문 밖에 나가 당신을 기다리다가
나는 죽었어요……
왜 나의 목숨을 빼앗아 갔을까요
아니 당신의 전부를 빼앗아 갔을까요
셋방살이 신세였지만
얼마나 우린 행복했어요
난 당신에게 잘해주고 싶었어요
아아, 여보!
그런데 나는 아이를 밴 몸으로
이렇게 죽은 거예요 여보!
미안해요, 여보!
나에게서 나의 목숨을 빼앗아 가고
나는 또 당신의 전부를
당신의 젊은 당신의 사랑
당신의 아들 당신의
아아, 여보! 내가 결국
당신을 죽인 것인가요?)

아아, 광주여 무등산이여
죽음과 죽음을 뚫고 나가
白衣의 옷자락을 펄럭이는
우리들의 영원한 청춘의 도시여
불사조여 불사조여 불사조여
이 나라의 십자가를 짊어지고

골고다 언덕을 다시 넘어오는
이 나라의 하느님 아들이여
예수는 한 번 죽고
한 번 부활하여
오늘까지 아니 언제까지 산다던가
그러나 우리들은 몇백 번을 죽고도
몇백 번을 부활할 우리들의 참사랑이여
우리들의 빛이여, 영광이여, 아픔이여
지금 우리들은 더욱 살아나는구나
지금 우리들은 더욱 튼튼하구나
지금 우리들은 더욱
아아, 지금 우리들은
어깨와 어깨 뼈와 뼈를 맞대고
이 나라의 무등산을 오르는구나
아아, 미치도록 푸르른 하늘을 올라
해와 달을 입맞추는구나

광주여 무등산이여
아아, 우리들의 영원한 깃발이여
꿈이여 십자가여
세월이 흐르면 흐를수록
더욱 젊어져갈 청춘의 도시여
지금 우리들은 확실히
굳게 뭉쳐있다 확실히
굳게 손잡고 일어선다. ―「아아 광주여! 우리나라의 십자가여」 전문 시인 고은은 '1950년대'의 앞에 '아아'라는 간투사를 더하였다. 그가 20대의 젊음으로 허위허위 통과한 그 시절을 향한 애정과 증오, 보람과 회한, 그리움과 치떨림이 그 한 마디에 농축되어 있음이다.

그의 후배 시인인 김준태(1948~)에게는 광주라는 지명이 비슷한 감탄사로써 호명되어야 할 대상으로 다가온다. 그러나, 이 경우 '감탄사'라는 문법 용어는 얼마나 후안무치한 관습의 폭력일 것인가. 광주는 결코 감탄의 대상이 아니기 때문이다. 이 시의 맥락에서, 그리고 '그날' 이후 한국사의 흐름에서 광주는 감탄이기에 앞서 눈물과 애도와 한숨과 분노와 결의의 이름이었던 것이다. '광주'의 앞에 붙는 '아아'는 감탄사가 아니다. 그것은 차라리 비명이자 주문(呪文)이다. 그것은 총창에 난자당한 도시를 대신해 내지르는 비명이며, 그것은 죽음을 떠도는 원혼들을 부르는 주문이다. 그것은 한 저주받은 도시와 교신하기 위한 시인의 패스워드다.

"바람에 지는 풀잎으로 5월을 노래하지 말아라"고 김남주는 절규했다. 그가 김수영에게 억하심정이 있었던 것도 아니었고, 애초에 김수영이 '광주'를 예상하고 시를 쓴 것도 아니었다.

> 피의 학살과 무기의 저항 그 사이에는
> 서정이 들어설 자리가 없다 자격도 없다
> 적어도 적어도 광주 1980년 오월의 거리에는
> —김남주, 「바람에 지는 풀잎으로 오월을 노래하지 말아라」에서

1980년 5월 18일에서 27일까지 열흘 동안의 광주는 확실히 서정적이지는 않았다. 그렇다고 건조하지도 않았다. 으깨진 머리에서 흐르던 뇌수, 갈라진 배에서 비어져 나온 내장과 피, 그것을 목도하는

이들의 눈물과 토사물, 총을 쏘고 칼을 휘두르느라 군인들이 떨군 땀방울 따위로 광주의 거리는 질척거렸다. 그것은 차라리 엽기적이었다.

그 엽기의 주모자들은 지금 오라에 묶인 몸으로 형무소에 들어앉아 있다. 몇 차례의 재판을 통해 그들의 죄상의 적어도 일부나마 밝혀지기도 했다. 12·12 쿠데타로 실권을 잡은 신군부가 집권의 희생양으로 삼은 것이 광주였다는 사실쯤이야 이제는 상식 축에도 끼이지 못하게 됐다. 그러나 그들이 아직 오라를 받지 않았을 때, 그들의 서슬이 시퍼렇게 살아 있던 때, 광주는 금기에 싸인 소문일 뿐이었다.

광주는 우리의 원죄였다. 스러진 목숨들의 숫자와 불타버린 재물의 양과는 무관하게, 그 심리적·사회적 파장에 있어서는 한국전쟁에 버금가는, 한국 현대사의 '타락'이었다. 원죄의식에 내몰린 젊은 이들은 돌멩이와 화염병을 들고 거리로 나섰고, 맞아 죽거나 목 졸려 죽거나 스스로 제 몸을 불태워 죽기도 했다. 80년대는 '광주'라는 핵을 둘러싸고 회전했다. 광주에서 자유로울 수 있는 사람은 없다고 해도 좋았다. 모든 사람에게 있어 광주는 80년대의 중요한 일부였고, 어떤 사람들에게는 광주가 80년대의 전부였다.

광주의 시인인 김준태에게 광주가 80년대의 전부였음은 당연한 노릇이다. 1980년 5월 학살 당시 광주 전남고등학교 독일어 교사였던 그는 지금은 없어진 『전남매일신문』의 편집국장 대리였던 소설가 문순태로부터 시 한 편을 써 오라는 주문을 받는다. 6월 2일 오전 10시께였다. 그로부터 석간 마감시간인 오전 11시 30분까지 앉은 자리에서 써 내려간 것이 109행의 길다란 시 「아아 광주여! 우리나라의 십자가여!」였다. 근 보름 만에 처음 나온 신문에 실린 이

민주화를 요구하는 수만 시민의 함성이 메아리쳤던 도청 앞 분수대 광장에 선 시인의 표정이 착잡하다.

시가 학살에서 살아남은 이들에게 어떻게 읽혔을지는 짐작하고도 남음이 있다.

이 시를 쓰고서 시인은 스무 날 남짓 잠행을 하고, 돌아와서는 수사기관의 조사를 받은 뒤 다니던 학교를 그만두게끔 된다. 어쨌거나, 살육의 피냄새와 비명이 채 가시지 않은 시점에 씌어진 이 시는 마냥 슬픔과 고통만을 짓씹고 있지는 않다. 그 슬픔과 고통을 거름 삼아 궁극적인 승리와 행복을 구가하려 한다는 데에 이 시의 미덕이 있다.

시인이 광주의 죽음에서 부활을, 아픔에서 영광을, 무덤에서 깃발을 건져올리는 것은 5월 광주에 대한 믿음과 긍지 때문이다. 그해 5월의 열흘 동안 광주를 지배한 것이 학살과 슬픔만은 아니었다. 학살에 대한 항거, 슬픔을 딛고 나아가는 행진이 있었고, 무엇보다도 해방 광주가 있었다. 학살자들에 대한 분노와 적의, 공동운명체인 이웃에 대한 애정과 신뢰가 있을 뿐 아무런 폭력도 차별도 없었던 대동세상이 잠깐이었을망정 그곳에 펼쳐졌던 것이다.

> 금남로는 사랑이었다
> 내가 노래와 평화에
> 눈을 뜬 봄날 언덕이었다
> 사람들이 세월에 머리를 적시는 거리
> 내가 사람이라는 사실을
> 처음으로 알아낸 거리
> 금남로는 연초록 강 언덕이었다   —「금남로 사랑」에서

 1996년 10월의 금남로는 축제 무대였다. 광주를 연고로 둔 프로야구단 해태 타이거즈의 여덟번째 한국 시리즈 우승을 이곳 사람들은 여덟번째 손주를 본 조선조의 할아버지처럼 좋아들 했다(정치·경제적 불만의 호도이자 대리만족 기제로서 프로야구가 시작됐다는 냉정한 분석에도 불구하고, 그것이 특히 이곳 사람들에게 적지 않은 위로를 주어왔음을 부인할 수는 없다). 야구만이 아니었다. 그해 5월의 상징과도 같은 도청 앞 분수대 주변에는 제3회 남도음식대축제, 광주 김치대축제, 조선대 개교 50주년 기념 등의 각종 플래카드가 어지럽게 걸려 있다.
 '전남 개도(開道) 100주년', '기회와 희망의 전남 건설' 따위의 구호를 이마에 붙인 도청 건물이, 이제는 금융 및 사무 중심가로 변한 금남로를, 솟구쳐오르는 분수 너머로 응시하고 있다. 그 시선은 정

녕 축제와 희망의 그것일 터인가.

 1980년 5월 계엄군에게 살해당한 '민주영령'들은 광주시 북동쪽 망월동 묘지에 잠들어 있다. 그들과 함께 그해 5월에 입은 부상으로 나중에 숨을 거둔 이들, 그리고 김종태, 이한열, 강경대 등이 역시 죽어서 이곳을 찾아왔다. 이들의 죽음이 5월 광주와 무관하지 않았기 때문이다. 망월동 공동묘지의 5·18 묘역은 따로 초입에 새 터를 마련해 묘지 조성 작업이 한창이다(1997년 5월에 5·18 묘역이 완공되었다).

 그가 '역사의 교과서'라 일컫는 망월동 묘지를 찾은 김준태 시인은 "그해 5월의 상황이 광주가 아닌 부산이나 청주, 전주, 그 어디에서 벌어졌더라도 양상은 마찬가지였을 것"이라며 "광주'를 특정 지역의 문제로 국한시키는 것은 옳지 않다"고 말했다.

작품의 무대 광주는 무엇보다도 5·18의 광주이다. 해마다 5월 18일을 전후한 얼마간은 도청 앞과 금남로, 충장로와 망월동은 80년 5월을 되새기려는 사람들로 물결을 이룬다. 광주는 또한 무등산과 김현승의 광주이기도 하다. 무등산(無等山)이 그 평등주의적 이름으로 광주의 이념을 담보한다면, 다형 김현승의 눈물은 그 간절함으로 광주의 서정을 선도하였다. 광주를 거점으로 해서는 담양 소쇄원과 화순 운주사 등을 둘러볼 수가 있다.

김준태 1948년 전남 해남에서 났으며 조선대 독어과를 졸업했다. 1969년 『시인』지로 등단했으며, 『참깨를 털면서』, 『국밥과 희망』, 『꽃이, 이제 지상과 하늘을』 등의 시집과 산문집 『시인은 독수리처럼』, 『슬픈 시인의 여행』 등을 냈다. 지금은 광주의 『광주매일』에서 일하고 있다.

■ 김용택 · 섬진강

섬진강에서 퍼올린 농투성이 서정

가문 섬진강을 따라가며 보라
퍼가도 퍼가도 전라도 실핏줄 같은
개울물들이 끊기지 않고 모여 흐르며
해 저물면 저무는 강변에
쌀밥 같은 토끼풀꽃,
숯불 같은 자운영꽃 머리에 이어주며
지도에도 없는 동네 강변
식물도감에도 없는 풀에
어둠을 끌어다 죽이며
그을린 이마 훤하게
꽃등도 달아준다
흐르다 흐르다 목메이면
영산강으로 가는 물줄기를 불러
뼈 으스러지게 그리워 얼싸안고

지리산 뭉툭한 허리를 감고 돌아가는
섬진강을 따라가며 보라
섬진강물이 어디 몇 놈이 달려들어
퍼낸다고 마를 강물이더냐고,
지리산이 저문 강물에 얼굴을 씻고
일어서서 껄껄 웃으며
무등산을 보며 그렇지 않느냐고 물어보면
노을 띤 무등산이 그렇다고 훤한 이마 끄덕이는
고갯짓을 바라보며
저무는 섬진강을 따라가며 보라
어디 몇몇 애비 없는 후레자식들이
퍼간다고 마를 강물인가를.　　　　　　　　―「섬진강 1」 전문

　말라붙은 가을 강이다. 속살이 들여다보일 정도로 투명한 물 속에는 푸른 하늘과 알록달록한 산그림자가 잠기어 있다. 그 하늘과 산 위로 고기들은 유유히 날아다니며, 물낯을 씻는 늦가을 햇볕이 그들을 포근히 덮어준다. 강가에는 형제 같은 느티나무 두 그루, 마을 앞 텃밭의 고춧대 위에는 황적색 딱새 한 마리, 잎 진 감나무 가지에는 까치밥 두엇이 꽂힌 듯 매달려 있다. 한살이를 마감한 논에는 효수당한 농민군 같은 볏단들이 서거나 누워 있고, 앞뒷산에는 붉나무를 필두로 한 가을 나무들이 저마다 누렇고 붉은 잎사귀를 상처처럼 혹은 훈장처럼 거느리고 서 있다. 고적한 듯 화려한 그 풍경은 아랑곳없다는 듯 공중에는 까치가, 땅 위로는 사람들이 바쁘게 오고 간다. 이곳은 전북 임실군 덕치면 장산리 진메마을. 『섬진강』의 시인 김용택(1948~)의 둥지다.

전주에서 27번 국도를 타고 남쪽으로 50km를 짚어 내려가면 갈담이라고도 부르는 임실군 강진면 소재지에 이르고, 거기서 같은 길을 10리 가량 더 가면 나오는 곳이 덕치면이다. 앞산이 좌우로 길다랗다 해서 '긴뫼〔長山〕'라 이름 붙여졌으나 우리네 이름이 항용 그러하듯 '진메'로 통용되고 있는 섬진강변의 작은 마을이 시인의 고향이다. 전북 진안군 마령면에서 발원해 경남 하동 포구로 몸을 푸는 섬진강 5백 리 물길을 두고 보자면 진메는 강의 중상류쯤에 해당한다. 그 조금 위쪽 강진면 옥정리에는 1960년대에 만들어진 섬진댐이 물을 막고 있어 댐 아래로는 수량이 매우 적다.

아가
새아가
강 건너 저 밭을 봐라
저게 저렇게 하찮게 생겼어도
저게 나다
저 밭이 내 평생이니라
저 밭에
내 피와 땀과 눈물과 한숨과
곡식 무성함의 기쁨과 설레임과
내 손톱 발톱이 범벅되어 있느니라 ―「밭」에서

순창농림고등학교를 졸업하고 모교인 덕치초등학교에서 후배들을 가르치고 있던 김용택이 시단에 얼굴을 내민 것은 1982년이었다. 1982년이라면 5월 광주의 충격과 아픔이 채 가시지 않은 무렵이었다. 미증유의 학살극은 사회 전체를 꽁꽁 얼어붙게 만들었고,

상심(喪心)한 백성들은 애꿎은 소주병이나 작살낼 따름이었다. 그러나, 바닷가 가파른 벼랑 위에도 원추리꽃 한 송이가 피어나듯이 숨막히는 역사의 격랑 속에도 서정의 몫은 엄연히 있었음인가. 김용택의 섬진강 시편들은 시대의 불인두에 데인 화인을 가만히 어루만져주며 삶이란, 그리고 역사란 단판 승부가 아니라는 사실을 일러주었다. 낮은 목소리로.

> 이 세상
> 우리 사는 일이
> 저물 일 하나 없이
> 팍팍할 때
> 저무는 강변으로 가
> 이 세상을 실어 오고 실어 가는
> 저무는 강물을 바라보며
> 팍팍한 마음 한끝을
> 저무는 강물에 적셔
> 풀어 보낼 일이다. ─「섬진강 5─삶」에서

　김용택의 서정은 사회와 역사에 대한 관심의 끈을 늦추지 않는다는 점에서 무책임하고 방관적인 여느 '순수서정'과는 구분된다. 김용택은 그가 몸담고 있는 농촌의 현실, 사회 전체의 정치·경제적 상황, 그것들의 바탕을 이루는 역사라는 큰 흐름에 두루 주목하면서 서정의 힘으로 그 모든 것을 감싸려 한다. 그의 시에서 서정과 역사는 둘이 아닌 하나가 된다.
　농촌의 현실에 발붙이고 농민의 시선으로 세계를 보려 한다는 점에서 그의 시는 농민시의 계보에 속한다. 1985년에 초판이 나온 그의 첫 시집 『섬진강』은 그보다 10여 년 전에 출간된 선배 시인 신경림의 『농무』를 잇는 농민시의 80년대적 적자라 할 만하다. 『섬진강』에 실린 시 「눈길」은 신경림의 같은 제목의 시를 연상시키며 두 시인 사이의 영향관계를 짐작케 하기도 한다.

어떻게 할 것인가, 이 전답들을
어떻게 갚아갈 것인가, 겁도 안 나는 이 많은 빚을
걸을수록 발길은 천근만근 무거운데
들판 끝 자욱한 동네 감빛 같은
불빛을 따라
팍팍한 눈길을 걷는다

여느 개울 규모의 마을 앞 강물은 민물고기들이 오가는 바닥이 훤히 들여다보여 천혜의 수족관으로 손색이 없다.

서정이라고는 하지만, 농촌과 농민 현실의 팍팍함을 고발하는 시인의 어조가 마냥 가라앉아 있을 수만은 없는 법이다. 1980년대에 특히 승했던 현장시의 흔적을 보이는 「마당은 비뚤어졌어도 장구는 바로 치자」와 같은 시에서 시인의 목소리는 어쩔 수 없이 올라간다.

우리는 말여 옛적부텀
만백성 뱃속 채워주고
마당은 비뚤어졌어도 장구는 바로 치고
논두렁은 비뚤어졌어도
농사는 빤듯이 짓는
전라도 농군들이랑게
고부 들판에 농군들이여
참 오래 살랑게
벼라별 험헌 꼴들 다 겪고
지금은 이렇게 사람 모양도 아닝 것맹이로
늙고 병들었어도
다 우리들 덕에 이만큼이라도
모다덜 사는지 알아야 혀
아뭇소리 안허고 있응게 다 죽은 줄 알지만 말여
아직도 이렇게 두 눈 시퍼렇게 부릅뜨고
땅을 파는
농군이여
농군.

그런가 하면 농촌에 살면서도 농사를 짓는 대신 시를 쓰고 아이
들을 가르치는 시인의 신분은 농민들에 대한 고마움과 자신의 흰
손에 대한 부끄러움을 이렇게 노래하게 한다.

> 살아오면서 나는 내 이웃들의 농사에
> 내 손이 희어서 부끄러웠고
> 뙤약볕 아래 그을린 농사꾼들의
> 억울한 일생이
> 보리꺼시락처럼 목에 걸려
> 때로 못밥이 넘어가지 않아
> 못 드는 술잔을 들곤 했다.
> 논밭에 땀 흘리지 않고
> 흙 무서워하는 손으로 시를 쓰고
> 밥을 퍼먹으며
> 그들의 아들딸들을 가르치며
> 나는 가르침에 괴로웠다.   ―「길에서」에서

마을 앞을 흐르는 강의 수량이 갈수록 주는 것처럼 진메마을의
인구도 감소일로에 있다. 젊은이들이 도시로 도시로 떠나버린 마을
엔 노인들만 남아 생의 저물녘을 지키고 있다. 20여 가호가 사는 마
을엔 서너 채가 빈 집으로 버려져 있고, 할머니 또는 할아버지 혼자
사는 집만도 여덟 집에 이른다. 시인의 기억에 따르면 1970년대 중
반부터 이농 물결은 걷잡을 수 없게 되었다. 그가 처음 부임했던
1970년대 초 덕치초등학교의 학생 수는 7백 명까지 이르렀는데, 지
금은 불과 53명의 학생이 교사 6명과 함께 생활하는 미니 학교로

바뀌었다. 2학년 8명을 가르치고 있는 시인은 20년 저쪽의 일들이 "마치 까마득한 옛날 같다"고 말했다.

사람들은 떠나고 물은 줄었어도 마을 앞 강은 좋았던 시절의 기억을 고스란히 간직하고 있다. 여름이면 별을 보며 잠을 청하곤 했던 벼락바위에는 말리려고 널어놓은 흰 호박 쪼가리들이 얹혀져 있고, 각각 쏘가리와 다슬기가 많이 잡힌다고 해서 이름 붙인 쏘가리방죽과 다슬기방죽도 옛 모습을 잃지 않고 있다. 무엇보다도 바닥이 투명하게 들여다보이는 강물에는 돌고기, 납자루, 쉬리, 꺽지, 피라미, 버들치, 모래무지, 자가사리 따위의 민물고기들이 추억처럼 오고 또 간다.

그러나 자연적 아름다움과 효용을 겸하고 있던 마을 앞 징검다리는 경운기 한 대가 다닐 만한 넓이의 시멘트 다리로 바뀌었다. 징검돌이 치워지고 시멘트가 퍼부어지던 무렵 시인은 원인을 알 수 없는 병으로 극도로 야위는 통에 두 달 가량 고향 마을을 찾지 못하다가 상황이 끝난 뒤에야 와서 보고는 "너무도 괴로웠다." 그러고 보면 의사들이 진단과 치료를 제대로 할 수 없었던 시인의 병은 어쩌면 섬진강의 병이 아니었을까. '중생이 아프니 나도 아프다'는 저 유마거사의 경지에 시인이 이른 것은 아닐까.

그럼에도, 아니 그렇기 때문에 더욱, 시인은 섬진강과 진메마을을 믿고 사랑한다. 풀이 자라고 꽃이 피었다 지고, 같은 자리에서도 해마다 다른 꽃들이 피어나고, 잎이 출무성했다가는 어느 순간 속절없이 져버린 뒤 흰 눈이 내려 덮이고……. 1년 사시사철 하루하루가 매번 다르기 때문에 세월 가는 줄 모른다. 신선놀음이 따로 있을 것인가. 예가 바로 천국인 것을.

작품의 무대 섬진강은 전북 진안에서 경남 하동까지 이르는 5백 리 물길이다. 그럼에도 김용택은 자신의 고향 마을 진메의 앞을 흐르는 물줄기 약간을 섬진강의 대표선수로 등재시켰다. 시인의 욕심 탓이 아니었다. 차라리 여느 커다란 개울 넓이에 지나지 않는 진메마을 앞 강줄기가 운이 좋아 김용택 같은 대변자를 얻게 된 것이라 보아야 할 터. 시인의 모교이자 직장인 덕치초등학교 뒤 회문산은 한국전쟁 무렵 빨치산의 거점으로 유명짜했던 곳이고, 인근 순창 피노리는 동학의 '괴수' 전봉준이 잡힌 곳이니, 이 일대는 이래저래 뜨거운 피가 끓어 넘쳤던 고장인 듯.

김용택 1948년 전북 임실에서 났으며 순창농림고를 졸업했다. 1982년 창작과비평사의 『21인 신작시집』에 「섬진강 1」 등을 발표하면서 작품활동을 시작했다. 『섬진강』, 『맑은 날』, 『강 같은 세월』 등 7권의 시집과 산문집 『섬진강을 따라가며 보라』를 냈다. 김수영문학상을 받았다. 현재 자신의 모교인 임실 덕치초등학교에서 아이들을 가르치고 있다.

■ 박노해 · 노동의 새벽

노동자 육성으로 지식인 문학 강타

전쟁 같은 밤일을 마치고 난
새벽 쓰린 가슴 위로
차거운 소주를 붓는다
아
이러다간 오래 못가지
이러다간 끝내 못가지

서른세 그릇 짬밥으로
기름투성이 체력전을
전력을 다 짜내어 바둥치는
이 전쟁 같은 노동일을
오래 못가도
끝내 못가도
어쩔 수 없지

탈출할 수만 있다면,
진이 빠져, 허깨비 같은
스물아홉의 내 운명을 날아 빠질 수만 있다면
아 그러나
어쩔 수 없지 어쩔 수 없지
죽음이 아니라면 어쩔 수 없지
이 질긴 목숨을,
가난의 멍에를,
이 운명을 어쩔 수 없지

늘어쳐진 육신에
또다시 다가올 내일의 노동을 위하여
새벽 쓰린 가슴 위로
차거운 소주를 붓는다
소주보다 독한 깡다구를 오기를
분노와 슬픔을 붓는다

어쩔 수 없는 이 절망의 벽을
기어코 깨뜨려 솟구칠
거치른 땀방울, 피눈물 속에
새근새근 숨쉬며 자라는
우리들의 사랑
우리들의 분노
우리들의 희망과 단결을 위해
새벽 쓰린 가슴 위로

차거운 소줏잔을
돌리며 돌리며 붓는다
노동자의 햇새벽이
솟아오를 때까지 　　　　　　　　　　—「노동의 새벽」 전문

 "우리는 기계가 아니다. 근로기준법을 준수하라. 내 죽음을 헛되이 말라." 1970년 11월 13일 낮 평화시장 재단사 전태일의 절규는 남한 노동자계급 최초의 자기선언이었다. 박정희 군사독재가 정신 없이 휘몰아치는 수출 드라이브의 뒷전에서 나사못보다 못한 대우에 시달리던 한 노동자의 분노는 스물셋 젊은 몸뚱어리를 장작 삼아 불타올랐으니, 그것은 노동해방이라는 미륵세상을 갈구하는 지성의 소신공양이었다.
 그로부터 14년 뒤인 1984년 가을, 노동자계급은 또 한 사람 그들의 대변자를 만나게 된다. 그러나 이번에는 제 몸을 불사르는 방식은 아니었다. 그것은 『노동의 새벽』이라는 이름의 한 권 시집이다.
 전태일의 분신과 박노해 시집 『노동의 새벽』의 출간은 그 형태상의 차이에도 불구하고 내용에서는 동일한 것이라 할 만하다. 열악한 노동조건에 대한 고발, 계급해방에의 간절한 열망, 동료 노동자들을 향한 각성과 단결에의 외침이 그 두 개의 형식 안에 공통적으로 들어 있다. 그렇다는 것은 14년이라는 시간의 진행이 남한 노동자계급의 일과 삶에는 아무런 질적인 차이도 가져오지 못했다는 뜻이기도 하다.
 박노해(본명 박기평)가 공식 문단에 얼굴을 내민 것은 1983년 황지우·김정환 등의 시동인 '시와 경제' 제2집 『일하는 사람들의 미래』에 「시다의 꿈」,「하늘」,「얼마짜리지」 등을 발표하면서부터다.

긴 공장의 밤
시린 어깨 위로
피로가 한파처럼 몰려온다

드르륵 득득
미싱을 타고, 꿈결 같은 미싱을 타고
두 알의 타이밍으로 철야를 버티는
시다의 언 손으로
장밋빛 꿈을 잘라
이룰 수 없는 헛된 꿈을 싹뚝 잘라
피 흐르는 가죽본을 미싱대에 올린다
끝도 없이 올린다   —「시다의 꿈」 1·2연

　　　노동해방을 가리키는 필명을 앞세운 박노해의 등장은 남한 노동
　　자계급의 자기표현이 문학적 성숙을 이루었음을 뜻했다. 그의 시들

가리봉 시장에 밤이 깊으면 / 가게마다 내걸어 놓은 백열전등 불빛 아래 / 오가는 사람들의 상기된 얼굴마다 / 따스한 열기가 오른다(「가리봉 시장」에서)

은 송효순, 유동우, 석정남 등의 노동수기류를 계승하면서 발전적으로 넘어섰다. 수기와 생활글이라는 직접적이고 무기교적인 형식이 좀더 세련된 장르인 시로 넘어갔다는 점에 박노해 등장의 의미가 있다. 노동자의 삶을 다룬 시가 이전에 없었던 것은 아니지만, 박노해의 노동시편들은 바로 노동자 자신에 의한 시쓰기라는 점에서 차원을 달리하는 것이었다. 이 점에서 그는 일제시대의 뜨내기 노동자 출신 작가 최서해에 비견되며, 다른 한편으로는 비슷한 무렵에 등단한 농촌 교사 시인 김용택과 함께 논의되었다.

박노해의 노동시들은 특히 민중문학 진영에 큰 충격을 주었다. 그의 시를 접한 많은 지식인 문인들은 어쩔 수 없는 위축감을 맛보았다. 그것은 무엇보다도 체험의 직접성이 가져온 충격이자 위축이었다. 채광석을 중심으로 한 일단의 민중주의자들은 자신의 출신성분을 저주하면서 노동자계급에의 복무를 선언하기에 이른다. 반드시 그들과 같은 견해를 지니지 않은 이들일지라도 지식인 문학의 한계와 위선에 대한 반성은 시대의 유행과도 같았다. 박노해의 등장이 촉발한 문학 창작의 주체 논쟁은 1987년 김명인의 「지식인 문학의 위기와 새로운 민족문학의 구상」이라는 논문을 거치면서 민족・민중문학의 급격한 이념 분화로 이어진다.

박노해의 시집을 지금 읽어보면 당시 주었던 충격은 많이 완화된 느낌으로 다가온다. 그것은 박노해의 뒤를 잇는 여러 노동자 시인들의 시에 우리가 익숙해진데다, 창작 주체에 관한 강박에서 벗어나 박노해 시의 성취와 한계를 어느 정도 객관적으로 볼 수 있게 되었기 때문일 것이다.

『노동의 새벽』의 시들은 예외 없이 노동자의 일과 삶을 노래한다. 거기 그려진 노동자들은 이른 아침부터 밤 늦게까지, 때로는 밤을 꼬박 새우면서 힘겨운 작업에 시달리며, 그 과정에서 프레스에 손목이 잘리거나 심지어는 목숨을 잃을 위험에까지 노출되어 있다.

> 올 어린이날만은
> 안사람과 아들놈 손목 잡고
> 어린이 대공원에라도 가야겠다며
> 은하수를 빨며 웃던 정형의
> 손목이 날아갔다.
>
> (……)
>
> 우리는 손을 소주에 씻어 들고
> 양지바른 공장 담벼락 밑에 묻는다.
> 노동자의 피땀 위에서
> 번영의 조국을 향락하는 누런 착취의 손들을
> 일 안하고 놀고먹는 하얀 손들을
> 묻는다
> 프레스로 싹둑싹둑 짓짤라
> 원한의 눈물로 묻는다
> 일하는 손들이
> 기쁨의 손짓으로 살아날 때까지
> 묻고 또 묻는다   —「손 무덤」 첫 연과 마지막 연

신혼의 노동자 부부는 작업시간의 차이로 인해 얼굴을 마주 보기조차 쉽지 않으며, 모처럼 "찾아먹는" 휴일에도 별다른 오락과 취

미생활을 즐길 경제적 여유가 없다. 거의 유일하게 허용되는 소일거리란 허름한 포장마차에서 꼼장어에 막걸리 몇 잔 걸치며 냉정한 현실을 잠시나마 잊는 것이다. 그렇다고 해서 사랑과 분노를 영영 잊어버린 것은 아니다.

『노동의 새벽』출간 이후 박노해는 흔히 '얼굴 없는 시인'으로 불렸다. '1957년 전남 출생, 15살에 상경하여 현재 기능공'이라는, 시집 갈피의 간략한 소개말고는 그에 관해 알려진 것은 아무것도 없었다. 상상력이 풍부한 이들은 '박노해'라는 이름이 노동시를 쓰는 창작집단이 편의상 내세운 공통의 필명일 것이라고 추측하기도 했다. 세상의 호기심과 상상에는 아랑곳없이 박노해는 새로 창간된 격월간 『노동해방문학』에 시와 산문의 경계를 허문 형태 파괴적인 '시사시(時事詩)'들을 선보이는가 하면, 남북노동자회담 제안, 현대자동차 파업 격려, 문익환 목사 방북 환영 등의 시평을 발표하기도 했다. 그는 이제 노동자 시인에서 노동운동가이자 혁명가로 변신하는 듯했으며, 그의 행보에 대한 관심과 열광은 '박노해 현상'이라는 조어를 낳기에 이르렀다.

무릇 모든 절정은 파국과 추락을 예비하고 있음인가. 그는 1991년 봄 사노맹(남한사회주의노동자동맹)의 '수괴'로서 구속되어 무기징역을 선고받는다. 그해 『한겨레신문』 송년호에 실린 시 「그해 겨울나무」에서 그가 "그해 겨울, / 나의 패배는 참된 시작이었다"고 갈파하거나, 옥중시집 『참된 시작』에 덧붙인 산문에서 "참된 시는 날카로운 외침이 아니라 그 누구도 거부할 수 없는 '둥근 소리'여야 하지 않겠느냐"고 스스로 다짐하고 있는 데에서 이 혁명가 시인의 강파른 세계관이 변모를 겪고 있음을 짐작할 수 있게 된다.

가을에서 겨울로 접어드는 구로공단과 가리봉 일대에는 구둣발에 밟히는 낙엽과도 같은 쓸쓸함이 흘러다닌다. 시속에의 적응이 잰 눈에는 10여 년 전과의 차이가 분명히 보인다. 치떨리는 분노와 강고한 희망이 공존했던 노동자들의 얼굴에서는 적당한 체념과 그만큼의 안락이 잡히는 것 같다. 진한 살색의 외국인 노동자들 모습이 심심치 않게 눈에 띄는 것 역시 두드러진 변화다. 가리봉역의 영어 안내방송은 그 한 부수효과일 것이다.

> 돈이 생기면 제일 먼저 가리봉 시장을 찾아
> 친한 친구랑 떡볶기 500원어치, 김밥 한 접시,
> 기분나면 살짜기 생맥주 한 잔이면
> 스테이크 잡수시는 사장님 배만큼 든든하고
> 천오백 원짜리 티샤쓰 색깔만 고우면
> 친구들은 환한 내 얼굴이 귀티난다고 한다
> ―「가리봉 시장」 셋째 연

　노동자들의 숫자가 줄어든 만큼 시장과 가리봉 오거리의 상점들 또한 흥청거리던 활기가 한결 덜해 보인다. 무엇보다도 파업과 시위와 플래카드를 보기 어렵게 되었다. 박노해는 글렀던가? 적어도 그의 초발심은 그렇지 않았다. 그의 등단작 가운데 하나인 「시다의 꿈」을 읽어보자.

> 아직은 시다,
> 미싱을 타고 미싱을 타고
> 갈라진 세상 모오든 것들을
> 하나로 연결하고 싶은

시다의 꿈으로
찬 바람 치는 공단거리를
허청이며 내달리는
왜소한 시다의 몸짓
파리한 이마 위로
새벽별 빛나다

모든 것을 하나로 연결하고 싶은 '시다(재단사 보조)'의 꿈. 그 꿈이 우리를 살아 있게 한다. 전태일의 26주기를 맞아 여의도 광장을 가득 메운 노동자들의 함성과 열기는 노동자 시인의 초발심이 역사의 한 큰 동력으로 작용하고 있음을 보여준다.

작품의 무대 구로공단과 가리봉동은 수출입국이라는 국가적 신앙과 그 그늘을 상징한다. 『노동의 새벽』이 있기 전에 이문열의 「구로 아리랑」이 그 신앙과 그늘의 일단을 그렸고, 양귀자는 「비 오는 날이면 가리봉동에 가야 한다」에서 베케트의 고도와도 같은 어떤 것으로 가리봉동을 '등장'시켰다. 최근에는 신경숙의 『외딴 방』이 1970년대 말~80년대 초의 구로공단과 가리봉동을 인상 깊게 되살렸다. 한편, 구로공단과 광명시를 가르고 있는 안양천의 안개는 요절한 시인 기형도의 등단작 「안개」를 낳기도 했다.

박노해 1957년 전남 함평에서 났으며 버스 정비 등 기능공으로 일하다가 1983년 『시와 경제』 2집에 「시다의 꿈」 등을 발표하면서 작품활동을 시작했다. 다음 해, 첫 시집 『노동의 새벽』을 펴냈으며, 이후 『노동해방문학』에 시와 산문을 발표하면서 '얼굴 없는 혁명 시인'으로 활동하다가 1991년 사노맹 사건과 관련해 구속되어 경주교도소에서 복역중이다. 1993년 두번째 시집 『참된 시작』을 펴냈다.

■ 박태순 · 밤길의 사람들

역사의 새벽을 여는 밤길의 사람들

시위대는 매일 밤마다 명동을 순회하고 있었고, 강강수월래를 하고 있었다. 을지로 쪽에서 와아와아 하다가 신세계 쪽으로 돌고 퇴계로 쪽으로 술래잡기를 하다가 다시 충무로 쪽으로 제일백화점 앞으로, 그리하여 명동성당 쪽으로 원무의 무대를 바싹 좁혀 놓곤 했다. 밤길의 사람들은 새로운 기질을 만들어가고 있었다. 최루탄이 터지면 마치 불꽃놀이에 놀란 강아지들처럼 흩어졌다. 그러나 금세 다시 모여들었다. 결코 집으로 돌아갈 생각을 하지 않았다.

—『밤길의 사람들』에서

박태순(1942~)의 중편「밤길의 사람들」은 1987년 6월 사람들을 사로잡았던 어떤 열기에 관한 이야기다. "호헌철폐 독재타도"라는 구호에 요약된 그 열기는 많은 사람들을 밤길로 내몰았다. 4·19나 부마사태, 그 이전의 농민군 봉기에 필적할 함성과 흥분이 그 밤길을 채웠다.「밤길의 사람들」은 비록 그 범위를 서울 영등포와 명동

일대로 국한시키고 있지만, 1987년 6월의 밤과 낮에 그 열기는 휴전선 남쪽의 거의 전부를 채우다시피 했다.

12·12 쿠데타와 광주학살을 통해 정권을 잡은 군부는 두 번째 집권을 위한 시나리오를 착착 진행시키고 있었다. 1986년엔 서울 아시안게임을 성공리에 열었고, 1988년에 있을 꿈과도 같은 올림픽을 앞두고 있었다. 국민들은 수출고와 국민소득 향상으로 대별되는 경제성장에 현혹되어 어느 정도의 정치적 부자유쯤은 용납하려는 것 같았다. 재집권을 위한 권력 쪽의 의욕은 5·3 인천사태와 부천서 성고문 사건, 건국대 사건과 같은 무리수와 강압책도 마다하지 않았다. 1987년 초 치안본부 대공분실에서 조사받던 서울대생 박종철이 숨진 사건은 "(책상을) 탁 치니 억 하고 죽었다"는 식의 어거지로 흐지부지되는 듯했다. 그것은 5공화국의 저 숱한 의문사의 하나로 역사의 갈피에 접혀지려는가 보았다.

정권은 마침내 "(직선제로의) 개헌은 없다"는 이른바 4·13 호헌조처를 발표하고, 6월 10일의 대통령 후보 지명을 위한 민정당 전당대회를 예고한다. 이에 맞서 민주헌법쟁취국민운동본부를 결성한 재야와 범민주 세력은 민정당 전당대회일에 맞추어 '박종철군 고문살인 은폐 규탄 및 호헌철폐 국민대회'라는 긴 이름의 집회를 벌이기로 한다. 1987년 6월 10일, '6월(또는 6·10) 항쟁'으로 일컬어지는 역사의 한 대목은 이처럼 권력과 국민 간의 한 판 대결 형식으로 시작되었다.

박태순의 소설은 서춘환과 조애실이라는 남녀 노동자의 눈을 통해 그해 6월을 증거한다. 한때는 중동 건설현장에도 다녀온 적이 있지만 지금은 이렇다 할 근거가 없는 뜨내기 신세인 '노가다' 서춘환과, 열여섯 나이부터 스물여덟이 될 때까지 종사해온 노동의 삶을

명동성당 앞에 선 소설가 박태순. "1960년 4·19에서 87년 6월항쟁까지가 하나의 시대였던 것 같다"고 말한다.

마감하고 이제는 가정을 이루어 안주하고 싶어하는 조애실. 그해 6월의 최루탄과 화염병, 눈물과 재채기 속에서 이 둘은 어울리지 않게도 결혼을 전제로 한 데이트를 한다. 그러나 남자의 경제적 무능과 여자의 정신적 피폐는 그 데이트에서 활기와 의욕을 앗아가 버린다. 두 사람은 각자 자신의 못생긴 인생을 부둥켜안은 채 맥빠진 데이트를 계속한다.

우리의 만남에는 웃음도 없었고 눈물도 없었습니다. 이 삭막한 느낌으로 어떻게 헤어지나? 이 아무렇지도 않은 듯한 비참함을 왜 내가 선물받아야 하나? 우리가 미적미적 헤어지지 못한 채 영등포의 노동자 거리를 헤매고 있었던 까닭은 서로의 못생긴 삶을 어떻게든 이해받아야겠어서였을 것입니다.

소설 속에서는 첫번째 만남이자 그들의 인생에서는 두번째 만남이 있던 6월 초의 어느 날 밤 바깥 사회를 들끓게 하던 열기와 함성은 다만 이야기의 배경으로만 제시될 뿐이다. 서춘환과 조애실이 데이트 삼아 걷는 영등포의 대로와 골목에서는 "노동3권 보장하라!"는 구호와 "우리 승리하리라"는 노래가 터져나오고 있었지만, 결혼을 할 것이냐 말 것이냐를 놓고 저울질을 하고 있던 적령기 남녀 노동자에게 그것들은 당장의 관심사에서는 거리를 두고 있는 것이었다.

두 사람의 세번째이자 소설에서는 두번째가 되는 만남은 6월 14일 아침에 이루어진다. 조애실을 포함한 2백여 학생·시민이 농성 중인 명동성당 앞에서 시위가 벌어졌고, 그 안에 서춘환이 끼어 있었던 것이다. 두 사람은 실은 저 역사의 날 6월 10일 오후에 서울역 휴게실에서 만나기로 약속을 했던 것이지만, 조애실이 일방적으로 약속을 어긴 바 있었다. 노동운동 경험이 있는 조애실이 명동성당 농성자들 속에 들어 있을 것으로 짐작한 서춘환은 그날부터 명동성당을 중심으로 맴을 도는 '밤길의 사람들'에 합류한다. 그의 눈이 사회와 역사를 향해 열린다.

이 혼란, 무질서가 좋은 것, 아름다운 것, 사랑스러운 것으로 느껴지는 것이었다. 시간은 고장난 것이 아니었다. 시간이 폭발한 것이었다. 그리하여 시간이 해방을 구가하고 있었다. 서춘환은 시간이 어떻게 지나가고 있는가를 정말이지 완전히 잊고 있었다.

앞서 영등포 거리에서의 맥빠진 데이트가 역사의 변방에서의 만남이었다면, 명동성당에서의 그들의 해후는 역사의 한복판에서 이루어진 만남이라 할 수 있다. 역사의 새벽을 여는 밤길의 사람들로서 그들의 만남은 더 이상 역사와 무관한 만남일 수는 없게 되었다. 소설 속에서 명확히 제시되지는 않지만 그들의 결합은 비로소 역사적 필연성조차 지니게 된다.

6월항쟁의 와중에 터진 연세대생 이한열의 직격 최루탄 피격 사망 사건은 밤길의 사람들을 한층 분노케 했으며 권력의 저항의지를 한결 꺾어버렸다. 민정당 대통령후보 노태우는 6월 29일 직선제 개헌을 뼈대로 한 이른바 6·29선언을 발표한다. 언론은 '중산층의 승리'라며 이를 반겼다. 넥타이 부대로 불리던 사무직 노동자들이 밤길의 사람들의 상당 부분을 차지하고 있던 것을 염두에 둔 명명이었다. 그것은 과연 승리였을까?

'항복선언'이라고도 불린 6·29선언이 있기 훨씬 전 조애실을 포함한 명동성당 농성자들은 자체 투표를 통해 근소한 차로 해산을 결정한 다음 설움이 복받쳐서 통곡을 한다. 그들은 왜 울었을까?

그렇게 갈구했어도, 이 땅에 우리 모두가 원하던 것은 아직 오지 않았다는 것, 그러니 우리의 농성은 성공한 게 아니라는 사실이 너무도 속상하고 분해서 울었던 것이 아니었던가 하는 사실입니다.

「밤길의 사람들」에서 작가의 시각은 '중산층의 승리' 운운했던 언론의 시각과는 뚜렷한 차이를 보인다. 그것은 그가 넥타이 부대나

대학생을 제쳐두고 한 쌍의 노동자를 주인공으로 내세운 데서도 짐작할 수 있다. 난민과 부랑 노동자를 거쳐 조직 노동자로 시선을 옮겨온 작가는 이 소설에서 '과연 노동자들에게 6월항쟁은 무엇인가'라는 질문을 제기하고 있는 것이다.

"양김씨에게는 6월항쟁이 사면복권과 직선제를 가져다 주었겠고, 중산층과 학생운동권은 그 나름으로 1987년 6월을 평가하겠지만, 노동자들에게는 그것의 성과보다는 이제부터 쟁취해야 할 게 무엇인가를 알게 했다는 데 그해 6월의 의미가 있다고 본다. 그해 가을 해방 뒤 최대 규모의 노동자 대투쟁이 벌어진 데서도 그것을 알 수 있다."

작가는 명동성당 농성에 참여했던, 전태일의 누이동생 순옥 씨에게서 농성장의 분위기에 관한 얘기를 들었다고 했다. 전태일의 분신 때 그 르포를 썼고, 청계피복노조와 긴밀한 관계를 유지하고 있었으며, 전태일의 어머니인 이소선 씨에 관한 소설을 쓰고자 가족과 자주 접촉하던 중이었다.

서춘환이 밤길의 사람들에 섞여 눈물 콧물을 흘리고 재채기를 하며 오갔던 명동 거리에서 그 흔적을 찾기란 불가능하다. 입구에 세워진 '평화의 거리' 간판을 지나 명동 거리를 걷노라면 각종의 옷가게에서는 악다구니와도 같은 노랫소리가 흘러나오고, 화사한 차림의 사람들은 생각 없이 어깨를 툭툭 치며 지나간다. 그 거리에 여전히 사람들은 북적대지만, 그들이 연출하는 것은 서춘환이 목격했던 생산적인 무질서는 더 이상 아니다. 일상의 늪에 함몰된 타자들의 섬. 광장이면서도 실은 수많은 밀실의 집합에 불과한 이 거리의 복판에 명동성당이 있다. 한때는 '민주화의 성지'로 불렸던 이곳 역시 이제는 본디의 종교적 구실에 자족해 있는 모습이다. 오랜만에 찾은 성당 앞에서 작가가 말한다.

 "4·19에서 87년까지가 한 시대였던 것 같다. 90년대란 도대체 뭐가 뭔지 알 수가 없다. 그렇지만, 지난 연대의 거대담론이, 고스란히 부활하지는 않더라도, 그 기저의 정신만은 어떤 형태로든 되살아나리라고 믿는다."

작품의 무대 한국문학과 예술에는 '명동시대'라는 게 있었다. 전후의 폐허와 절망에 치인 문인·예술가들이 명동의 음악감상실과 다방, 술집 등지로 몰려다니던 무렵을 이르는 말이다. 이제 명동에서 그들을 만날 수는 없다. 그런 의미에서라면 90년대의 '명동'은 인사동이라 해야 할 것이다. 소설가 이문구 씨 같은 이는 명동과 광화문에서 문인들(과 그들의 근거지인 출판사들)이 밀려난 사실이 한국문학의 사회적 위상을 반영한다고 본다.

 1942년 황해도 신천 출생으로 서울대 영문과를 나왔다. 장편 『어느 사학도의 젊은 시절』과 작품집 『무너진 극장』, 『정든 땅 언덕 위』, 그리고 산문집 『국토와 민중』, 『민족의 꿈, 시인의 꿈』 등을 내놓았다.

■ 백무산 · 만국의 노동자여

낡은 틀 거부하는 뒤엎음의 미학

무슨 밥을 먹는가가 문제다
우리는 밥에 따라 나뉘었다
그 밥에 따라 양심이 나뉘고
윤리가 나뉘고 도덕이 나뉘고
또 민족이 서로 나뉘고

그래서 밥이 의식을 만든다는 것은
뇌의 생체학적 현상이 아니라
사회적이고 인류적이고
그래서 밥은 계급적이고

밥의 나뉨은 또 식품문화적 구별도
영양학적 구별도 아니고
보편의 언어요 이념이요 과학이요 인식이다

노동자의 가슴에
노동자의 피가 흐르는 것은
밥이 다르기 때문이다
그래서, 호남과 영남은
밥에 따라 다시 나누어야 한다
그래서, 아메리카 아프리카 아시아도
종교가 아니라 국가가 아니라
밥에 따라 다시 나누어야 한다
그래서, 동서의 분단 남북의 갈라섬도
밥에 따라 다시 분단시켜야 한다

피땀 어린 고귀한 생산자의 밥의 나라냐
착취와 폭력의 수탈자의 밥의 나라냐

그대들은 무슨 밥을 먹는가
게으른 역사의 바퀴를 서둘러
움직일 수 있는 사람들 오직
지상의 모든 노동자들이여
형제들이여!
　　　　　　　　　　　—「만국의 노동자여」전문

　고층 아파트 몇 개를 합쳐놓은 규모의 초대형 유조선, 건조중인 그 배가 들어앉아 있는 운동장만한 도크, 배의 부분 작업단위를 옮길 때 쓰는 바퀴 40~80개짜리 트랜스퍼, 어른 키를 훨씬 넘는 프로펠러와 닻, 웬만한 트럭은 아이들 장난감처럼 보이게 만드는 이런저런 구조물들, 무엇보다도 저 유명한 골리앗 크레인……

마치 거인국에 들어온 느낌이다. 1백50만 평 부지의 울산 현대중공업을 처음 찾은 이라면 『걸리버 여행기』의 주인공이 된 듯한 착각에 빠질 법도 하다. 공장 바깥의 일상을 이끌던, 크기와 규모에 관한 감각은 이곳을 들어서는 순간 대폭 상향 조정돼야 한다. 조정이 필요한 감각은 크기에 관한 것만이 아니다. 어디를 보아도 쇳덩어리와 시멘트뿐, 잎 푸른 식물이라고는 작업장 한켠 담벼락에 옹색하게 꾸며진 화단에서나 찾을 수 있고, 귀를 멍하게 하는 소음이 그림자처럼 쫓아다니며, 승용차와 트럭과 버스는 한결같이 현대 제품이고, 안전모와 제복을 입고 오가는 이들은 남자 일색이다. 거인국의 걸리버처럼도 보이는 그 남자들은 고목에 달라붙은 매미 모양 예비 유조선에 매달려 망치질을 하거나 나사를 돌리거나 페인트를 칠하거나 용접 작업을 하거나 한다. 놀라지 말라. 하찮아 보이는 매미들의 손놀림이 뚝딱, 거인국의 배를 만들어 놓는다. 그 모든 어마어마한 부품들을 부리고 움직여 숨을 불어넣는 것은 어디까지나 인간들이다. 좀더 정확히 말하자면 일하는 사람들, 그러니까 노동자가 이 거인국의 주인이다.

주인이면서도 주인 대접을 받지 못했던 노동자들이 스스로 주인됨을 주장하고 나선 것이 1987년 여름의 노동자대투쟁이다. 노동관계 서적을 지니고 있었다는 이유만으로도 국가보안법으로 구속될 정도로 엄혹한 세월을 거치면서 노동조합이라고는 꿈도 꿀 수 없었던 노동자들은 1987년 6월항쟁을 겪으면서 자신감을 얻고 전면에 나서기 시작한다. 그해 7월 5일 현대엔진 노조가 처음으로 결성됨으로써 점화한 불꽃은 16일 현대미포조선의 노조설립신고서를 회사 쪽이 탈취하는 사건이 발생하자 걷잡을 수 없이 타올랐다. 다른 계열사 노조들이 속속 결성되는 한편에서는 회사 쪽의 사주에

현대중공업의 골리앗 크레인을 배경으로 노동자로서의 일과 삶과 싸움과 시에 관해 얘기하는 백무산 시인.

의한 어용노조가 세워졌으며 그것은 곧 노동자들의 거센 항의에 부닥쳤다.

울산에서 타오른 들불은 빠른 속도로 다른 지역으로 번져나갔다. 부산, 마산, 창원과 구미, 대구, 포항의 대규모 공업단지, 그리고 강원, 경북, 전남의 탄광지대를 휩쓴 불길은 인천, 부평, 안양, 성남 등 수도권으로 옮겨 붙어 남한 전역이 노동자들의 함성과 열기로 뒤덮이게 됐다. 해방 이후 40여 년 만에 최대 규모인 이 해의 노동자대투쟁은 8월 17~18일 울산 현대그룹 4만여 노동자들의 거리 시위로 한 정점에 이르렀다. 작업장에 따라 조금씩 차이가 나기는 했지만, 노동자들의 요구는 대체로 임금인상과 노동조건 개선, 직장 안 억압 철폐 등으로 집중됐다.

속수무책으로 지켜보기만 하던 정부는 마침내 9월 4일 새벽 현대중공업 울산공장과 대우자동차 부평공장에 경찰을 들여보내 농성 노동자들을 체포·구속함으로써 반격에 나섰다. 이후 전국적으로 노동자들의 파업과 시위는 수그러드는 양상을 보였으며, 대통령

선거 분위기에 지배받기 시작한 9월 하순이 되면 대부분의 작업장이 정상조업에 들어가게 된다.

그러나 6·29 이후 석달 동안 발생한 노사분규, 그러니까 노동자들의 투쟁은 모두 3,458건으로 이는 지난 수십 년 간의 투쟁을 모두 합친 것과 맞먹는 수였다. 노동자 수가 1천 명 이상인 대규모 사업장의 75%가 1987년 중 분규를 겪었으며, 전국적으로 1,500여 개의 단위노조가 새롭게 설립되었다. 가히 '뜨거운 여름'이라 이를 만했다.

> 어지럽다 쓰린 뱃속 지상 100m
> 밧줄 하나에 건 목숨들
> 해가 바뀌고 동짓달이 오기 전까지
> 족히 50명은 넘게 이곳에서 죽었다지만
> 아무도 정확한 숫자를 모른다
> 아무도 모를 우리 목숨들이 또 걸렸다
>
> (……)
>
> 보아라
> 우리가 얼마나 높이 있는가
> 지금은 살아서 내려가자 내려가서
> 깃발이 되어 다시 오르자
> 지금은 깃발 대신 사람이 매달려
> 잡놈들아, 공중에서 펄럭이는 사람을 보아라.
> ―「지옥선·7」 1, 3연

백무산(1954~)의 시집 『만국의 노동자여』는 울산의 노동현장을 배경으로 삼고 있다. 그리고 이 노동자 시인의 10년 가까운 현대중공업 근무 경험이 시집의 갈피마다 배어 있다. 1988년 초에 나온 이 시집에 실린 시 가운데 「전진하는 노동전사」를 비롯한 몇몇 편을 빼고는 모두가 1986년 이전에 쓴 것들이지만, 1987년 여름의 대폭발에 대한 예감은 이미 시집 전체를 관류하고 있다.

> 언젠가 진정한 노동을 해야 할 때가 온다
> 불꽃 튀는 거대한 노동을 해야 할 때가 온다
> 지금은 어쩌면 아무것도 아닌 양
> 견디는 것이 아니라 이겨야 한다
> 악착같이 밥을 먹어야 한다
> 게으른 푸념은 그만두자
> 허약한 몸짓도 그만두자
> 우리에겐 게으른 영혼이 아니라
> 꿈을 꾸는 몸이 필요하다   —「해방공단 가는 길·2」에서

> 지금은 강바닥이 말라붙었어
> 마른 풀잎들이 울고 있어
> 햇볕에 달아오른 돌들이 몸부림치지만
> 그렇다고 강은 끊이지 않았어
> 바닥을 드러낼수록 강은
> 더 큰 물결의 꿈을 안고 흐르지
> 광폭할 힘으로 둑을 터뜨리며
> 줄기를 바로잡을 꿈이 흐르지   —「강」에서

백무산의 시들은 그가 직접 체험한 노동현실의 사실적인 묘사, 열악한 작업환경과 부당한 대우에 대한 분노, 동료 노동자들을 향한 싸움의 독려와 승리에의 의지 등으로 무장돼 있다. 그런 점에서 그것들은 또 다른 노동자 시인 박노해의 시들과 같은 맥락에 놓인다고 할 수 있다. 박노해의 '노해'가 노동해방의 약자라면 백무산의 '무산'이 무산자계급을 뜻함은 분명하다(백무산의 본명은 백봉석이다). 그럼에도, 차이는 있다. 박노해의 시에 드물지 않게 여성 화자가 등장하는 데 반해 백무산의 노동시들은 거의 예외 없이 대규모 사업장의 남성 노동자들을 화자이자 주인공으로 삼는다는 점이 가장 두드러지는 차이다. 그런 점에서 백무산의 시야말로 1987년 여름을 뜨겁게 달구었던 노동자대투쟁의 문학적 현형이라 할 것이다.

    백무산 시의 또 하나의 특징은 번뜩이는 통찰에 있다. "예나 지금이나 일과 싸움은 하나 / 공구와 무기도 하나이다"(「공구와 무기·1」)라는 대목이나, 해직교사 기도회에 부친 시의 제목 「가르치는 것이 싸우는 것이라면 싸우는 것도 가르치는 것이리라」도 그러하거니와, 다음의 두 시는 현상을 뒤집어보는 시인의 날카로운 시선을 잘 보여준다.

> 새마을호는 작은 도시역을 비웃으며
> 통일호를 앞질러 달린다
> 무궁화호는 시골역을 비웃으며
> 비둘기호를 앞질러 달린다
>
> 통일쯤이야 연착을 하든지 말든지
> 평화쯤이야 오든지 말든지　　　―「기차를 기다리며」에서

경찰은 데모를 하였다
(……)
최루탄을 쏘고 군홧발로 짓이기며
과격시위를 하였다
쇠몽둥이를 들고 곤봉을 휘두르며
극렬시위를 하였다
(……)

노동자들은 진압에 나섰다
저들의 살상 무기를 막자고
지게차가 나섰다 포크레인이 나섰다
깃발을 들고 함성으로 나섰다
주인인 노동자들은 피흘리며 진압에 나섰다
　　　　　　―「경찰은 공장 앞에서 데모를 하였다」에서

  무엇보다도, 낙원으로서의 과거와 현재의 지옥을 교차시키면서 의식의 흐름 기법을 구사한 절창 「지옥선·2」는 정식의 문학교육을 받은 적이 없는 그가 타고난 시인임을 웅변한다.

잠시 손을 놓으면 들린다
시멘트 바닥 아래 바닷물소리
오색 깃발 매달고
파도의 몸짓으로 덩실대던 어부들
만선의 고깃배 들어오는 소리 꽹과리소리
귀를 찢는 쇳덩이 떨어지는 소리

개새끼 비키란 말야 뭘 꾸물대고 있어!
아름답던 미포만 해풍에 끼룩대던 갈매기
엉덩이 까놓고 은빛 모래사장 뒹굴던 아이들
햇살에 소금편 반짝이며
치마폭 눈물 감추고 큰애기들 떠났을까
파도소리 여전히 쟁쟁쟁 울릴까
호루라기소리, 어디로 가는 거야!
씹새끼 죽고 싶어 떨어져 죽고 싶어!
어디로 가는 것인가
살자고 하는 짓인데
아름답던 작은 어촌 쇠말뚝을 박고
우리가 쌓은 것이 되려 우리를 짓이기고
가야 할 곳마다 철책을 둘러치고
비켜 비키란 말야!
죽는 꼴들 첨 봐! 일들 하러 가지 못해!
앰블란스 달려가고
뒤따라 걸레조각에 감은
펄쩍펄쩍 튀는 팔 한 짝 주워 들고
싸이렌소리 따라 뛰어가고 그래도
아직도 파도는 시멘트 바닥 아래서 숨죽여 울고

—「지옥선·2—조선소」전문

 백무산이 현대중공업에서 일한 것은 1974년부터 83년까지, 햇수로 10년 간이었다. 1973년부터 작업을 시작한 현대중공업은 한편으로는 배를 만드는 동시에 다른 한편으로는 부족한 시설을 확충하는 중이었다. 안전책이 마련되지 않아서 '사흘에 두 명꼴로 죽는다'는 말이 있을 정도로 사고가 많았다. 사고가 났다 하면 경상이란 있을 수 없고, 즉사가 대부분이었다. 그런데도 공장 안에는 소독약이나 발라주는 의무실이 전부였고, 울산 시내에 민간병원이 한 곳 있을 뿐이었다.

"오리엔테이션 시간에 인사 담당자가 '그래도 죽는 사람보다는 사는 사람이 많다'고 농담을 할 정도였다. 내 친한 친구도 둘이나 죽었다."

1987년 대투쟁 당시 와보고는 10년 만에 다시 공장에 들어왔다는 시인은 자신의 20대 10년 간을 맡았던 쇳가루 냄새를 다시 맡으니 감회가 새롭다고 말했다. 냄새란 그 어느 감각보다도 기억과 밀접하게 관련돼 있는 성싶다. 그 냄새가 환기시킨 기억을 좇는 시인의 두 눈에 은빛 모래사장과 만선의 오색 깃발, 떨어져 죽은 벗들과 잘린 팔뚝이 번갈아서 오가는 듯했다.

작품의 무대 울산은 현대 왕국이다. 그것은 포항이 포철 왕국이라고 말하는 것과는 다르다. 하나의 도시 전체가 특정 재벌의 영토처럼 되어 있는 곳이 전 세계적으로도 울산말고는 달리 없을 것이다. 백무산의 시에도 나오지만, 현대에 의해 '점령'되기 전 울산 일대는 아름다운 어촌이었다. 태화강과 방어진, 미포만과 장생포 등이 이제는 현대그룹 기업들이 내뿜는 공해물질로 망가질 대로 망가졌다. 특히 한때 고래잡이의 대명사였던 장생포는 포경이 금지된 데다 인근에 화학단지가 들어서는 바람에 죽은 포구가 되었다. 그런데도, 이 포구에 늘어선 허름한 음식점들에서는 여전히 고래고기를 먹을 수 있다.

백무산

1955년 경북 영천에서 태어났다. 1973년부터 조선·전기·금속 노동자로 일해 왔다. 1984년 현장 노동자로서의 경험을 살린 연작시 「지옥선」을 『민중시』 제1집에 발표하면서 작품활동을 시작했다. 1988년 첫 시집 『만국의 노동자여』를 냈으며 이어서 『동트는 미포만의 어둠을 딛고』, 『인간의 시간』 등의 시집을 냈다. 1991년 문학과지성사가 주관하는 이산문학상 수상자로 선정되어 상경한 그가 동료 노동자들과 함께 수상식장의 앞자리로 나가 노동해방의 구호와 노래를 터뜨린 일화는 유명하다.

■ 문익환 · 잠꼬대 아닌 잠꼬대

"휴전선은 없다" 통일의 길 뚜벅뚜벅

난 올해 안으로 평양으로 갈 거야
기어코 가고 말 거야 이건
잠꼬대가 아니라고 농담이 아니라고
이건 진담이라고

누가 시인이 아니랄까 봐서
터무니없는 상상력을 또 펼치는 거야
천만에 그게 아니라구 나는
이 1989년이 가기 전에 진짜 갈 거라고
가기로 결심했다구
시작이 반이라는 속담 있지 않아
모란봉에 올라 대동강 흐르는 물에
가슴 적실 생각을 해보라고
거리 거리를 거닐면서 오가는 사람 손을 잡고

손바닥 온기로 회포를 푸는 거지
얼어붙었던 마음 풀어버리는 거지
난 그들을 괴뢰라고 부르지 않을 거야
그렇다고 인민이라고 부를 생각도 없어
동무라는 좋은 우리말 있지 않아
동무라고 부르면서 열 살 스무 살 때로
돌아가는 거지

아 얼마나 좋을까
그땐 일본 제국주의 사슬에서 벗어나려고
이천만이 한마음이었거든
한마음
그래 그 한마음으로
우리 선조들은 당나라 백만대군을 물리쳤잖아

아 그 한마음으로
칠천만이 한겨레라는 걸 확인할 참이라고
오가는 눈길에서 화끈하는 숨결에서 말이야
아마도 서로 부둥켜안고 평양 거리를 뒹굴겠지
사십사 년이나 억울하게도 서로 눈을 흘기며
부끄럽게도 부끄럽게도 서로 찔러 죽이면서
괴뢰니 주구니 하며 원수가 되어 대립하던
사상이니 이념이니 제도니 하던 신주단지들을
부수어버리면서 말이야

뱃속 편한 소리하고 있구만
누가 자넬 평양에 가게 한대
국가보안법이 아직도 시퍼렇게 살아 있다구

객쩍은 소리 하지 말라구
난 지금 역사 이야기를 하고 있는 거야
역사를 말하는 게 아니라 산다는 것 말이야
된다는 일 하라는 일을 순순히 하고는
충성을 맹세하고 목을 내대고 수행하고는
훈장이나 타는 일인 줄 아는가
아니라고 그게 아니라구
역사를 산다는 건 말이야
밤을 낮으로 낮을 밤으로 뒤바꾸는 일이라구
하늘을 땅으로 땅을 하늘로 뒤엎는 일이라구
맨발로 바위를 걷어차 무너뜨리고
그 속에 묻히는 일이라고
넋만은 살아 자유의 깃발로 드높이
나부끼는 일이라고
벽을 문이라고 지르고 나가야 하는
이 땅에서 오늘 역사를 산다는 건 말이야
온몸으로 분단을 거부하는 일이라고
휴전선은 없다고 소리치는 일이라고
서울역이나 부산, 광주역에 가서
평양 가는 기차표를 내놓으라고
주장하는 일이라고

이 양반 머리가 좀 돌았구만

그래 난 머리가 돌았다 돌아도 한참 돌았다
머리가 돌지 않고 역사를 사는 일이
있다고 생각하나
이 머리가 말짱한 것들아
평양 가는 표를 팔지 않겠음 그만두라고

난 걸어서라도 갈 테니까
임진강을 헤엄쳐서라도 갈 테니까
그러다가 총에라도 맞아 죽는 날이면
그야 하는 수 없지
구름처럼 바람처럼 넋으로 가는 거지

―「잠꼬대 아닌 잠꼬대」 전문

 문익환(1918~1994) 목사는 1989년 정초 인사를 온 친지들에게 덕담 대신 자신이 새로 쓴 시 한 편을 들려주었다. 「잠꼬대 아닌 잠꼬대」라는 제목의 시가 그것이었다. 그해가 저물기를 기다릴 것도 없었다. 그로부터 불과 두 달여 뒤인 3월 25일 그는 유원호·정경모와 함께 평양 땅을 밟는다. 시에서 밝힌 대로였다.

 문 목사 일행만이 아니었다. 그보다 닷새 앞선 3월 20일엔 작가 황석영이 역시 일본과 중국을 거쳐 북한에 들어갔다. 그해 6월 27일엔 가톨릭농민회 출신 서경원 의원이 이미 1988년에 2박 3일 간 북한을 다녀온 사실이 뒤늦게 밝혀졌고, 서 의원 파문이 채 가라앉기도 전인 6월 30일엔 한국외국어대생 임수경이 전국대학생대표자

협의회(전대협) 대표 자격으로 평양을 방문했다. 제13차 세계청년학생축전에 참가하기 위해서였다. 가히 북한행 러시라 할 만한 추세였다.

1987년 대통령선거에서의 정권교체의 꿈은 후보단일화를 거부한 김대중·김영삼 씨의 고집으로 무위로 돌아갔다. 선거라는 민주적 방식을 통해 재집권에 성공한 신군부는 1988년 서울 올림픽을 차질 없이 치르면서 한층 안정적인 통치가도를 달리는 듯했다. 6월 항쟁의 거대한 몸부림으로도 아무런 현실정치의 변화를 이끌어내지 못한 민주세력은 바야흐로 실의와 낙담의 늪으로 빠져들려는가 보았다.

1987년 대선국면에서 김대중 씨의 상대적 진보성을 근거로 이른바 비판적 지지(비지)의 입장에 섰던 문 목사가 평양행을 감행한 것은 이같은 민주화운동 진영의 침체된 분위기를 배경으로 하고서였다. 물론 그것이 당장의 국면전환을 위한 수단만은 아니었다. 그의 평양행이 조국의 분단현실에 대한 오랜 고뇌와 각고의 산물이라는 사실은 그가 그보다 10여 년 전에 쓴 또 다른 시 「꿈을 비는 마음」에서 확인할 수 있다. 1976년 '3·1 민주구국선언' 사건으로 갇혀 있던 옥에서 쓴 이 시에서 시인은 이런 꿈을 소개한다.

> 개똥 같은 내일이야
> 꿈 아닌들 안 오리오마는
> 조개 속 보드라운 살 바늘에 찔린 듯한
> 상처에서 저도 몰래 남도 몰래 자라는
> 진주 같은 꿈으로 잉태된 내일이야
> 꿈 아니곤 오는 법이 없다네.

(……)

벗들이여!
이런 꿈은 어떻겠소?
155마일 휴전선을
해 뜨는 동해바다 쪽으로 거슬러 오르다가 오르다가
푸른 바다가 굽어보이는 산정에 다다라
국군의 피로 뒤범벅이 되었던 북녘 땅 한 삽
공산군의 살이 썩은 남녘 땅 한 삽씩 떠서
합장을 지내는 꿈,
그 무덤은 우리 5천만 겨레의 순례지가 되겠지.

　비록 휴전선상에 남북 병사의 넋이 깃든 무덤을 만들고자 하는 꿈이 평양으로 가겠다는 잠꼬대로 바뀌었을지언정, 휴전선과 평양 사이의 거리, 꿈과 잠꼬대 사이의 거리란 본질적으로는 영에 가깝다고 해야 옳을 것이다. 어쨌든, 문 목사는 평양을 방문해 김일성 주석과 회담을 갖고 허담 조국평화통일위원장과 연방제 통일 원칙 등 9개 항의 공동성명을 발표했다. 문 목사의 방북 기간이 열흘 정도였던 데 반해 황석영은 한 달 이상을 북한에 머물면서 김 주석은 물론 홍명희·박태원 등 월북작가들의 가족과도 만나는 등 다채로운 활동을 펼쳤다. 게다가 그는 1993년 귀국하기 전까지 미국과 독일 등지에 머물면서 몇 차례 더 북한을 방문했으며 그 결과를 『사람이 살고 있었네』라는 기행문으로 발표하기도 했다.
　서경원 의원의 입북이 비밀리에 수행되었고 일찌감치 간첩사건으로 규정된 경우인 데 반해, 임수경의 방북은 전대협에 의해 공식 발표되었고 여론의 지지도 등에 업은 경우였다. 그는 방북 목적대로 평양축전 개막식에 참가했고, 축전 기간 중인 7월 7일에는 북한 청년학생 대표와 함께 '남북청년학생공동선언문'을 채택, 발표했다. 이밖에도 김일성대학을 방문해 북쪽 학생들과 대화를 나누는가 하면 백두산에서 판문점까지의 국제평화대행진에 참석해 북한 주민들의 열렬한 환영을 받기도 했다. 그의 활동을 전하는 북한의 텔레비전 방송은 부분적으로나마 남쪽에서도 방영되었고, 여론은 그에게 '통일의 꽃'이라는 영광스러운 별명을 붙여주었다. 특히 그의 구김살 없고 발랄하면서도 소신이 뚜렷한 언행은 북쪽 동포들에게 문화충격과도 같은 것을 주었다는 후문이다. 임수경은 그의 귀환길에 동행하고자 파견된 천주교정의구현사제단 대표 문규현 신부와 함께 8월 15일 판문점 군사분계선을 걸어 넘어옴으로써 자신의 방북 목적을 극적으로 부각시키는 데 성공했다.

문 목사 일행과 황석영, 서경원 의원, 임수경 등의 잇따른 방북은 단기적으로는 공안합동수사부로 상징되는 공안정국을 불러오기도 했으나, 장기적으로는 민간 통일운동의 물꼬를 텄다는 점에서 커다란 의미를 지닌다. 휴전선 너머 북쪽 지역이 같은 조상으로부터 물려받은 엄연한 한겨레의 영토임에도 지구상에서 유일하게 가보지 못할 땅으로 여겨졌던 분단 이래의 터부를 과감히 깨부수었다는 데에 이들 선구자의 기여가 있었다. 그런 점에서 이들은 문 목사의 시 「잠꼬대 아닌 잠꼬대」에서 말하고 있는바 역사를 산 사람들이라 할 만했다.

. 10년형을 선고받고 복역중이다가 1993년 3월 출소한 문 목사는 그 뒤에도 '통일맞이 칠천만겨레모임'을 만드는 등 민간통일운동을 위해 애쓰다가 1994년 1월 18일 갑작스레 세상을 떠났다. 결혼 50

작품의 무대 우리가 만일 이후락과 같은 고위층이었다면 갈 수 있었을 것이다. 임진각에서 자유의 다리를 건너 북으로 달리면 판문점에 이르며, 그곳을 통과해 계속 나아가면 개성을 거쳐 해주나 평양까지도 갈 수가 있었을 것이란 말이다. 문익환 목사는 그 길이 왜 고위층의 전유물이어야만 하느냐고, 시와 행동으로써 물음표를 찍은 셈이다.

문익환 1918년 만주 북간도 명동에서 태어나 도쿄 일본신학교에서 신학을 공부했다. 해방 뒤 한국신학대학을 졸업하고 목사 안수를 받았으며, 모교에서 구약학 교수를 지냈다. 1970년대부터 민주화운동의 일선에 나서 숱한 구속을 겪었다. 1989년 평양을 방문해 김일성 북한 주석과 회담을 하는 등의 '죄'로 다섯번째 수감생활을 했다. 옥에서 나온 뒤 얼마 안 있어 급환으로 돌아갔다.

■ 도종환 · 지금 비록 너희 곁을 떠나지만

내몰린 선생님이 꿈꾸는 아름다운 세상

나는 또 너희들 곁을 떠나는구나
기약할 수 없는 약속만을 남기고
강물이 가다가 만나고 헤어지는 산처럼
무더기 무더기 멈추어 선 너희들을 두고
나는 또 너희들 곁을 떠나는구나
비바람 속에서도 다시 피던 봉숭아 잎이 안개비에 젖고
뒤뜰에 열지어 선 해바라기들도 모두 고개를 꺾었구나
세월의 한 구비가 이렇게 파도칠 때마다
다 못 나눈 정만 흥건히 담아둔 채 어린 너희들의 가슴에 잔물지
는 아픔을 심는구나
　나는 다만 너희들과 같은 아이들 곁으로
해야 할 또 다른 일을 찾아 떠나는 것이라고 달래도
마른버짐이 핀 얼굴을 들지 못하고 어깨를 들먹이며
아직도 다하지 못한 나의 말을 자꾸 멈추게 하는구나

우리 꼭 다시 만나자
이 짧은 세상에 영원히 같이 사는 사람은 없지만
너희들이 자라고 내가 늙어서라도 고맙게 자란 너희들의 손을 기쁨으로 잡으며
이 땅의 인간다운 삶을 위해 함께 일하는 사람으로
하나 되어 꼭 다시 만나자 　—「지금 비록 너희 곁을 떠나지만」 전문

　1996년도 저물어가는 12월 11일 서울 영등포구 당산동 6가 전국교직원노동조합(전교조) 사무실. 스무명 남짓한 전교조 간부들이 단식의 첫날을 보내고 있다. 얼마 전 확정된 정부의 노동법 개정안이 교직원노조의 존재를 인정하지 않고 있는 데 대한 항의의 표시이다. 이들은 지난 1989년 전교조 결성 이후 행해진 몇 차례의 단식 장면을 활동사진처럼 되돌려 본다. 1989년 5월 28일 연세대에서 기습적인 결성식을 가진 직후 당시의 마포 민주당사에서 벌인 대표단 26명의 단식, 여름방학 중인 그해 7월 26일 6백여 명의 교사가 참여한 명동성당에서의 단식농성, 92년 복직투쟁 당시의 단식……. 그리고 다시 단식. 햇수로 9년째를 앞두고 있는 전교조의 행로는 거듭된 단식에서 보듯 고난에 찬 길이었다.
　둘러앉은 이들 가운데 도종환(1954~　) 시인의 얼굴이 보인다. 『접시꽃 당신』이라는 가슴 아픈 시집으로 유명한 그는 전교조의 충북지부장이기도 하다. 1994년의 조건부 복직 때 전교조의 상근 간부로 남는 길을 택한 그의 해직기간 역시 9년째에 접어들 참이다.

　아름다운 세상을 꿈꾸는 일은 이토록 어려운가
　단식농성장에서 병원으로 실려오는 차 안에서

주르르 눈물이 흐른다, 나이 사십에.

아름다운 세상 아, 형벌 같은 아름다운 세상   —「단식」 전문

　지난 1992년의 복직투쟁 당시 그는 단식 나흘째에 쓰러져 병원으로 실려갔다. 본 단식에 들어가기 전 1주일 동안 점차 음식물 섭취량을 줄여나가는 예비단식을 했던 것이 부작용을 낳았다. 그렇더라도 "지쳐 있는 내게 다가와 / 몰래 하나씩 먹으라고 / 김선생이 손에 쥐어준 / 빠알간 대추 한 줌"(「대추」)을 요령껏 먹었더라면 병원 신세를 지도록까지는 되지 않았을 것이다. 그러나 선생으로서의 양심과 자존심이 그런 요령을 허락하지 않았다. 비록 쓰러지는 한이 있더라도 끝끝내 보듬고 뒹굴어야 할 것이 그 알량한 양심과 자존심이었기에.

　　얼어붙은 강을 따라 하류로 내려간다
　　얼음 속에 갇힌 빈 배 같은 그대를 남겨두고
　　나는 아직 살아 있어서 굽이굽이 강길을 걷는다
　　그대와 함께 걷던 이 길이 언제 끝날지
　　아직은 알 수 없다 많은 이들이 이 길을 걸어
　　새벽의 바다에 이르렀음을 끝까지 믿기로 한다
　　내가 이 길에서 끝내 쓰러진 뒤에라도
　　얼음이 풀리면 그대 빈 배만으로도 내게 와 다오
　　햇살 같은 넋 하나 남겼다 그대 뱃전을 붙들고 가거나
　　언 눈물 몇 올 강가에 두었다 그대 물살과 함께 가리라
　　　　　　　　　　　　　　　　　　　—「겨울강」 전문

전교조가 무엇이관데 시인으로 하여금 이토록 비장한 노래를 부르게 하는가. 시인이 배를 곯다가 쓰러지면서까지 놓치지 않는 '아름다운 세상'과 '새벽의 바다'란 구체적으로 무엇일까.

 전교조는 멀리는 1960년 4·19가 열어젖힌 해방과 자유의 공간에 나타났다가 5·16으로 된서리를 맞은 4·19 교원노조에 뿌리를 두고 있지만, 좀더 가까이는 1970, 80년대의 전 사회적 민주화 투쟁과 그 일부로서의 교육민주화 투쟁의 소산이다. 전교조의 전신은 6월항쟁 직후인 1987년 9월에 창립된 (민주교육추진) 전국교사협의회(전교협)였다. 전교협은 1980년대 초에 만들어진 YMCA 중등교육자협의회 (Y교사회)로 대표되는 공개 교사단체와, 1985년의 교육무크지『민중교육』사건으로 해직된 교사들이 중심이 되어 만든 민주교육실천협의회(민교협)라는 전위적 교육운동을 모태로 삼고 있다.

 전교협이 전교조로 변신하게 된 것은 협의체 성격의 임의단체인 전교협보다는 노조로서 강력한 조직력을 갖는 전교조가 교육민주화 투쟁에 더 효율적이라는 판단에 따른 것이었다. 그러나 임의단체 전교협을 주시해오던 당국은 전교조의 결성과 동시에 강경 탄압에 나섰고, 전교조는 무엇보다도 먼저 자신의 존재를 인정받기 위한 싸움에 나서지 않으면 안 되게 되었다.

 전교조가 조직이념으로서 표방하는 참교육 또는 민족 민주 인간화교육의 내용은 무엇일까. 비인간적 경쟁을 지양하고 협동과 봉사를 가르치는 전인교육, 분단 고착화에 반대하고 통일을 지향하는 교육, 정권 안보에서 벗어나 민주적 시민을 기르는 교육, 학생 개개인의 개성과 재능을 최대한 존중하는 열린 교육 등이 그 일부로 포함될 것이다.

아이들과 더불어 시와 삶을 얘기하며 햇별 드는 교실을 만들고자 했던 한 교사의 꿈은 10년 가까이 유예되고 있다.

당국은 교사들의 집단 행동이 불러올 혼란을 우려한다고 주장하지만, 전교조 불인정의 배후에는 계속해서 교육을 통제하겠다는 권력의 의도가 자리잡고 있는 것으로 전교조 쪽은 보고 있다.

전교조 결성 초기의 싸움에서 특히 인상적이었던 것은 사랑하는 선생님들을 빼앗기지 않으려는 학생들의 자발적인 움직임이었다. 머리가 굵은 고교생들을 중심으로 전국에서 수만 명의 학생들이 교내 농성에서부터 항의 투신, 투석전 등의 방식으로 싸움에 나섰고, 광주와 부산, 인천 등지에서는 고교생 대표자협의회라는 조직이 결성되기도 했다. 해마다 1백 명 이상의 학생들이 성적 제일주의 교육에 절망해 죽음을 택하는 상황에서 전교조의 교육이념과 소속

교사들의 실천이 어린 학생들에게도 커다란 호소력을 지녔다는 반증일 터였다.

초기 전교조의 싸움이 벌어진 1989년 여름은 잇따른 방북사건으로 조성된 공안정국의 한파가 전체 사회를 꽁꽁 얼어붙게 만들 무렵이었다. 야당은 물론 재야와 노동운동 진영조차도 숨을 죽이고 있던 공안한파 속에서 전교조는 반독재 민주전선의 최전위에서 모범적으로 싸웠다. 전교조의 헌신적인 싸움에 고무된 민주진영은 '전교조 탄압저지와 참교육실현을 위한 공동대책위원회', '참교육 실현을 위한 학부모회' 등의 단체를 결성해 전국 각지에서 동시다발적인 범국민 대회를 열기도 했다.

청주 중앙중학교에 재직하고 있던 도종환은 전교조 결성 초기에 구속되었다. 『지금 비록 너희 곁을 떠나지만』이라는 시집에 실린 많은 시들은 유치장과 감방에서 지은 탓에 비장한 결의에 차 있는 경우가 많다.

> 옳다고 믿어 이 길을 택했으므로
> 옳은 것을 바르게 행하지 않는 것도
> 죄악이라고 믿었으므로
> 우리는 새벽이 오는 쪽을 향해
> 담담히 웃으며 갈 수 있습니다.
> 서슬 푸른 칼날에 수천의 목이 잘리고
> 이 나라 땅 곳곳이 새남터가 된다 하여도
> 우리는 이 감옥에서 칼날에 꺾이지 않는
> 마지막 이름으로 남을 수 있습니다.
> 이 세상의 가장 낮은 곳에 쓰러져 있어도

빛나고 높은 그곳을 향해
우리는 이 길을 곧게 갑니다.
　　—「정 선생님, 그리고 보고 싶은 여러 선생님께」에서

"어쩌다 늦은 오후 길에서 하교하는 학생들의 모습을 보면 눈물이 핑 돕니다"라고, 시인은 시집 후기에 쓰고 있다. 그것이 1989년 9월이었고, 그로부터 어느새 7년 남짓의 세월이 흘렀다. 그때 그가 담임을 맡았던 중학교 1학년 학생들은 이제 대학 2학년 나이의 청년이 되었다. 처음에는 남들 다 출근할 때 '나만 갈 곳이 없다'는 생각으로 착잡하기도 했지만, 이제는 그에게도 출근할 곳이 생겼다.

청주시 상당구 우암동의 '참교육 빌딩' 3층 전교조 충북지부 사무실이 그곳이다. 사무실에서는 이 교사 시인이 마지막으로 근무했던 중앙중학교가 지척에 바라다보인다. 더 이상 학생들의 모습에 눈물바람을 하는 일은 없지만, 그렇다고 해서 고통조차 사라진 것은 아니다. "해직될 당시에 그 기간이 이토록 길 것이라는 사실을 알았다면 아마도 전교조를 탈퇴하고라도 현직에 남는 길을 택했을 것"이라는 그의 말에서 해직의 아픔이 어느 정도인가를 짐작할 수 있다.

정부의 노동법 개정안 발표에 대한 대책 마련을 위해 걸려오는 전화로 석유난로가 안온하게 덥혀놓은 사무실 안의 분위기는 새삼 분주하고도 긴박하게 바뀐다.

또 한 번의 단식농성을 위해 서울로 올라가기 전 추적추적 내리는 겨울비 속에 중앙중학교를 찾는다. 학생들은 모두 교실에서 수업중이라 운동장은 텅 비어 있다. 당분간은 들어설 수 없는 그 운동장을 바라보며 좋은 선생님이 되고자 했던 어릴 적 꿈을 가만히 되새겨본다. 무엇이 그 꿈을 이처럼 유예시키고 있는가도 따져보면서.

어릴 때 내 꿈은 선생님이 되는 거였어요.
나뭇잎 냄새 나는 계집애들과
먹머루빛 눈 가진 초롱초롱한 사내녀석들에게
시도 가르치고 살아가는 이야기도 들려주며
창 밖의 햇살이 언제나 교실 안에도 가득한
그런 학교의 선생님이 되는 거였어요.

―「어릴 때 내 꿈은」에서

작품의 무대 하필 시를 쓴 이가 그곳에 살고 있다뿐이지, 전교조와 그를 다룬 문학작품의 무대가 반드시 청주일 필요는 없을 것이다. 서울 영등포구 당산동 전교조 본부에서부터 시골 오지의 자그마한 초등학교에 이르기까지 전교조의 희망과 아픔은 남한 전역을 대상으로 삼는다. 그러나, 기왕 도종환의 청주를 찾았다면, 그의 첫 시집에 제목을 빌려 주기도 한 청원군 낭성면 귀래리 고두미마을과 단재 신채호 사당을 들를 일이다.

도종환 1954년 충북 청주에서 났으며 충북대 국어과와 같은 대학원을 마쳤다. 사별한 아내에 대한 그리움을 읊은 시집 『접시꽃 당신』으로 베스트셀러 시인으로 알려지기도 했다. 교사로서 교육현장의 파행성에 대한 안타까움을 시로 표현하던 그는 1989년 결성된 전국교직원노동조합에 가입해 해직된 뒤, 전교조 충북 지부장을 맡아 1994년의 조건부 복직 때도 복직 대상에서 빠졌다. 시집으로 『고두미 마을에서』, 『당신은 누구십니까』 등이 있으며, 신동엽창작기금을 받았다.

■ 양귀자 · 숨은 꽃

혼돈시대, 답을 찾는 여행길

　　귀신사는 우선 이름으로 나를 사로잡았다. 영원을 돌아다니다 지친 신이 쉬러 돌아오는 자리. 이름에 비하면 너무 보잘것없는 절이지만 조용하고 아늑해서 친구는 아들을 데리고 종종 그 절을 찾는다고 했다. (……) 눈으로 보지 않고 마음으로 보면 상당히 많은 말을 하고 있는 절이 귀신사였다. 드러나는 아무것도 없으면서 모든 것을 다 가지고 있는 낡고 허름한 귀신사의 풍경은 여행중의 온갖 화사한 기억을 다 물리치고 가장 오래도록 내 마음에 머물러 있었다.

—「숨은 꽃」에서

　소설가 양귀자(1955~)의 중편「숨은 꽃」은 전북 김제시 금산면 청도리의 귀신사를 무대로 삼고 있다. 금산면이라면 금산사라는 명찰로 더 잘 알려져 있는 동네다. 귀신사는 금산사에서 차로 10분 거리에, 마찬가지로 모악산 자락을 의지하고 들어선 절집이다. 그러나, 귀신사에 귀신사는 없다. 전주에서 모악산의 서북쪽 허리를 딛고 지나는 712번 지방도로를 30분 가량 타고 달리면 이르게 되는 청도원 마을 앞에는 국신사(國信寺) 입구임을 가리키는 팻말이 서 있다. 절 뒤편 팻말에 적힌 바에 따르면 절의 이름은 국신사, 구신(狗信)사, 구순(狗脣)사, 귀신(歸信)사 등으로 다양했지만, 귀신(歸神)사로 불린 적은 없었다. 그러니까 작가는 '돌아가 믿는다'는 뜻의 귀신(歸信)을 '신이 돌아온다'는 뜻의 귀신(歸神)으로 잘못 받아들였던 것이다.

어쨌거나, 1992년도 이상문학상 수상작인 「숨은 꽃」은 작가 자신을 주인공으로 삼은 일종의 소설가 소설이다. 소설 속에서 작가는 뜻대로 글이 써지질 않자 머리를 식힐 겸 여행에 오른 길이었다.

글이 써지지 않아서, 혹은 좋은 글을 찾아서 여행을 떠난다는 동업자들을 볼 때마다 나는 그들의 허공에 들린 발을 염려하곤 했었다. 여행이 필요하다면 그것은 삶의 필요에 의한 것이며, 단지 소설만을 위해서 일상을 저버리고 떠나는 일은 마치 죽기 위해서 산다는 말처럼 부정하기 어려운 허장성세가 감추어져 있다는 것이 내 생각이었다.

작가가 자신의 소신을 굽히면서까지 여행길에 오른 것은 전교조 원년의 투쟁을 그린 단편 「슬픔도 힘이 된다」 이후 3년 만에 쓰는 단편이 시작부터 미로에 봉착했기 때문이었다. 3년이라는 공백기간이 작가의 손을 굳게 한 것은 아니었다.

문제는 '슬픔도 힘이 된다'는 진술이 아무런 감동도 주지 못하는 세상의 변화에 있었다. 세상이 갑자기 텅 비어 버린 듯했다. 써야 할 것이 우글대던 머릿속도 세상을 따라 멍한 혼돈에 빠져버렸다. (……)소련과 동구권의 대변혁이 몰고온 파장은 그나마 모색되어 오던 이 사회의 새로운 물결, 상식적인 삶의 예감까지 붕괴시키는 데 단단한 몫을 하려는 듯이 보여졌다.

소비에트사회주의공화국연합(소련)이 사망신고를 낸 것은 1991년 말이었다. 그해 8월 공산당의 권력 약화를 우려한 보수파의 쿠데타는 오히려 체제의 몰락을 재촉한 셈이었다. 옛 소련의 붕괴는 폴란드에서 시작해 루마니아에 와서 일단락된 동유럽 국가들의 탈사회주의 도미노(1989년), 그리고 서독에 의한 동독의 흡수통일(1990년)이라는 국제정치적 변화의 완성과도 같았다. 이로써 1917년 레닌 주도의 볼셰비키 혁명으로 출범한 공산체제는 70여 년 간의 실험을 끝내고 일단 역사의 무대 뒤로 물러났다.

옛 소련과 동유럽의 정세가 한국의 소설가로 하여금 글쓰기의 미로에 빠지게 했다? 중국 베이징 하늘에서 펄럭이는 한 마리 나비의 날갯짓이 미국 뉴욕에 폭풍을 몰고 온다는 식인가?「숨은 꽃」에 작용하는 혼돈이론을 이해하기 위해서는 1980년대 한국의 사회 및 문학 운동을 복류하던 마르크스주의적 함의 내지는 지향에 눈을 주어야 한다.

한국전쟁이 친미 반공 정권의 온존·강화로 귀결된 이후 휴전선 이남에서 마르크스와 공산주의 이념은 제일의 금기사항이었다. 반공이라는 부정적·소극적인 가치가 국시(國是)로 떠받들리는 형편에서 마르크스와 그의 사상이 설 자리는 없었다. 조봉암의 진보당과 정체도 불분명한 인혁당 사건 등이 관련자의 사형으로까지 이어지는 상황은 이 땅의 이념적 경직성을 말해주고도 남는 것이었다.

그같은 불구적 현실에 변화의 조짐이 나타난 것은 1980년대에 들

작가 양귀자 씨가 "연세 지긋한 노인이 차려놓은 정신의 구멍 가게와도 같다"고 한 귀신사 뒷동산에서, 눈 덮인 처마를 인 대적광전을 배경으로 생각에 잠겨 서 있다.

어와서의 일이었다. 학생운동과 노동운동을 필두로 한 운동 진영은 자신들의 실천과 목표를 마르크스주의의 틀에 맞추고자 하는 움직임을 보였다. 마르크스주의를 표방하는 조직이 속출했고, 마르크스주의와 관련 서적에 치중하는 출판사와 서점이 성업을 이루었다. 급기야는 문학에도 마르크스주의 바람이 닥쳐왔다. 노동해방과 민족해방이라는 1980년대 민족문학의 두 가지 급진적인 흐름은 문학 역시 마르크스주의 바람에서 자유롭지 못함을 입증했다.

마르크스주의의 직·간접 영향권 아래 들어 있던 이들이 옛 소련·동유럽 공산주의의 몰락에서 적지 않은 충격을 받았음은 물론이다. 이들의 목표가 비록 현실 사회주의와 완전히 일치하지는 않더라도, 자본주의의 대안을 모색하는 이들에게 그것의 존재가 중요한 참조사항이 된 것은 사실이었기 때문이다. 1990년대 한국에서 마르크스주의적 경향의 운동권이 급속히 쇠락한 데에는 이같은 사정이 자리잡고 있다.

지금 내 앞에 주어진 미로는 너무 교활하다. 지식과 열정을 지탱해 주던 하나의 대안이 무너지는 것을 신호로 나의 출구도 봉쇄되었다. 나는 길 찾기를 멈추었다. 길 찾기를 멈추었으므로, 나는 내 소설의 새로운 주인공을 찾을 수 없게 되고 말았다.

세계사적 변화에서 촉발된 글쓰기의 미로상태를 벗어나기 위한 여행길에서 작가는 김종구와 황녀라는 야성적인 인물들을 만난다. 세상의 어떤 제도나 권위에도 얽매이지 않고 생명의 본성에 충실한 김종구는 작가의 세계관을 근저에서부터 뒤흔든다. "사는 일이 가장 먼저란 말이오. 사는 일에 비하면 나머지는 다 하찮고 하찮은 것이라 이 말입니다"라거나 "머릿속에 생각이 많으면 행동이 굼뜨고, 그러기 시작하면 인생은 망하는 겁니다"라는 김종구의 말에 작가는 크게 깨닫는다.

나는 이제까지 나와 연루된 모든 것들, 한 마디로 뭉뚱그려 높은 도덕과 긴 역사의 문화라고 하는 것들이 이들 앞에서 얼마나 하찮게 무너지는가를 절감했다. 내가 영향받고 그에 의해 단련되던 것들이 사실은 아주 작은 세계에 불과하다는 것, 나는 평생 이 작은 세계 밖으로 한 발짝도 벗어날 수 없을 것이라는 예감은 절망이었다.

문화니 이념이니에 앞서 구체적인 삶이 중요하다는 단순한 진실이야말로 작가를 글쓰기의 미로에서 건져내고 숨어버린 꽃들의 꽃

말을 찾게 하는 열쇠가 된다. 「숨은 꽃」 이후 작가가 『나는 소망한다 내게 금지된 것을』과 『천년의 사랑』이라는 대중적 소설들로 방향을 튼 것과는 별도로, 그의 이런 깨달음은 이념 부재의 1990년대를 감당해 나가야 할 작가들에게 핵심적인 준거가 되어 마땅하다.

신라 문무왕 16년(676) 의상대사가 창건했다는 귀신사는 대웅전격인 대적광전과 명부전 두 채의 불당과 살림집뿐으로 단출했다. 의상대사 창건설이야 믿거나 말거나이겠지만, 경내 곳곳의 돌담과 석물 파편들은 만만찮은 내력과 규모를 짐작케 한다. 이즈음 웬만한 절에는 구색 삼아 놓여 있는 커피 자판기와 공중전화기가 없는 데서 보듯, 찾는 이 드문 고적함이 절집다운 맛을 더해 주는 곳이다. 일주문에 해당할 절 입구의 첫번째 돌계단이 시작되는 지점에는 양 옆으로 두 기의 돌비석이 세워져 있다. 그러나 세월의 풍마우세에 기꺼이 몸을 맡긴 이 환경친화적 돌비석들은 더 이상 글씨를 알아볼 수 없을 정도로 마모되어 천연의 돌덩이인 양 시치미를 떼고 있다. 그나마 왼쪽 것은 계단에 바싹 붙여 지은 민가의 벽돌담에 파묻혀 그 일부로 귀속되어 버렸다. 슬레이트 지붕의 그 집은 다시 사람이 살지 않는 폐가로 변해 한쪽 벽은 무너지고, 굳게 닫힌 대문 앞에는 마른 잡초가 우거졌다. 무릇 사람이 지은 모든 것은 때가 되면 자연으로 돌아간다는 뜻일까.

작가와 함께 귀신사를 찾은 날은 마침 예순을 갓 넘기고 돌아간 어느 필부(匹婦)의 사십구재가 올려지고 있었다. 대적광전에서는 요령을 흔들고 경을 읊으며 망자를 천도하는 스님의 독송이 흘러나오고, 그 자신 돌아갈 날이 얼마 남지 않아 보이는 중늙은이는 빗살무늬 창호 사이로 그 소리를 가만히 엿듣고 섰다. 법당에서 재를 마친 일행은 절 마당으로 걸어 나와 망자를 향해 마지막 예를 갖춘 뒤 흰 종이와 천 등속을 태우며 그 재를 날린다. 망자는 드디어 명부에 이르렀다.

망자의 가족들도 떠나간 뒤 절은 다시 적막으로 돌아간다. 마당의 연화대석에서 떨어지는 감로수, 이따금씩 들리는 까치 울음과 동네 개 짖는 소리, 멀고 가까운 길을 내닫는 차량의 질주음이야 그 적막을 부추기는 추임새라고나 할까.

작품의 무대 한 편의 소설은 김제의 상징인 모악산이 금산사라는 대찰말고도 귀신사라는 자그마한 절집을 또한 품고 있다는 사실을 세상에 널리 광고하기도 한다. 금산사든 귀신사든 호남고속도로 금산사 인터체인지에서 꺾어 들어갈 수도 있고, 전주나 김제에서 712번 국도를 타고 이를 수도 있다. 양귀자에게 이 절집을 소개해준 고향 친구에 따르면 이 국도변에 있는 금평 저수지의 노을 무렵이 환상적이라 한다.

양귀자 1955년 전북 전주에서 태어나 원광대 국문과를 졸업했다. 1978년『문학사상』신인상을 받으며 문단에 나온 이후『원미동 사람들』,『슬픔도 힘이 된다』등의 작품집과『희망』,『나는 소망한다 내게 금지된 것을』,『천년의 사랑』등의 장편을 내놓았다. 이상문학상, 현대문학상, 유주현문학상 등을 받았다.

■ 유하 · 바람부는 날이면 압구정동에 가야 한다 2

90년대, 그 소비와 욕망을 까발려라

압구정동은 체제가 만들어낸 욕망의 통조림 공장이다
국화빵 기계다 지하철 자동 개찰구다 어디 한번 그 투입구에
당신을 넣어보라 당신의 와꾸를 디밀어보라 예컨대 나를 포함한
소설가 박상우나
시인 함민복 같은 와꾸로는 당장은 곤란하다 넣자마자 띠―소리
와 함께
거부 반응을 일으킨다 그 투입구에 와꾸를 맞추고 싶으면 우선 일
년 간 하루 십 킬로의
로드웍과 섀도 복싱 등의 피눈물 나는 하드 트레이닝으로 실버스
타 스탤론이나
리차드 기어 같은 샤프한 이미지를 만들 것 일단 기본 자세가 갖
추어지면
세 겹 주름바지와, 니트, 주윤발 코트, 장군의 아들 중절모, 목걸이
등의 의류 액세서리 등을 구비할 것 그 다음

미장원과 강력 무쓰를 이용한 소방차나 맥가이버 헤어스타일로 무장할 것

　　그걸로 끝나냐? 천만에, 스쿠프나 엑셀 GLSi의 핸들을 잡아야 그때 화룡점정이 이루어진다

　　그 국화빵 통과 제의를 거쳐야만 비로소 압구정동 통조림통 속으로 풍덩 편입할 수 있게 되는 것이다

　　이곳 어디를 둘러보랴 차림새의 빈부 격차가 있는지 압구정동 현대아파트는 욕망의 평등 사회이다 패션의 사회주의 낙원이다

　　가는 곳마다 모델 탤런트 아닌 사람 없고 가는 곳마다 술과 고기가 넘쳐나니 무릉도원이 따로 없구나 미국서 똥구루마 끌다 온 놈들도 여기선 재미 많이 보는 재미 동포라 지화자, 봄날은 간다―

　　해서, 세속도시의 즐거움에 동참하고 싶은 자들 압구정동의 좁은 문으로 들어가길 힘쓰는구나

　　투입구의 좁은 문으로 몸을 막 우겨넣는구나 글쟁이들과 관능적으로 쫙 빠진 무용수들과의 심리적 거리는, 인사동과 압구정동과의 실제 거리에 비례한다

　　걸어가면 만날 수 있다 오, 욕망과 유혹의 삼투압이여

　　자, 오관으로 느껴보라, 안락하게 푹 절여진 만화방창 각종 쾌락의 묘지, 체제의 꽁치 통조림 공장, 그 거대한 피스톤이, 톱니바퀴가 검은 기름의 몸체를 번득이며 손짓하는 현장을

　　왕성하게 숨막히게 숨가쁘게

　　그러나 갈수록 쎅시하게

　　바람이 분다 이곳에 오라

　　바람이 분다 이곳에 오라

바람이 불지 않는다 그래도 이곳에 오라
—「바람부는 날이면 압구정동에 가야 한다 2」 전문

젊은 시인 유하(1963~)의 연작시 「바람부는 날이면 압구정동에 가야 한다」는 90년대적 소비사회의 산물이다. 현실 사회주의의 몰락이라는 세계사적 변전과 형식적 민주주의의 도입이라는 국내적 요인이 결합하면서 열린 90년대는 모든 80년대적인 것과의 과격한 절연을 자신의 특징으로 삼기에 이른다.

계급이니 역사니 민족이니 통일이니 하는 거창한 말들이 물밑으로 가라앉은 대신 일상, 욕망, 이미지 따위의 친밀하고도 만만한 개념들이 떠올랐다. 공동체적 선의 추구와 그를 위한 개인의 헌신·희생을 받들었던 세태는 개인적 욕망의 충족과 단자적 삶을 옹호하는 쪽으로 바뀌었다. 경제적 하부구조와 생산을 중시하던 이들은 순식간에 안면을 바꾸어 문화라는 이름의 상부구조와 소비를 미덕으로 기리게끔 됐다. 한 마디로, 참을 수 없도록 무거웠던 80년대적 존재는 90년대에 들어서자 마찬가지로 참을 수 없는 정도의 가벼움을 겉옷처럼 걸쳐 입게 됐다.

80년대의 끝무렵에 등단해 무협지의 언어로 80년대를 풍자, 조롱했던 유하가 90년대적 삶의 본거지로서 압구정동을 지목한 것은 적절했다. 그가 관찰하는 압구정동은 앞서 말한 90년대 우리 사회의 특징들을 두루 끌어안고 있는 공간이다. 그곳은 서울의 강북에서 동호대교나 성수대교를 타고 한강을 건너면 만나게 되는 구체적인 공간이자 개항 이후 한국 자본주의의 발전이 마침내 이르게 된 시간축 위의 한 지점이기도 하다.

서울시를 강남북으로 나누며 관통해 지나는 한강의 흐름을 놓고

압구정동 문화의 현란한 감각주의는 이미지가 실재를 대신하는 포스트모던 사회의 특징과 통한다. 덕지덕지 붙은 연극·영화 포스터의 옆에 선 시인.

보자면 동쪽의 강동·성동구에서 서쪽의 영등포·서대문구까지는 영어의 더블유(W)자를 양 옆으로 늘인 듯한 형국을 하고 있다. 더블유의 밑으로 처지는 두 부분을 인체의 엉덩이에 비유한다면 가운데의 위로 솟구친 부분은 물론 배설기관에 해당한다. 양쪽 엉덩이 사이의 배설기관이 놓인 지점이 바로 압구정동이라는 사실은 무척 흥미롭다. 압구정동을 인체의 배설기관에 비유하는 설명법은 쾌락의 충족이 이루어지는 곳이자 썩어가는 것들의 악취가 진동하는 지점으로서 압구정동의 이중적 본질을 상징하는 듯하기 때문이다.

강변 쪽으로 자리잡은 현대백화점과 갤러리아백화점, 현대아파트, 한양아파트, 그리고 압구정로를 건너 고급 의상실과 패스트푸드점, 카페, 화랑, 헬스클럽, 차밍스쿨, 미장원, 피부관리소, 다이어트 업소 따위가 밀집해 있는 이 공간은 90년대 한국사회의 이중적인 면모를 한몸에 구현하고 있다. 문학평론가 도정일 교수(경희대·영문학)는 그것을 유토피아/디스토피아라는 개념으로 요약한다.

만족의 연기가 영원히 연기된 곳, 모든 욕망이 즉각적 충족을 보장받는 영토——그곳은 이미 유토피아이다. 근대화와 자본주의 30년의 역사 끝에 우리는 마침내 우리의 도시 공간 속에 하나의 유토피아를 갖게 된 것이다. '자본주의의 천국'에 이르는 서울의 마지막 계단이 끝나는 곳, 거기에 압구정이 있다.

그러나,

그곳은 욕망의 해방구가 아니라 욕망의 포로수용소이다. 그곳은 풍요의 땅이 아니라 풍요의 외관 속에 궁핍과 빈곤이 지독한 악취를 풍기는 거지의 나라이다. 무엇보다도 그곳은 우리가 자본주의 실천 30년의 끝에 이룩한 '계급문화의 천국'이다. 압구정은 우리 사회의 정치경제적 모순이 남김없이 그 추악한 몰골을 드러내고 있는 모순의 디스토피아이다.

도정일 교수가 개념과 논리로써 파악한 압구정의 특징을 유하는 직관과 이미지로써 잡아낸다. 그의 시에 따르면 "압구정동은 체제가 만들어낸 욕망의 통조림 공장이다". 또, "압구정동 현대아파트는 욕망의 평등 사회이다 패션의 사회주의 낙원이다 / 가는 곳마다 모델 탤런트 아닌 사람 없고 가는 곳마다 술과 고기가 넘쳐나니 무릉도원이 따로 없다". "해서, 세속도시의 즐거움에 동참하고 싶은 자들 압구정동의 좁은 문으로 들어가길 힘"쓴다.

그러나, 그 좁은 문으로 들어가 이르는 곳은 정말 낙원이고 무릉도원인가? 열 편의 압구정동 연작이 들어 있는 시집 『바람부는 날이면 압구정동에 가야 한다』의 맨 앞에는 「오징어」라는 제목의 짧은 시가 배치되어 있다. '여는 시'라는 부제로 보아 시집 전체의 기조를 담고 있는 이 시의 전문은 이러하다.

눈앞의 저 빛!
찬란한 저 빛!
그러나
저건 죽음이다

의심하라
모오든 광명을!

자신을 죽음으로 인도할 황홀한 불빛에 혹해 낚시꾼의 주낙으로 몸을 던지는 오징어의 어리석음이 혹 우리의 몫은 아닐 것인가? 압구정동의 찬란한 쇼윈도와 화려한 이미지의 물결이 실은 우리를 죽음로 이끄는 주낙에 지나지 않음을 시인은 간파하고 있다(영리한 오징어다!). 그 깨달음을 갈파하는 시인의 방식은 압구정동의 문화와 압구정동의 어법 안으로 들어가는 것이다. "키치 중독자이며, 키치 반성자"라는 말은 그가 마음 속 스승으로 섬겼던 김현이 그를 두고 내린 규정이었다. 그와 같은 맥락에서 그는 압구정동을 안에서부터 깨부수기 위해 그 안으로 깊숙이 들어간다. 내파를 위한 잠입이다.

바람부는 날이면 압구정동에 가야 한다 사과맛 버찌맛
온갖 야리꾸리한 맛, 무쓰 스프레이 웰라폼 향기 흩날리는 거리
웬디스의 소녀들, 부띠끄의 여인들, 까페 상류사회의 문을 나서는
구찌 핸드백을 든 다찌들 오예, 바람불면 전면적으로 드러나는
저 흐벅진 허벅지들이여 시들지 않는 번뇌의 꽃들이여
　　　　　—「바람부는 날이면 압구정동에 가야 한다 6」에서

　흐벅진 허벅지들은 번뇌의 꽃이기도 하지만, 동시에 깨달음의 연꽃이 되기도 한다.「콜라 속의 연꽃, 심혜진론」이라는 시의 한 대목이 그것을 보여준다.

　　그녀만 보면 파블로프의 개처럼 코카콜라를,
　　삼성 에이 에프 오토 줌 카메라를, 해태 화인쥬시껌을 사고 싶어지는 내 눈알, 나는 본다 저 알몸 위로 오버랩되는……
　　온 산을 갈아엎는 사람들을 세상을 온통 콜라빛 폐수로 넘실대게 하는 사람들을 이 땅을 온갖 욕망의 구매력으로 가득 채우는 사람들을

　압구정동이 제공하는 관음(觀淫)의 축제는 깨달음으로써 번뇌에서 해탈하는 관음(觀音)의 연꽃으로 화학변화한다. 그 깨달음의 내용은 압구정동의 화려가 눈에 보이지 않는 사람들의 음모와 조작의 결과라는 것이다. 깨달은 오징어는 주낙에 걸리지 않는다. 압구정동의 낙원은 실은 지옥의 다른 모습이며, 그 지옥은 다시 천당으로 바뀔 가능성을 내포하고 있다.
　압구정동의 이름이 조선조 초기의 권신 한명회로부터 유래한다

는 사실은 잘 알려져 있다. '갈매기와 벗한다'는 뜻을 가진 자신의 호를 따서 지은 정자 압구정(狎鷗亭)의 모습은 겸재 정선의 그림에나 남아 있을 따름이다. 그러나 지금으로부터 불과 20년 안쪽만 해도 압구정동에는 지천인 배밭과 물새알과 구릿빛으로 그을린 소녀의 종아리가 있었다. 시인이 영동중학교에 다닐 무렵이었다. 하얀 꽃을 피웠다가 바람 한자락이라도 불면 꽃잎과 향기를 일제히 날리던 배나무 과수원의 장관을 그는 기억한다. 그가 아홉 살 때 떠나온 고향인 전북 고창의 하나대와 다를 것이 없었다.

압구정동의 배밭이 아파트와 상가 밀집지역으로 탈바꿈한 80년대는 한국적 자본주의가 잉여소득의 혜택을 독점하는 소비 전문 계층을 형성시킨 무렵과 일치한다. 그렇다면 압구정동을 굳이 더블유자의 솟구친 부분에만 국한시킬 것도 없다. 홍대 앞이며 신촌, 대학로, 아니면 가까운 신사동이나 방배동에서도 우리는 압구정동의 무수한 닮은꼴들을 만날 수 있다. 그런 점에서『압구정동엔 비상구가 없다』와『압구정동엔 무지개가 뜨지 않는다』는 두 편의 소설을 통해 압구정동이 대표하는 천민자본주의를 신랄하게 공격한 작가 이순원의 지적은 귀담아 들을 만하다.

가진 사람들이나 갖지 못한 사람들이나 우리의 욕망은 끊임없이 '압구정동'을 향해 달려가고 있다. 모두들 그곳에 무지개가 있다고 생각한다. 뜨지도 않을 무지개를 찾아 우리는 매일 30cm씩 압구정동으로 가는 꿈을 꾸고 있는 것이다.

작품의 무대 압구정동에 압구정동은 없다. 우리가 압구정동의 실체를 보고 싶어 아무리 그 일대를 헤매고 다니거나 그 한가운데에 죽치고 앉아 있어도 우리는 압구정동을 만날 수 없다. 압구정동은 보이지 않는 막 너머에서 우리를 자꾸만 밀어낼 뿐이다. 핀으로 꼽듯이 그 정체를 확정지을 수 없다는 의미에서 압구정동은 해체론에서 말하는 기의(signified)와도 같다.

유하(본명 김영준)는 1963년 전북 고창에서 났으며 세종대 영문과와 동국대 대학원 영화학과를 마쳤다. 1988년『문예중앙』을 통해 등단했으며, '21세기·전망' 동인으로 활동중이다. 무협지의 언어로 80년대 정치현실을 야유한 첫 시집『무림일기』이후 90년대를 대표하는 젊은 시인으로 평단과 독자의 사랑을 아울러 받고 있다. 자신의 시집『바람부는 날이면 압구정동에 가야 한다』를 직접 감독하는 등 영화에도 계속 관심을 지니고 있다. 1996년 제15회 김수영문학상을 받았다.

고부에서 압구정까지
역사와 만나는 문학기행

1997년 7월 30일 1쇄 발행
2002년 9월 10일 5쇄 발행

지은이　최재봉
펴낸이　권근술
펴낸곳　한겨레신문사
주　소　서울시 마포구 공덕동 116-25
전　화　710-0568~9(출판 기획)
　　　　710-0561~3(출판 관리)
팩　스　710-0555
등　록　1988. 9. 2 제1-803호

값 7,500원
ISBN 89-85505-69-6　03810